涉农制度联动机制构建

以统筹城乡发展为视角

CONSTRUCTION OF THE AGRICULTURAL

INSTITUTION-RELATED LINKAGE MECHANISM

—— PERSPECTIVE OF TAKING URBAN AND

RURAL DEVELOPMENT AS A WHOLE

彭新万 著

社会科学文献出版社

SOCIAL SCIENCES ACADEMIC PRESS (CHINA)

总　序

作为人类探索世界和改造世界的精神成果，社会科学承载着"认识世界、传承文明、创新理论、资政育人、服务社会"的特殊使命，在中国进入全面建成小康社会的关键时期，以创新的社会科学成果引领全民共同开创中国特色社会主义事业新局面，为经济、政治、社会、文化和生态的全面协调发展提供强有力的思想保证、精神动力、理论支撑和智力支持，这是时代发展对社会科学的基本要求，也是社会科学进一步繁荣发展的内在要求。

江西素有"物华天宝，人杰地灵"之美称。千百年来，勤劳、勇敢、智慧的江西人民，在这片富饶美丽的大地上，创造了灿烂的历史文化，在中华民族文明史上书写了辉煌的篇章。在这片自古就有"文章节义之邦"盛誉的赣鄱大地上，文化昌盛，人文荟萃，名人辈出，群星璀璨，他们创造的灿若星辰的文化经典，承载着中华文明成果，汇入了中华民族的不朽史册。作为当代江西人，作为当代江西社会科学工作者，我们有责任继往开来，不断推出新的成果。今天，我们已经站在了新的历史起点上，面临许多新情况、新问题，需要我们给出科学的答案。汲取历史文明的精华，适应新形势、新变化、新任务的要求，创造出今日江西的辉煌，是每一个社会科学工作者的愿望和孜孜以求的目标。

社会科学推动历史发展的主要价值在于推动社会进步、提升文明水平、提高人的素质。然而，社会科学的自身特性又决定了它只有得到民众的认同并为其所掌握，才会变成认识和改造自然与社会的巨大物质力量。因此，社会科学的繁荣发展和其作用的发挥，离不开其成果的运用、交流与广泛传播。

为充分发挥哲学社会科学研究优秀成果和优秀人才的示范带动作用，促进江西省哲学社会科学进一步繁荣发展，我们设立了江西省哲学社会科学成果出版资助项目，全力打造《江西省哲学社会科学成果文库》。

《江西省哲学社会科学成果文库》由江西省社会科学界联合会设立，资助江西省哲学社会科学工作者的优秀著作出版。该文库每年评审一次，通过作者申报和同行专家严格评审的程序，每年资助出版 30 部左右代表江西现阶段社会科学研究前沿水平、体现江西社会科学界学术创造力的优秀著作。

《江西省哲学社会科学成果文库》涵盖整个社会科学领域，收入文库的都是具有较高价值的学术著作和具有思想性、科学性、艺术性的社会科学普及和成果转化推广著作，并按照"统一标识、统一封面、统一版式、统一标准"的总体要求组织出版。希望通过持之以恒地组织出版，持续推出江西社会科学研究的最新优秀成果，不断提升江西社会科学的影响力，逐步形成学术品牌，展示江西社会科学工作者的群体气势，为增强江西的综合实力发挥积极作用。

祝黄河

2013 年 6 月

摘　要

　　统筹城乡发展是自党的十六届三中全会后逐步提出并形成的战略思想，是以我国的历史与现实为科学根据做出的战略部署，是中央基于我国改革已进入关键阶段提出的重大国家发展战略。

　　现实中实施统筹城乡发展战略从哪儿着手至关重要，我们认为，制度建设是城乡统筹发展的重要基础，是统筹城乡发展的关键。统筹城乡发展的制度体系内容十分宽广，本书选择了户籍制度、社会保障制度和土地管理制度为研究客体，并从户籍制度、社会保障制度、土地管理制度三者内在经济社会联系的新视角研究和探索制度改革的新路径。

　　本书主体部分共由七章内容组成。

　　第一章：导言。阐述了选题的意义、研究现状、研究问题、核心观点、研究框架、研究方法、主要学术特色和研究中存在的不足。其作用是使读者在较短的时间内对本书有一个初步的了解。

　　第二章：制度变迁理论和产权理论。从现有的理论分析工具来说，制度变迁理论和产权理论被广泛运用于制度分析中。应用制度变迁理论分析了社会转型期政府在制度变迁中的作用，特别分析了制度绩效尤其是制度结构绩效的特征和本质。应用产权理论主要阐述产权与所有权、财产权及其外部性的关系。本书借助产权理论，重点讨论了农民土地财产权实现问题，同时借助"产权创设了自由，产权守护着自由，产权孕育着民主"这一思想，阐述了建立城乡公平公正的户籍与社会保障制度的改革方向。

　　第三章：户籍、社会保障和农村土地制度的经济社会系统分析。一是以制度功能为基础，界定了本书的研究对象；二是基于历史的视角，叙述了户籍、社会保障、土地管理制度的形成；三是从经济与社会学的角度，讨论了三项制度的内在关系链及其在我国城乡发展中的高度耦合关系和地位。

第四章：改革以来户籍、社会保障和土地管理制度的改革与实践。主要阐述了近30年部门主义式（孤立）的制度变迁及其实践中的困境、主要制度安排及其特点、制度实施绩效评估，并在此基础上从联动的视角分析制度变迁对我国城乡关系发展的影响。

第五章：我国统筹城乡发展实践的典型调查与分析。重庆、成都是我国统筹城乡发展战略实施的综合配套改革试验区，它们的做法和成功经验对我国其他地区具有示范效应。本章着重就当前我国统筹城乡发展综合配套改革试验区重庆、成都等的户籍、社会保障与土地管理制度创新与运行现状进行考察，目的在于对"点"的思考与突破，深化对统筹城乡发展中制度建设的认识，为后续的政策研究奠定现实基础。

第六章：发达国家的户籍、社会保障、土地管理等制度安排与启示。本书选取了美国、英国、德国和日本四国作为分析国际经验的案例，重点分析了四国现阶段的人口管理制度、社会保障制度和土地管理制度安排。分析后认为，如果从社会公平、促进人口自由迁移和统筹城乡发展的角度讲，这几个国家的一些经验值得我们借鉴。

第七章：户籍、社会保障与土地管理制度联动机制的形成。本部分是全书的核心内容。基于以上分析，从联动的视角，运用系统分析方法对户籍、社会保障和土地管理制度联动机制进行构建。主要包括两方面内容。

一是从机制概念入手，对户籍、社会保障和土地管理制度联动机制的内涵、联动机制的构建思路、联动机制的形成路径、联动机制的结构、联动机制的作用机理等方面进行了系统分析，其重点是讨论三项制度联动机制的结构。基于多维联动视角，本书提出了"统分结合、纵横交互、双层联动"的三项制度联动机制模型。

二是对户籍、社会保障和土地管理制度联动机制（即"统分结合、纵横交互、双层联动"联动机制模型）进行构建。

（1）"一级"联动机制构建。"一级"联动机制在本书中有纵向联动机制、基础性联动机制或核心联动机制的含义。"一级"联动机制是基于户籍、社会保障和土地管理制度的内在关系从管理、确权、激励与保障及筹资等方面提出户籍、社会保障和土地管理制度改革的共同政策,这些方面的政策是三项制度改革不可或缺的政策节点,这些政策具体化到每项制度改革中均具有基础性的作用,深刻影响它们各自改革的成功与否。

(2)"次级"联动机制构建。"次级"联动机制在课题中有横向联动机制的含义。主要基于城乡互动、统筹发展、三项制度改革互为条件关系的认识,分别讨论了以居住证为核心的城乡一元化人口管理制度、社会保障城乡一体化机制和农民土地财产权实现机制等形成的主要政策安排和建议。

前　言

　　统筹城乡发展是自党的十六届三中全会后逐步提出并形成的战略思想,是以我国历史与现实为科学根据做出的战略部署,是中央基于我国改革发展已进入关键阶段提出的重大国家发展战略。

　　本书结合新中国成立以来特别是改革开放 30 多年来以及当前统筹城乡发展综合配套改革试验区的具体实践,在发展经济学和制度经济学的框架下展开了对户籍、社会保障和土地管理制度联动机制构建的研究。通过研究发现,户籍、社会保障和土地管理制度在统筹城乡发展中是一种高度耦合的三位一体关系。新中国成立初期的工业化需要从农村和农业中获取发展资金,这种特殊历史背景下形成的特殊发展战略需要特殊的制度为其服务。改革开放后的工业化和城市化同样需要农村和农民的支持,此时,农民进城放弃农村户口及农地使用权属而将获得城市户籍和相应的社会保障及相关农地权益是逻辑的必然。这时,农民放弃的农地进入农地流转市场并实现农地的财产权利,同时,被流转的农地按照各自属性重新被使用,进而促进城乡协调发展,这是符合规律的路径和关系链。然而,这一内在关系链却因以二元户籍制度、农村土地管理制度及二元社会保障为核心的二元制度体系的阻碍而扭曲或变形,城乡差距不仅没有随着我国经济社会的发展缩小,反而越来越大。因此,基于户籍、社会保障和土地管理的内在关系链,设计上述不同基础性制度的联动机制,实现统筹城乡发展的制度体系构建,从而有效促进城乡人口自由流动或迁移以及农村各种资源要素(特别是农村土地)全方位的自由流动。

　　为了实现上述目标,本书从联动的视角,运用系统分析方法构建了一个"统分结合、纵横交互、双层联动"的农村户籍、社会保障和土地管理制度联动机制。在这一机制中，本书明确表达了如下思想。

（1）明确了户籍、社会保障、农村土地管理制度等三项制度之间的高度耦合关系。农村土地管理制度作为国家基本制度的一种，是国家汲取能力的重要体现，是国家动员与调度社会资源的核心途径，也是农民身份权利的主要体现；而社会保障制度作为另一种国家基本制度，则是国家再分配能力的主要体现，也是国家维护社会分配正义的核心途径；户籍制度是对前两项制度所产生的利益进行界定的基本依据。三者之间存在紧密的内在联系和互动关系。

（2）基于户籍、社会保障和土地管理制度之间的内在关系链，在统筹城乡发展的大背景下，为促进人口自由流动或迁移以及农地产权自由流转，它们的改革应该与其他制度的改革互为条件，联动进行，并在联动改革的基础上，形成三项制度发挥共同作用的联动机制。这是统筹城乡发展中制度变迁的应然之路，也是实现制度改革有效性的保证。具体来讲，包括两层含义：一是构建的三项制度联动机制是指制度安排均能满足三项制度各自运行的需要，成为三项制度改革和发挥正向作用的共同政策安排，或曰各项制度运行的共同规则，本书把它称之为"一级"联动机制。二是根据三项制度自身的特点，分别构建有利于促进城乡人口和生产要素自由流动的机制，即以居住地为核心的城乡一元化人口管理、社会保障城乡一体化和农村土地财产权利实现等三个平行的机制，本书将它们归为"次级"联动机制。

（3）强调国家的作用。统筹城乡发展中的户籍、社会保障和农村土地管理等三项制度改革其实是城乡区域和城乡居民利益的大调整和不同集团力量的大博弈，从近阶段讲，这需要顶层进行领导、规范和协调并发挥主导作用，否则，改革难以取得突破。

（4）就建立以居住地为核心的城乡一元化人口管理机制而言，户籍制度改革应该分层分类逐步推进。首先，应该从城镇及小城市全部放开落户入手，以农民工特别是特大城市的农民工的市民化为突破口；其次，应该针对不同情况，建立不同的人口城镇化或城市化机制。对于人口城镇化，应与新型城镇化建设同步推进；对于中等城市，户籍改革必须以户籍及其附加权益的制度改革为切入点，重点是中等城市公共服务提供速度要快于大城市公共服务提供的速度，逐步缩小两者的公共服务差距，提高中小城市吸引外来人口的能力，缓解大城市外来人口的压力；对于（特）大城市，现阶段仍要通过差别化政策（即"积分制"或"条件准入制"）解决农民工或外来人口的市民化问题。

（5）建立城乡一体化社会保障机制对于我国和谐城乡关系形成具有重大意义。我们认为，城乡一体化社会保障机制的稳步推进是我国统筹城乡发展的前提之一，城乡一体化社会保障机制形成也是我国统筹城乡社会发展的重要体现，因此，本书从"坚持全覆盖、保基本、多层次、可持续方针，以增强公平性、适应流动性、保证可持续性为重点，全面建成覆盖城乡居民的社会保障体系"的角度提出构建城乡一体化社会保障机制的相关政策建议；同时，基于社会保障制度内容的复杂性、技术设计的难度以及我国的实际情况，建立城乡一体化社会保障机制不能一步到位，应该从易到难、分步（三步走）推进，与城乡社会保障逐渐接轨，最终实现社会保障城乡一体化。

（6）农村土地管理制度在三项基础性制度中又占有核心地位。农村土地管理制度改革的方向是在充分、科学界定农地产权的前提下，通过市场机制合理地实现农民农地的相关财产权利，这是推动农民自由迁移和市民化的基础条件。之所以这样理解，说到底，户籍和社会保障所涉及的问题基本上可以理解为公共产品的公平供给问题，这主要可由政府来实施和完成。但农村土地在计划经济体制下也可以看做一种公共物品，如承担社会保障职能；而在市场经济条件下，农村土地所涉及的问题更多地表现为"私人"财产权利的实现问题，它既要重视政府的作用，又强调市场机制的作用。市场机制是农地各项权能财产化的基本途径，为此，在中央政府的领导下分级建立农地产权交易市场，并逐步建立农民直接进入农地产权交易的一级交易市场机制，最终实现农地交易的完全市场化。

目　　录

第一章 导言

本章主要阐述选题的意义、研究现状、核心观点、研究框架、研究方法、主要学术特色和研究中存在的不足，以使读者在较短的时间里对本书有一个初步的了解。

第一节 选题的意义

统筹城乡发展是为解决城乡发展严重不平衡问题而自党的十六届三中全会后逐步提出并形成的战略思想。十六届五中全会通过的《中共中央关于制定国民经济和社会发展第十一个五年规划的建议》对这一思想作了详细阐述。其内容主要是：按照科学发展观促进城乡协调发展，把解决"三农"问题作为全党工作的重中之重，实行工业反哺农业、城市支持农村，推进社会主义新农村建设，最终达到城乡共同发展繁荣。目前我国城乡发展不平衡主要是农村、农业、农民与城市、工业、市民相比发展相对滞后。统筹城乡发展正是针对这一现状以历史与现实为科学根据做出的战略部署。可以这么说，统筹城乡发展是中央基于我国改革已进入关键阶段提出的重大国家发展战略。

现实中实施统筹城乡发展战略从哪儿着手至关重要，制度作为经济社会发展中的内生变量在我国转型时期居于特殊的重要地位，制度建设是城乡统筹发展的重要基础，是统筹城乡发展的关键。

　　统筹城乡制度建设必须用系统性思维和方法解决，如果仅仅局限于一个个制度的单独建设，然后汇总形成所谓的制度体系，但这样做各种制度之间仍会不协调、不配套。同样，如果只一味强调"农村向城市接轨或靠拢"的制度变迁，或许还会出现原有制度对新制度的排斥行为，甚至出现与制度设计初衷背道而驰的现象。为解决这些问题，需要形成各种制度的联动机制。

　　统筹城乡发展的制度体系内容十分宽广，本书选择了户籍制度、社会保障制度和土地管理制度为研究客体。户籍制度和土地管理制度是城乡二元结构形成的核心制度，社会保障制度与二元户籍和土地管理制度密切相连，三项制度直接关系到城乡统筹发展和农民的切身利益，在统筹城乡发展的制度体系中占有基础性地位。因此，本书基于户籍、社会保障、土地管理制度三者内在经济社会联系的新视角，采取系统与比较分析相结合的研究方法，对这三种基础性制度相互衔接和联动机制进行研究，试图找出统筹城乡发展的制度基础。

第二节　户籍、社会保障、土地管理制度
联动改革研究现状：简述

　　土地与人口制度作为一个国家的基本制度对人类社会产生重要影响。我国独特的二元土地制度与二元户籍制度相互交织促使城乡二元社会保障制度形成，并最终促成了我国独特的二元社会结构。随着经济社会的不断发展，这种独特的制度越来越不适合实际情况。改革开放以来，对三种制度尤其是户籍制度单独的研究已经有很多，成果也有很多，但始终不符合时代的发展要求。土地管理制度、社会保障制度与户籍制度作为紧密交织在一起的三项制度，一种制度的变迁总会引起另一种制度的变动。故将土地管理制度、社会保障制度与户籍制度从联动的视角进行改革一定可以成为推动统筹城乡发展的有力手段。下文，我们对当前学者关于三者联动改革的主要观点做一个简要梳理，重点梳理户籍制度与土地管理制度联动改革的相关研究。

一　户籍和土地管理制度联动改革研究

土地管理制度与户籍制度的紧密联系决定了两者必须联动改革。单一的土地管理制度改革或单一的户籍制度改革只能治标而不能治本。当前，国内学者花很大精力探讨了土地管理制度与户籍制度联动改革的必要性和对策建议。

（一）土地管理制度与户籍制度联动改革的必要性

林毅夫等认为，政府应该改革土地制度，使农村集体土地具有流转性。[1] 胡星斗认为，未来的户籍制度要随着土地制度的改革进一步改革，土地制度可以五花八门，具有多样性，各个地方因地制宜，可以搞土地合作社、土地公司等。[2] 汤玉权认为，当前我国土地制度的变革相对缓慢，滞后于户籍制度改革，为了更好地解决"三农"问题，一方面需要继续推进户籍制度改革，形成大量的农民身份转移，另一方面要对农村土地所有权重新进行界定。[3] 王菊英认为，农村土地集体所有与城乡二元户籍管理制度具有生成上的交互性和目标上的共同性，无论在制度生成的时间上，还是在制度的功能上都具有内在的关联性与互动性，改革应同时进行。[4] 陈学法从破除城乡二元结构的视角分析认为，如果说户籍制度变革是二元结构变迁的一种拉力或使农村人口向城市转移的牵引力的话，那么，土地制度变革就是二元结构变迁的一种推力，故在这两种力中关键是后一种，但二者又是相辅相成的，如果只有拉力而没有推力，或只有推力而没有拉力，二元结构变迁的进程都会被人为地放缓。只有两种制度同时变革，才能形成一种合力，使劳动力与土地要素在市场机制作用下自由流动，才能真正加快二元结构变迁的进程。[5] 陆铭、陈钊基于我国城市和区

---

[1] 林毅夫、胡葆森、邹高禄、尹成杰、哈继铭、杜鹰：《建设社会主义新农村　改革现行土地流转制度》，《城市开发》2006 年第 3 期。

[2] 胡星斗：《中国户籍制度的命运：完善抑或废除》，《学术研究》2009 年第 10 期。

[3] 汤玉权：《论户籍制度改革与农村土地制度的变革——对四川省南充市马桥村的调查分析》，《东南学术》2006 年第 1 期。

[4] 王菊英：《二元户籍制度改革与农村土地集体所有之关系论析》，《贵州大学学报》（社会科学版）2009 年第 2 期。

[5] 陈学法：《二元结构变迁中的户籍制度与土地制度变革》，《宏观经济研究》2009 年第 12 期。

域发展的理论提出土地与户籍制度应该联动。[1] 樊纲认为中国独一无二的土地所有制将工业化和城市化的劳动力储备留在农村，而不是留在城市贫民窟。这样安排虽然让城市化得以较平稳推进，但终究只是一个过渡性而非永久性制度，农民工无法真正融入城市。由土地制度所造成的分隔，是扩大而不是缩小了社会差距。农村严重贫困的最重要因素是中国农村地区的独特土地制度。这种独特的土地制度和落后的户籍制度导致我国经济发展仍然不足以与欧美发达国家媲美。[2] 陶然、史晨、汪晖、庄谷中从公民享有平等公共服务的视角分析认为，当今户籍真正内涵是以"住房、低保、教育"为核心的公共服务，我们可以说户籍改革本身是一个目标而非手段：目标不能和手段混淆，简单地"宣布"取消城市与农村户口很难有什么现实效果；而手段恰恰需要跳出户籍之外，以户籍—土地—财税联动改革探索公共服务的筹资创新——以此让"土地的城市化"为"人口的城市化"服务，进而释放劳动力供给的制度潜力来更好地应对劳动力工资上涨，并建立公平健全的公共服务体系，提升人力资本，实现产业升级和持续增长。[3] 于建嵘认为，目前很多地方的户籍制度改革存在问题，是因为户籍制度背后的东西没有剥离，附着在户口上的择业、薪酬、医疗、教育、住房、社会保障等因素没有剥离。城镇化道路必须进行配套的战略性改革，建立城乡统筹的、每一位居民或公民都能享受同等公共服务的体制。[4]

（二）对策研究

陆铭、陈钊提出了一些更为具体的户籍制度与土地管理制度联动改革的措施：①全国统一规划中新增的城市建设用地指标，以及农村由于宅基地整理和复耕而增加的建设用地指标，都可以在地区间重新配置。但在此过程中，土地的再配置要与户籍改革联动。②劳动力要和土地指标一起流动，推动土地和户籍制度的联动改革。③改革地方政府官员绩效的考核体制，对不同地区的官员考核分别赋予 GDP 增长和人均增长的

① 陆铭、陈钊：《为什么土地和户籍制度需要联动改革——基于中国城市和区域发展的理论和实证研究》，《学术月刊》2009 年第 9 期。
② 樊纲：《中国户籍与土地制度阻碍城市化进程》，《IT 时代周刊》2011 年第 11 期。
③ 陶然、史晨、汪晖、庄谷中：《"刘易斯转折点悖论"与中国户籍—土地—财税制度联动改革》，《国际经济评论》2011 年第 3 期。
④ 于建嵘：《可以将户籍改革与土地改革联动》，《农村工作通讯》2011 年第 4 期。

不同权重。① 关于土地管理制度与户籍制度联动改革的逻辑框架，陶然、史晨、汪晖、庄谷中提出了自己的看法。他们认为：第一，需要降低目前的流动人口向城市进行永久迁移或者说申请城市户口的"准入标准"；第二，把城市最低生活保障、结合住房的补贴性安排（包括"经济适用房""两限房"的购买权，廉租房、公租房的租用权）、子女义务教育公立学校入学权利、民办学校义务教育入学补贴构成一个"城市户口福利包"；第三，达到上述"城市户口准入标准"的农村迁移人口，在自愿基础上（无偿）放弃其在农村耕地承包权（及承包土地），出具原籍户口所在村集体、乡政府所提供的放弃农地承包权的证明，就可以获得迁入地城市户口和享受上述"城市户口福利包"的资格。② 樊纲认为，要实现"永久城市化"，中国必须引入新的社会安全网，让农民工也能享受公共服务，如教育和正式的社会安全网，这才是城市化进程中的关键。要把户籍制度改革与土地管理制度改革联系起来置于统筹城乡发展的大框架中，就需要加快建立改变城乡二元结构的发展机制。③ 郭英提出户籍制度与土地管理制度联动改革应从四方面入手：①加快土地要素自由流动，打破户籍制度改革困境；②提高农村土地承包权的灵活性，逐渐剥离户籍制度与承包地的关系；③建立健全农村土地流转机制，减少农民市民化的忧虑；④推动城乡征地制度一体化建设，加快户籍制度改革步伐。④

二　户籍制度和社会保障制度联动改革研究

张延明、闫越琦认为，新中国的社会保障制度是以户籍制度进行区分的，形成了各自独立的社会保障制度，但随着社会保障制度改革的深入，户籍制度的改革却没有跟上，反过来制约了社会保障制度的改革。

①　陆铭、陈钊：《为什么土地和户籍制度需要联动改革——基于中国城市和区域发展的理论和实证研究》，《学术月刊》2009 年第 9 期。

②　陶然、史晨、汪晖、庄谷中：《"刘易斯转折点悖论"与中国户籍—土地—财税制度联动改革》，《国际经济评论》2011 年第 3 期。

③　樊纲：《中国户籍与土地制度阻碍城市化进程》，《IT 时代周刊》2011 年第 11 期。

④　郭英：《中国土地制度与户籍制度联动改革的对策研究》，《经济研究导刊》2011 年第 4 期。

因此，在二者的改革问题上，要逐步弱化户籍制度与社会保障制度资源分配的联系，加大公共财政对社会保障制度收入公平再分配的支持力度，才能消除户籍制度对社会保障分配的负面影响，逐步建立全覆盖的社会保障体系。① 翁仁木认为，我国的户籍制度与社会保障制度一直紧密相连，它在计划经济时期具有相当大的合理性，但二者的关系在市场经济体制改革的背景下，不和谐与不平衡的现象日益凸显，成为影响经济效率与社会公平的一个重要原因。② 党国英认为，户籍制度需要两步走：第一步，先建立一个以常住地为基础的统一的户籍管理制度；第二步，通过配套改革，逐步取消城乡户口的"含金量"差异，实现城乡基本公共服务均等化，最终消灭城乡二元分割的户籍制度。③ 安徽省财政厅课题组认为，长期以来，我国在户籍制度改革与社会保障制度建设方面不断进行探索，并取得了较大进展。户籍制度与社会保障制度之间联系紧密、关系复杂。推动户籍制度改革与社会保障制度建设之间的匹配与协调，对促进经济又好又快发展、全面建设小康社会将起到重要的作用。该课题组从财政支持的角度提出户籍制度与社会保障制度联动改革的建议。④

三　土地管理制度和社会保障制度联动改革研究

温铁军认为，中国农村土地承载着农业生产与农民社会保障的双重功能，而且随着人口增加，这种双重功能正在演变为"保障重于生产"，他认为摆脱土地的保障功能，政府应作为保障供给主体为农民提供相关保障。⑤ 侯文阁认为，农村土地制度与农村社会保障具有较强的关联性和拟合性。农村现代社会保障制度的缺失使得我们更加依赖原有土地制度所提供的保障，建立农村现代社会保障制度是完善农地流转机制的必要条件，两项制度的改革应当同时推进、配套进行，农村社会保障制度的改革应适

---

① 张延明、闫越琦：《淡化户籍对社会保障的影响》，《中国社会保障》2009 年第 12 期。
② 翁仁木：《我国社会保障制度与户籍制度关系变迁探讨》，《理论界》2010 年第 12 期。
③ 党国英：《户籍制度改革需两步走》，《农村工作通讯》2010 年第 18 期。
④ 安徽省财政厅课题组陈先森、吴天宏：《户籍制度改革与社会保障关系研究》，《经济研究参考》2011 年第 58 期。
⑤ 温铁军：《农民社会保障与土地制度改革》，《学习月刊》2006 年第 19 期。

当先于土地制度改革。[①] 范会芳认为，土地流转制度改革必将首先冲击土地对于农民的基本生活保障功能。因此，我国农村社会保障体系的建构应该遵循城乡统筹等多重思路，着重完善农村养老保险制度，并由此实现农村社会保障体系建构的突破。[②] 耿永志认为，建立农村现代社会保障制度是完善农地流转机制的必要条件，两项制度的改革应当同时推进、配套进行。农村社会保障制度的改革应适当先于土地制度改革，坚持因地制宜、因时制宜、区别对待、尊重和保障农民合法权益的原则。[③] 黄花认为，农村土地制度改革应当与农村社会保障体系的建立相结合，两者配套进行、共同推进。唯有如此，才能进一步调动农民生产积极性、保护农民的合法权益、促进农业生产发展。[④]

四　户籍、社会保障与土地管理制度联动改革研究

张丽艳、王洪涛、王国辉在《创建户籍改革、社保完善与土地流转的联动机制研究》一文中就创建三项制度联动机制的动因、三项制度联动的可行性给予了分析，在此基础上，围绕着土地流转从立法、户籍制度改革、完善城乡社会保障制度等方面提出了构建联动机制的建议。[⑤]

五　简要评论

上述研究从各个方面比较系统地分析了我国近年来城乡发展及其主要涉农制度的变迁，对于我国统筹城乡发展的制度建设无疑具有重要的参考价值和启示意义。不过，这些研究似乎还存在两方面不足：一是只对两种相关制度的联动改革进行了一定分析，而对三项制度联动改革的研究少之又少，同时未能对促进各种不同制度有机衔接并发挥制度体系更大作用的

---

① 侯文阁：《我国农村土地制度与社会保障的关联探析》，《新西部》（下半月）2008 年第 10 期。

② 范会芳：《土地流转制度下我国农村社会保障体系的建构》，《郑州大学学报》（哲学社会科学版）2009 年第 5 期。

③ 耿永志：《试析我国农村土地制度与社会保障的关联》，《价格月刊》2009 年第 1 期。

④ 黄花：《社会保障视野下的中国农村土地制度改革》，《中国农学通报》2010 年第 22 期。

⑤ 张丽艳、王洪涛、王国辉：《创建户籍改革、社保完善与土地流转的联动机制研究》，《经济纵横》2009 年第 9 期。

途径、机制做出更加深入的研究。可以说，当前关于三项制度的联动改革特别是三项制度联动运行的机制研究很不深入，没有就联动机制的理论体系和主要政策框架展开系统研究。二是现有绝大部分相关研究强调城乡一体化制度构建只是"农村向城市接轨或靠拢"，这种认识误区很容易导致原有制度对新制度的排斥。上述两个方面正是本书研究主题确立的重要基础。

第三节　主要内容安排与说明

本书主体部分共由 7 章内容组成。

第一章：导言。阐述了选题的意义、研究现状、研究问题、核心观点、研究框架、研究方法、主要学术特色和研究中存在的不足。其作用是使读者在较短的时间内对本书有一个初步的了解。

第二章：制度变迁理论和产权理论。应用制度变迁理论分析了社会转型期政府在制度变迁中的作用，特别分析了制度绩效尤其是制度结构绩效的特征和本质。应用产权理论主要阐述产权与所有权、财产权及其外部性的关系。本书借助产权理论，以"无财产的地方无公正"（洛克）为分析起点，重点讨论了农民土地财产权实现问题，同时借助"产权创设了自由，产权守护着自由，产权孕育着民主"这一思想，阐述了建立城乡公平公正的户籍与社会保障制度的改革方向。

第三章：户籍、社会保障和农村土地制度的经济社会系统分析。一是以制度功能为基础，界定了本书的研究对象；二是基于历史的视角，叙述了户籍、社会保障、土地管理制度的形成；三是从经济与社会学的角度，讨论了三项制度的内在关系链及其在我国城乡发展中的高度耦合关系和地位。

第四章：改革以来户籍、社会保障、土地管理制度的改革与实践。主要阐述了近 30 年来部门主义式（孤立）的制度变迁及其实践中的困境、主要制度安排及其特点、制度实施绩效评估，并在此基础上从联动的视角分析制度变迁对我国城乡关系发展的影响。

第五章：我国统筹城乡发展实践的典型调查与分析。重庆、成都是我国统筹城乡发展战略实施的综合配套改革试验区，它们的做法和成功经验对我国其他地区具有示范效应。本章着重就当前我国统筹城乡发展综合配套改革试验区重庆、成都等的户籍、社会保障与土地管理制度创新与运行现状进行考察，目的在于对"点"的思考与突破，深化对统筹城乡发展中制度建设的认识，为后续的政策研究奠定现实基础。

第六章：发达国家的户籍、社会保障、土地管理等制度安排与启示。本书选取了美国、英国、德国和日本四国作为分析国际经验的案例，重点分析了四国现阶段的人口管理制度、社会保障制度和土地管理制度安排。分析后认为，如果从社会公平、促进人口自由迁移和统筹城乡发展的角度讲，这几个国家的一些经验值得我们借鉴。

第七章：户籍、社会保障与土地管理制度联动机制的形成。本部分是全书的核心内容。基于以上分析，从联动的视角，运用系统分析方法对户籍、社会保障和土地管理制度联动机制进行构建。主要包括两方面内容。

一是从机制概念入手，对户籍、社会保障和土地管理制度联动机制的内涵、联动机制的构建思路、联动机制的形成路径、联动机制的结构、联动机制的作用机理等方面进行了系统分析，其重点是讨论三项制度联动机制的结构。基于多维联动视角，本书提出了"统分结合、纵横交互、双层联动"的三项制度联动机制模型。

二是对户籍、社会保障和土地管理制度联动机制（即"统分结合、纵横交互、双层联动"联动机制模型）进行构建。

（1）"一级"联动机制构建。"一级"联动机制在本书中有纵向联动机制、基础性联动机制或核心联动机制的含义。"一级"联动机制是基于户籍、社会保障和土地管理制度的内在关系，从管理、确权、激励与保障及筹资等方面提出户籍、社会保障和土地管理制度改革的共同政策，这些方面的政策是三项制度改革不可或缺的政策节点，这些政策具体化到每项制度改革中均具有基础性的作用，深刻影响它们各自改革的成功与否。

（2）"次级"联动机制构建。"次级"联动机制在课题中有横向联动机制的含义。主要基于城乡互动、统筹发展、三项制度改革互为条件关系的认识，分别讨论了以居住证为核心的城乡一元化人口管理制度、社会保障城乡一体化机制和农民土地财产权实现机制等形成的主要政策安排和建议。

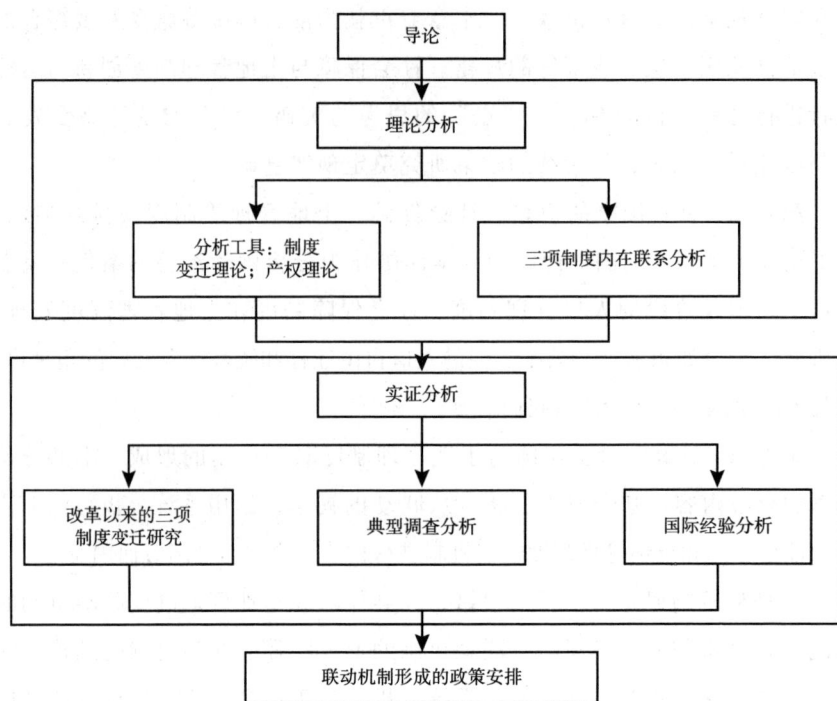

图 1 - 1　本书的研究技术路线

第四节　主要研究方法

基于本书研究对象的性质——联动机制（即政策制度）研究，我们主要运用如下研究方法。

1. 社会系统分析和比较分析相结合

研究自始至终贯穿了社会系统分析方法，这既是本研究的选题视角，也是本研究的基本思路。从大的方面（背景）讲，本研究是在统筹城乡发展的这个大系统中展开的；从小的方面讲，本研究本身就是一个系统研究。从具体制度安排讲，某项制度的改革必须以其他两项制度的改革为条件。因此，本研究处处体现了系统论思想。

比较分析是系统分析有益的补充，本研究运用的比较分析方法主要是横向比较方法。通过横向比较方法，分析国内当前统筹城乡发展综合配套改革试验区重庆和成都的做法，同时，对国外的分析也主要是从统筹城乡发展的角度考察他国现阶段的相关制度安排。比较分析方法为现实问题的分析提供依据，为联动机制构建指出制度安排的方向。

2. 规范分析与实证分析相结合

实证分析法是研究事物"是什么"的方法，指明事物具有什么特征，以及说明该事物在各种条件下会发生什么样的变化、产生什么样的结果，但对该事物本身不作价值判断。规范分析法是以一定的价值判断作为出发点，指出研究的事物"应该是什么样""不该是什么样"，回答为什么要做出这种选择而不做出另一种选择，即价值判断。本研究在对我国户籍、社会保障与土地管理等制度联动机制构建的过程中，将实证分析法与规范分析法结合起来使用，既有理论性的探讨，又有与统筹城乡发展制度改革紧密相关的国内外实践验证。先回答研究对象——联动机制"是什么样的状态"，然后再研究其"该是什么样"，进而提出实现"什么样"的途径。

3. 历史分析与逻辑分析相结合

历史分析强调分析问题时的时代特定性。"历史"既指过去发生的事情，也指在时间跨度上的延续性和规律性。历史分析法为我们的研究提供了开阔的视野和思路，同时对时间跨度上各种现实问题的考察也需要运用逻辑分析法，并且需要与历史分析法相结合。本研究正是基于考察三项制度的历史形成过程及其内在联系提出把三项制度作为一个统一体进行研究。

4. 定性分析与定量分析相结合，以定性分析为主

通过定性分析方法可以找到事物的本质和内在的联系，揭示事物发展的规律和方向。定量分析则是对定性分析进一步量化，寻找事物之间量的关系。本研究主要在进行农村土地财产权利实现和社会保障制度运行的现状、问题及影响因素分析时采用了一定的定量分析方法，而在全书的研究中尤其是在制度改进和对策研究中主要是从定性的角度提出联动机制构建的思路和方向。

5. 动态分析与层次分析相结合

本研究的动态分析主要是指与时俱进，紧跟党和国家关于户籍、社会保障和土地制度改革等方面的精神，否则就失去了研究的意义。因此可以

说，本研究的研究过程及其最终的成果都深深打上了时代的烙印，特别是打上了十八大精神的烙印。同时，本研究注重在动态中结合我国的现实，提出分阶段、分层次推进我国城乡一元化人口管理制度和社会保障城乡一体化的改革思路。

6. 调查分析和文献分析相结合

调查方法是本研究的主要实证研究方法，它综合运用心理法、历史法、观察法等方法以及谈话、问卷、个案研究等科学方式，对现象进行有计划的、周密的和系统的了解，并对调查搜集到的大量资料进行分析、综合、比较、归纳，从而为研究提供规律性的知识。本研究有目的、有计划、有系统地搜集有关重庆、成都及江西部分农村统筹城乡发展中的主要制度改革和相关实践的资料，并对调查搜集到的大量资料进行分析和归纳，形成的认识或观点具有很大的参考价值。但是，调查方法毕竟是点的研究，说到底，它不能形成一个全面的、系统的认识，而文献研究则弥补了这一缺陷。本研究的主题是统筹城乡发展中的关键问题。当前，关于户籍、社会保障和土地管理制度改革以及农民相关权益（特别是土地权益）自由与公正实现的研究成果丰硕。因此，通过搜集图书、期刊以及网络数据库的资源，进一步归纳、整理、分析，使得本书能够较为客观全面地反映出当下的研究成果和进展，并对后续研究提供理论支撑。

7. 制度因素分析

制度是经济社会发展的内生变量，统筹城乡发展战略的实施首先要解决制度缺失问题，统筹城乡发展战略实施中遇到的问题，很多都是源于制度性障碍。所以，本书广泛使用了新制度经济学的分析方法，即制度变迁理论和产权理论。

第五节　学术特色和主要建树

一　学术特色

（1）突出了研究方法中的社会系统理论的运用。本研究运用了社会科学研究中的主要（常用）研究方法，但是，对这些方法主要是从社会系统学角度（即从统筹城乡发展的宏观视角）进行使用。如在运用规范分析方法时，我们是站在城乡协调发展的视域考察、比较某项制度的改革或实践，即进行价值判断，并在此基础上提出相应对策。

（2）突出了联动机制构建的系统性和完整性。"统筹城乡发展的户籍、社会保障和土地管理制度联动机制"既是以往研究没有涉及的领域，更是目前我国统筹城乡发展尤其是制度变迁中需要解决的重要问题，具有很高的理论与现实研究价值。构建这一联动机制涉及什么是三项制度的联动机制、联动机制的作用机理及主要政策框架包括哪些内容。我们以城乡统筹发展为逻辑起点，以联动改革为基本思路，突破部门主义式的制度变迁方式，构建了一个"统分结合、纵横交互、双层联动"的三项制度联动运行机制。所谓"统分结合、纵横交互、双层联动"，是指联动机制的构建始终贯彻促进人口自由流动（或迁徙）和农村土地产权自由流动（或财产权实现）的基本目标，一是从宏观层面制定三项制度联动的共同规则（这为一层联动机制），称为"一级"联动机制；二是从操作层面，基于三项制度相互影响、互为条件的耦合关系分别提出城乡一元化人口管理机制、城乡一体化社会保障体制和农民土地财产权利实现机制的改革方向、路径和主要的政策安排，称为"次级"联动机制。双层联动，构成了一个完整的联动机制系统。

（3）突出了联动机制政策安排的可操作性和实践意义。首先，关于联动机制中的制度安排和政策建议是在总结当前改革与实践的基础上形成的，具有很强的针对性和适应性。其次，相关制度或政策安排，如城乡一元化人口管理机制和城乡一体化社会保障机制，根据实际情况，提出了分类、分层、分阶段实施和具体步骤，具有很强的可操作性和实践意义。

（4）突出了观点形成的历史性、时代性和发展性。历史从哪里开始，思想进程也应当从哪里开始，而思想进程的进一步发展不过是历史进程在抽象、理论上前后一贯的形式上的反映。本书主要观点是基于纵向（历史）考察和横向比较，基于城乡统筹发展基本的制度环境而形成的。如农民土地财产权充分自由实现是农村土地管理制度改革的基本方向，这既包含了对农民土地财产权实现的历史考察，又体现了对当前农地制度的批判，更是对未来人口自由流动和土地要素自由流转的城乡协调发展趋势的理性思考。

二　主要建树

运用社会系统分析与比较分析相结合的方法，对制度联动改革的绩效从"点"（案例分析）、"面"（改革以来我国三项制度的总体情况）及国际经验的多维角度进行了价值判断，既为联动机制构建提供了理论基础，更为相关政策安排提供了现实依据。在此基础上，构建了一个"统分结合、纵横交互、双层联动"的三项制度联动运行机制，对我国统筹发展中的制度改革的路径和模式选择提供重要的启示。同时，在构建农民农地财产权实现机制中，我们基于平衡国家与农民利益关系的角度，在坚持农地公有制的前提下，提出了农地产权主体结构由当前的"集体'一级'"产权主体结构，经"国家与农民 + 集体'三级'"产权主体结构的过渡，最终向"国家与农民'二级'"对等平行的产权主体结构演进的改革目标，并以此为基础，构建了农民农地财产权实现机制。

第六节　成果的学术价值、应用价值与
研究中存在的不足

一　学术价值和应用价值

本书从联动的视角，运用社会系统研究方法，将户籍、社会保障和土地管理等三项制度放在同一系统中进行研究，突破了已有关于制度变迁研究的思维框架（各自为政的制度改革方式），同时，户籍、社会保障和土地管理制度联动机制的构建到目前为止还没有类似的研究，尤其是提出的"统分结合、纵横交互、双层联动"的制度联动机制模型更是本领域研究的首创。因此可以说，本研究有两个重要的学术价值：一是拓展了制度变迁理论，即联动与系统相结合的方法的深化和运用；二是形成了统筹城乡发展中的制度改革基本思路、方法以及制度效应发挥的机制结构。

本研究具有较大的应用价值和社会影响，这不仅是因为为统筹城乡发展中的制度改革提供了全新的视角、思想和改革路径，而且联动机制中的政策安排和相关技术设计具有很强的现实意义，对我国推动统筹城乡发展中的制度改革具有重要的参考价值。

二　研究中存在的不足

（1）实证分析不够。一是社会调研对象（地方和人数）选择偏少；二是研究数据略薄弱，同时，对数据的处理也略显简单。

（2）由于本研究主要是应用对策研究，因此，在研究中我们侧重于应用研究，理论分析略显薄弱和不够。

（3）有些政策设计和观点缺乏现实依据，不够完善，也不够成熟，是否可行有待进一步论证。

第二章　制度变迁理论和产权理论

由于本书主要是制度分析，从现有的理论分析工具来讲，制度变迁理论和产权理论被广泛运用，因此，本书也选择制度变迁理论和产权理论作为基本分析工具。

第一节　制度变迁理论：制度、制度绩效及其与国家的关系

本节我们讨论了制度与制度变迁的概念、内容及制度与制度结构绩效；鉴于我国的制度变迁的实际，还特别讨论了制度变迁与国家的关系。

一　制度与制度变迁

（一）制度

什么是制度？马克思在《〈政治经济学批判〉序言》中，对社会经济制度的划分作了精辟的分析。他指出："人们在自己生活的社会生产中发生一定的、必然的、不以他们的意志为转移的关系，即同他们的物质生产力的一定发展阶段相适合的生产关系。这些生产关系的总和构成社会的经济结构，即有法律的和政治的上层建筑竖立其上并有一定的社会意识形式与之相适应的现实基础。"[①] 在这里，马克思把制度分成了两大类：一类

---

① 《马克思恩格斯选集》第二卷，人民出版社，1995，第 32 页。

是生产关系的总和，实质就是经济制度；另一类属于上层建筑，包括政治、法律和意识形态。诺思（D. C. North）认为，制度是一系列被制定出来的规则、守法秩序和行为的道德伦理规范，它旨在约束追求主体福利或效用最大化利益的个人行为，它提供了人类相互影响的框架，建立了一个社会，或更确切地说是一种经济秩序的合作与竞争关系。[①] 舒尔茨（T. W. Schultz）将制度定义为"管束人们行为的一系列规则"。[②] 青木昌彦将制度定义为在经济社会中被广泛认可的一定的规则。其具体形式有各种各样的法律制度以及自发形成的结构，包括组织、风俗、约定、习惯做法等。制度可分为两个层次：一是非正式的，如社会规范、惯例、风俗、文化等；二是正式制度，包括政治规则（法律、政府管制）、经济规则和契约。正式制度是从非正式制度演化而来，而非正式制度来自民间的创造。[③] 林毅夫认为制度可以被定义为社会中个人所遵循的行为规则，它可以设计成人类为对付不确定性和增加个人效用的手段，与此有关的制度安排是指管束特定行动模型和关系的一套行为规则，它可以是正式的，也可以是非正式的。[④] 关于制度的分类，D. 菲尼等人的论述颇具启发意义。D. 菲尼等人认为，制度可分为三种类型：第一类制度是宪法秩序，即政权的基本规则，它规定了确立集体选择的条件的基本规则；第二类制度指的是制度安排，它包括法律、规章、社团和合同；第三类制度是指规范性行为准则，包括文化背景和意识形态。[⑤]

　　以上制度定义体现了定义者不同的理性趋向，但其逻辑底蕴是一致的，即认为人类理性足以保证人们可以根据不同经济活动的需要选择和设计有效的组织形式和产权规则。根据本课题研究的目的，对制度的定义与上述的界定是一致的，即制度是人类在特定条件下选择的、与人类行为有

①　D. C. North, *Structure and Change in Economic History*, Yale University Press, 1983, p. 202.

②　〔美〕T. W. 舒尔茨：《制度与人的经济价值的不断提高》，载《财产权利与制度变迁》，上海三联书店、上海人民出版社，1994，第253页。

③　〔日〕青木昌彦：《比较制度分析》，上海远东经济出版社，2001，第2页。

④　林毅夫：《关于制度变迁的经济学理论：诱致性变迁与强制性变迁》，载《财产权利与制度变迁》，上海三联书店、上海人民出版社，1994，第375、377~378页。

⑤　〔美〕V. 奥斯特罗姆、D. 菲尼等编《制度分析与发展的反思——问题与抉择》，商务印书馆，1992，第134~135页。

关的并借以影响人们相互关系的正式规则和非正式规则的总称，但课题关注的重点是正式制度。

事实上，制度的主要作用在于引导、约束和激励，就是引导人们的正确行为、约束不当行为和激励进步行为，它是在一定时期和一定环境中人类行为价值的折射，同时，它也将通过影响人们的社会行为进而影响社会经济环境的变迁历程。因此，它必须随着时间的推移和外界环境的变化而进行不断的变迁和创新，否则，陈旧的制度将成为社会进步的阻碍和人类思想的桎梏。概言之，"制度提供了一种经济的刺激结构，随着该结构的演进，它决定着经济朝着增长、停滞或衰退的方向变化"。①

（二）制度变迁

制度并非一成不变。传统社会向现代社会转型过程中就伴随着大量的制度变迁。所谓制度变迁，诺思认为，制度变迁就是制度创立、变更及随时间变化而被打破的方式。②制度变迁也可理解为一种效益更高的制度对另一种制度的替代过程。在这个过程中，实际制度需求的约束条件是制度的替代成本。制度变迁过程，既可以理解为一种更有效益的制度的生产，也可以理解为规则的改变或重新界定权利的初始界限。③制度变迁是一个错综复杂的过程。诺思构建了制度变迁的一般模型来说明制度变迁的复杂性。诺思的制度变迁模型假定：制度变迁的诱致性因素在于主体期望获得最大的潜在利润，即在已有制度安排中无法实现的外部利润（如规模经济、风险降低和转移、外部经济内部化、交易费用的降低和转移等带来的收益）。要获得这一部分收益，就需要不断实施制度创新，达到帕累托最优的制度均衡状态。诺思认为，制度变迁是实施制度的各个组织在相对价格或偏好变化的情况下，为谋取自身利益最大化而重新谈判，达成更高层次的契约，改变旧的规则，最终建立新规则的全过程。制度变迁一般可以分为五个步骤：第一，形成推动制度变迁的第一行动集团，即对制度变迁起主

---

① D. C. North, "Institutions," *Journal of Economic Perspective*, 1991, No. 1.

② 〔美〕诺思：《经济史中的结构与变迁》，上海三联书店、上海人民出版社，1994，第225页。

③ 〔美〕戴维斯、诺思：《制度变迁的理论：概念与原因》，载《财产权利与制度变迁》，上海三联书店、上海人民出版社，1994，第267页。

要作用的集团；第二，提出有关制度变迁的方案；第三，根据制度变迁的原则对方案进行评估和选择；第四，形成推动制度变迁的第二行动集团，即起次要作用的集团；第五，两个集团共同努力去实现制度变迁。[①] 在制度变迁过程中，任何制度变迁主体（如政府、团体和个人）所追求的目标，都是效用或利润最大化。然而，当一项制度安排的变迁无论如何不能给创新者带来好处时，现存的制度结构就处于制度均衡状态。但是，所谓均衡的制度只是一种局部均衡，因为均衡是局部的，所以制度总是要变迁的。[②]

制度变迁本质上是一个从制度均衡到非均衡再到制度均衡的循环往复发展过程，而制度需求与供给的外生变量决定了制度变迁方式的选择。制度变迁因划分的标准不同而有许多种分法。从制度变迁的主体来看，有诱致性制度变迁与强制性制度变迁；从制度变迁的途径来看，有制度移植和制度创新；从制度变迁的时间来看，有渐进式制度变迁与激进式制度变迁；从制度变迁的规模看，有单项制度变迁、局部制度变迁和整体制度变迁。基于本课题研究的视角和目的，我们认为，运用强制性制度变迁与诱致性制度变迁的分类更容易解释统筹城乡发展中制度变迁的实际。对此，林毅夫对诱致性制度变迁与强制性制度变迁做出了很好的说明。按林毅夫的解释：受制于一个社会利益集团之间的权力结构和社会偏好结构，制度变迁一般通过两种方式——强制性制度变迁和诱致性制度变迁进行。强制性制度变迁是"由政府命令和法律引入实行的"制度变迁；诱致性制度变迁是"由一个人或一群人，在响应获利机会时自发倡导、组织和实行的"制度变迁。[③] 而且，制度需求与供给的变动结构，已经从本质上规定了两种不同变迁方式的滋生体制：在分散决策，有着众多行为主体的市场经济体制下，容易滋生出改变现有制度安排，获得原来无法得到的利益的需求，因而需求诱致性成为制度供给的主要方式；而在集中决策，有着单一行为主体的计划经济体制下，制度安排往往有着政治支持

---

① 〔美〕诺思：《经济史中的结构与变迁》，上海三联书店、上海人民出版社，1994，第7~8页。
② 林红玲：《西方制度变迁理论述评》，《社会科学辑刊》2001年第1期。
③ 林毅夫：《诱致性制度变迁与强制性制度变迁》，载《现代制度经济学》下卷，北京大学出版社，2003，第260页。

最大化的政治目标以及社会产出最大化的经济目标。双重目标的约束条件不一，客观上又时时发生冲突。在此种背景下，更多地取决于决策者有多强的创新能力和坚定的意志决定新的制度安排，得到在现有制度安排下得不到的利益，产生出制度供给冲动。就此而言，政府供给主导型制度变迁方式常为中央集权国家所用。也就是说，制度变迁方式取决于力量对比。① 由于国家具有生产制度安排的优势，为了弥补制度供给不足，制度供给就成了国家的基本功能之一，理性的统治者必然弥补制度供给的不足。但因为国家只有在预期边际收益＝预期边际费用的情况下才能实现创新，而国家的制度创新成本中还有非经济因素（如政治支持最大化），这就使国家并不能仅仅通过政策法令引起的强制性制度变迁就完全建立起符合社会需要的那些数量和种类的制度安排。"政策失败"就成了不可避免的现象。② 可以说，林毅夫的诱致性制度变迁和强制性变迁模型修正了诺思的制度变迁一般模型。杨瑞龙在林毅夫的制度变迁两分法的基础上，提出了需求诱致型制度变迁和供给主导型制度变迁的概念。他认为强制性制度变迁实际上是一种供给主导型制度变迁，即在一定的宪法秩序和行为的伦理道德规范下，权力中心提供新的制度安排的能力和意愿是决定制度变迁的主导因素。杨瑞龙认为，随着我国在增量改革中逐步引入产权规则，以及决策权的逐步分散化，在一定领域也出现了需求诱致型制度变迁方式，但目前供给主导型制度变迁方式仍处于主导地位。③

可见，杨瑞龙的制度变迁划分法与林毅夫的划分法实质是一致的，只是前者针对中国实际提出的"供给主导型制度变迁"更强调强制性变迁的"政府供给"特征。针对中国改革中地方政府所起的突出作用，杨瑞龙又提出了中国制度变迁的"三阶段论"，即在两类制度变迁中又加入了反映地方政府起主导作用的"中间扩散型制度变迁"，并认为中国制度变

---

① 张红宇：《中国农村土地制度变迁的政治经济学分析》，西南农业大学博士学位论文，2001。

② 林毅夫：《关于制度变迁的经济学理论：诱致性变迁与强制性变迁》，载《财产权利与制度变迁》，上海三联书店、上海人民出版社，1994，第397页。

③ 林万龙：《中国农村社区公共产品供给制度变迁研究》，中国财政经济出版社，2003，第23页。

迁的途径是由中央政府起主导作用的"供给主导型变迁"（改革起始阶段）向地方政府起主导作用的"中间扩散型制度变迁"过渡，随着排他性产权的建立，最后过渡到需求诱致型制度变迁（改革完成阶段）。[①] 我们认为，从政府起主导作用这一角度来看，前两类变迁实质是一致的，可以划入"供给主导型制度变迁"。因此，我们在课题中将采用制度变迁的两分法，即供给主导型和需求诱致型制度演变。

随着对制度变迁研究的不断深入，制度经济学家逐渐认识到，制度变迁不能简单归结为基于成本收益比较的一种不连续变化，而是体现出某种连续渐进的特征，具有"路径依赖"的特征。[②] 诺思从自然科学中引入"路径依赖"概念，按照他的说法，这是"分析理解长期经济变迁的关键"。[③] 诺思认为，尽管制度变迁受各种主客观因素甚至偶然因素的影响，但都有一个共同的规律，即制度给人们带来的报酬递增决定了制度变迁的方向，由于报酬递增和不完全市场的普遍存在，制度就变得很重要，这是因为制度在现实中存在类似于技术变迁中的四个方面的强化机制，[④] 即：①设计一项制度需要大量的初始成本，随着该制度的推行，单位成本和追加成本都会下降。②学习效应。随着某项制度的推广，各种组织和其他行为主体会不断改进制度和降低制度运行成本，以获得更多的回报。③协调效应。通过适应制度而产生的组织与其他组织的缔约，以及具有互利性的组织的产生和对制度的进一步投资，出现相互间的协调效应。更重要的是，一项正式规则的产生会导致其他正式规则和一系列非正式规则的产生，以补充和协调这项正式规则发挥作用。④适应性预期。随着以特定制度为基础的契约的盛行将减少不确定性，从而使这项制度持续下去。在这些机制的作用下，制度变迁一旦走上某一路径，它的既定方向会在以后的

---

① 杨瑞龙：《我国制度变迁方式转换的三阶段论——兼论地方政府的制度创新行为》，《经济研究》1998 年第 1 期。

② 张进铭：《政府在经济发展中的作用》，经济管理出版社，2001，第 23～24 页。

③ 〔美〕诺思：《经济史中的结构与变迁》，上海三联书店、上海人民出版社，1994，第150 页。

④ Arthur, W. Brian, "Self-reinforcing Mecha-nisms in Economics," in Philip W. Anderson, Kenneth J. Arrow and David Pines (eds.), *The Economy as an Evolving Complex System*, Addison-Wesley Publish Company, 1988.

发展中得到自我强化：或是沿着既定的路径，制度变迁进入良性循环的轨道；或是顺着原来的错误路径走下去，并锁定在某种无效率的状态下。一旦进入了锁定状态，要扭转原有的方向就变得十分困难，往往要借助于外部效应，引入外生变量或依靠政府体制的改变。①

二　制度绩效与制度结构效率

关于制度绩效问题，新制度经济学从成本与收益对比的角度给予了解释。诺思在其代表作《经济史上的结构和变革》中开篇就写道："我把经济史的任务理解成解释经济在整个时期的结构和绩效。所谓'绩效'，我指的是经济学家所关心的、有代表性的事物，如生产多少，成本和收益的分配或生产的稳定性。"② 诺思的"结构"概念还包含了人口和技术因素，比制度结构含义更为宽泛一些，但他明确提出了制度结构和绩效水平的关系。"绩效"可以有两个方面的含义：有效率和无效率。相应地，"制度绩效"就存在两种相对的制度状态：有效率的制度和无效率（或低效率）的制度。樊纲认为："有效率的制度，指的是资源配置较为合理、浪费较少、经济增长率较高、人民生活水平和'满足程度'提高较快的制度；相反，'无效率'的制度，指的是资源配置不当，浪费或资源闲置严重、生产增长缓慢、人民生活水平提高不快的制度。"③ 因此，有效率或高绩效的制度变迁就是指用有效率的制度取代无效率的制度，无效率或低绩效的制度变迁则是指制度并没有改变原来的无效率的制度局面，甚至使情况更加恶化。

制度有时仅指一项制度安排，④ 有时则指整个制度结构，因此，讨论制度效率的决定需要从制度安排的效率决定与制度结构的效率决定两方面来进行。评判制度安排是否具有效率，在新制度经济学看来，主要取决于以下因素：①制度的"普适性"。所谓制度的普适性，是指制度具有一般性、便于传达和理解以及具有稳定性和一定的开放性等特征。②其他相关

---

① 陈天祥：《论政府在制度变迁中的作用》，《中国行政管理》2001年第10期。

② 师俊伟：《〈经济史上的结构和变革〉中诺斯的制度变迁思想》，《中国证券期货》2012年第4期。

③ 樊纲：《渐进之路：对经济改革的经济学分析》，中国社会科学出版社，1993，第20页。

④ 制度安排是制度的具体化，当经济学家使用"制度"这个术语时，一般指的是制度安排。本书将交替使用"制度"和"制度安排"二词。

制度安排实现其功能的完善程度。由于任何一种制度安排都是"嵌在"制度结构中,它必定内在地联结着制度结构中的其他制度安排,因而每一种制度安排的效率还取决于其他制度安排实现其功能的完善程度。③生产过程的技术性质。生产过程的技术性质之所以会对制度安排的效率产生影响主要在于,任何制度安排的产生都是由一定的生产力状况和技术水平或性质所决定的,随着生产力和技术的进一步发展和进步,制度安排必须做出相应的变化和调整;否则,制度安排的效率必然会降低。对于生产过程的技术性质对制度安排效率的影响,凡勃仑在其《有闲阶级论》一书中较早进行了研究,他指出,制度是由物质环境(主要指生产过程的技术程度)决定的,因而,制度必然随着物质环境的变化而变化。① 根据上述新制度经济学的观点,我们认为,判断一个制度安排是否有效率,简单地说,就是指该制度是否能够有效促进生产要素(如土地、资本、劳动力)的合理流动和社会资源(主要指公共产品)的公平、合理配置。

制度结构是不同制度安排构成的系统,或曰制度结构是指一个社会中正式的和不正式的制度安排的总和。② 它的效率首先取决于构成这一结构的各单项制度安排的效率,因此,上述决定制度安排效率的因素同样是决定制度结构效率的因素。但是,制度结构效率的决定与制度结构中某一项制度安排效率的决定又是不尽相同的,制度结构效率取决于各制度之间的耦合(或称制度的互补性),即制度配置状况。这里所谓制度配置,是指在一个制度系统中各项制度安排之间应当相互协调和匹配,以使整个制度体系能够发挥最大的功效。我们研究的是各种制度安排间的层次、关系、影响以及相互协调等问题,以确定制度的最佳结构。制度结构之所以需要制度配置,主要在于制度结构中各项制度安排之间并非总是能够相互协调和匹配,即制度结构中各种制度安排之间并不一定总是耦合得很好。制度结构中单个制度安排的结合状态有三种情形,即制度耦合、制度冲突与制度真空。所谓制度耦合,指的是制度结构内的各项制度安排为了发挥其核心

---

① 袁庆明:《制度效率的决定与制度效率递减》,《湖南大学学报》(社会科学版)2003 年第 1 期。

② 林毅夫:《关于制度变迁的经济学理论:诱致性变迁与强制性变迁》,载《财产权利与制度变迁》,上海三联书店、上海人民出版社,1994,第 378 页。

功能而有机地组合在一起，从不同角度来激励与约束人们的行为。在制度耦合的情况下，制度结构内的各项制度安排之间不存在结构性矛盾，没有互相冲突和抵制的部分，从而能最大限度地发挥现有制度结构的整体功能。所谓制度冲突，是指在制度结构内部不同制度安排之间的作用方向不一致，在行为规范上互相矛盾和抵触，对于同一行为某些制度给予鼓励，而另一些制度则加以限制，这将造成人们无所适从、行为紊乱，使制度结构系统不能发挥其应有的整体功能。制度真空则是指对于某些行为没有相应的制度安排予以规范，形成制度结构中的"漏洞"，造成制度功能的缺失，从而使人们的某些行为得不到有效的约束和规范，给社会经济带来危害。就社会制度结构来说，制度耦合可以从不同的方面来分析，如正式制度与非正式制度的耦合、制度环境（宪法秩序）与制度安排的耦合等。就正式制度与非正式制度之间的耦合来看，国家制定的各种法律制度与社会的传统道德习俗对个人的行为都有重要的影响。二者作用的范围和程度虽然有所差异，但它们常常对同一类行为从不同角度进行规范，如果其作用方向一致，则它们就是耦合的和互补的；但如果正式制度与非正式制度对某种行为的约束不一致，则两者就没有实现耦合，并使制度难以发挥作用。①

总之，制度耦合或互补是一种制度结构系统高度有序、各种制度安排之间协调一致的状态。而制度冲突与制度真空则是制度结构中存在大量矛盾和漏洞的状态。当制度结构中存在制度冲突和制度真空时，制度结构的整体绩效就会被削弱。因此要提高制度结构的绩效与效率关键之一在于做好制度配置，克服制度冲突与制度真空，实现制度耦合。因此，在本书中，制度变迁不仅指单一的制度安排发生的变化，而且主要指制度结构的变化。与此相适应，政府的作用也体现在两方面，即在制度安排中的作用和在建立制度结构中的作用。

三　国家与制度变迁

（一）诺思的国家理论

西方理论界中关于国家有两种解释：一种是契约理论；另一种是掠

---

① 袁庆明：《制度效率的决定与制度效率递减》，《湖南大学学报》（社会科学版）2003 年第 1 期。

夺或剥削理论。契约理论认为，国家是公民达成契约的结果，为公民服务，并且由契约限定着每个选民个人相对他人的活动，因而契约对经济的增长具有重要作用。掠夺或剥削理论认为国家是某一集团或阶级的代理者，国家的作用是代表该集团或阶级的利益向其他集团或阶级的成员榨取收入。掠夺性国家是通过界定产权使权力集团的收益最大化。在诺思看来，这两种解释各有其优点和缺陷，但是都不能准确地界定国家、有力地解释国家同经济发展的关系。诺思指出，契约理论是西方经济学中交易原理合乎逻辑的延伸。它实际上把国家假设为在交易中使社会福利最大化的角色。尽管契约理论在西方再度受到新古典经济学者的注意，但其理论优势只在于，"解释为什么国家可以潜在地提供一个节约利用资源的框架，从而可以促进福利增长"。更具体地讲，契约理论只解释了"缔约的最初收益"。① 但它忽视了国家作为契约各方实现各自利益最大化工具的功能。对于掠夺或剥削理论，诺思认为这种解释虽然揭示了国家为了实现统治者利益最大化而竭力榨取选民租税的本质，但忽视了国家同选民之间的互动关系。实际上选民也在通过追求个人利益最大化来制约国家行为。

　　基于对这两种国家理论的批判，诺思提出了自己的国家暴力潜能分配理论，构建新制度经济学的国家模型，并由此对国家的基本特性作了制度经济学层面的分析。根据国家暴力潜能分配理论，如果暴力潜能在选民之间进行平等分配，便产生契约性国家；如果这种分配是不平等的，便产生掠夺性（或剥削性）国家。不仅如此，由于国家常常为了实行对资源的控制而尽可能地利用暴力，所以国家实际上是一个在暴力方面拥有比较优势的组织。作为在暴力方面具有比较优势的组织，它与我们一般意义上讲的经济组织（如企业）一样，这一组织在实际运作过程中也要遵循自身利益最大化的经济原则，其行为要受成本与收益大小的制约。在对国家含义界定的基础上，新制度经济学进一步对国家的基本特性作了分析，认为一个追求福利或效用最大化的国家具有三个基本特性：其一，国家为了获取收入，常常以提供一组服务，如保护产权和维持社会公正作为与公民的

---

① 〔美〕诺思：《经济史上的结构和变革》，商务印书馆，1992，第23页。

交换条件，获取选民提供的税收，以维持国家正常运行。由于国家提供这些服务具有规模经济效应，因而作为一个专门提供这些服务的组织，国家由此得到的社会总收入要高于每一个社会个体自己保护自己拥有的产权所得到的收入。其二，国家为了使自身收入达到最大化将选民分为各个集团，并为每一个集团设计产权，在这里，国家实际上是一个"带有歧视性的垄断者"。其三，国家在实际运行中面临着潜在的竞争对手，这一潜在竞争来源于其他国家以及在"现存政治—经济单位中可能成为潜在统治者的个人"，正是潜在竞争对手的存在，促使国家在行使其职能时不得不做多方面的利益权衡，并防止被潜在竞争对手所替代的可能性的发生。从诺思的国家模型中，可以得出如下几点结论：①国家是享有行使暴力的比较利益的组织，这个组织的目的是使统治者的福利或效用最大化，成本—收益原则使国家带有浓厚的经济人色彩。②国家效用最大化的实现依赖于四种关系：统治者与选民的关系、统治者与代理人（官僚）的关系、国家与其他国家的关系、统治者与潜在统治者的关系。统治者与选民的关系是决定国家效用最大化的根本因素。国家通过为选民提供保护和公正等基本服务来换取来自选民的岁入，同时，国家试图将每个选民团体分开，为每个选民团体发明和设计所有权以最大限度地增加国家的岁入。③这四组关系的变动决定历史上国家的稳定、技术的革新、人口的变化，更有效率市场的扩展在国内改变了相对价格和选民的机会成本，造成了统治者与选民、统治者与代理人关系两端力量对比的变动，并可能导致与国家规定的原有所有权的基本结构发生冲突，最后促使国家对所有权进行调整或更替统治者。① 但是，相对于国家调整和变革来说，国家也会在一定条件下处于稳定或停滞状态。诺思归纳了两个条件：一个是如果本国选民的机会成本或竞争国家的相对实力没有变化，那么国家即便停滞也能生存。另一个条件是由"搭便车"造成的。诺思认为，单个人反抗国家强制力的费用往往大于个人收益，而且作为经济人，个人总是存有从他人反抗中无偿取得好处的侥幸投机心理，因此，在对待国家规章上冷漠顺从。从这点上

---

① 〔美〕诺思：《经济史上的结构和变革》，商务印书馆，1992，第24~30页。

讲，国家能够保持稳定性。[①]

国家作为在暴力方面具有比较优势的组织及其经济人的人格特征决定了国家行为的悖论——"诺思悖论"。国家一方面通过界定产权，使社会的产权结构形成有效的合作和竞争，如此，能够使统治者的租金最大化；另一方面降低社会各行为主体经济运行中的交易费用，使全社会的总产出最大化，从而增加国家税收。然而这两个方面之间存在持久的、相互的冲突，这种冲突是使社会不能实现持续经济增长的根源。这就是著名的"诺思悖论"。"诺思悖论"描述了国家与社会经济相互联系、相互矛盾的关系，即"国家的存在是经济增长的关键，然而国家又是人为经济衰退的根源"。[②] 因为在诺思看来，国家的阶级性和社会性的双重属性、国家的经济人假定、统治者的多元目标函数、国家的建设性和破坏性决定的双重作用决定了政府的两面性：一方面政府是积极的、公利的；另一方面，政府是消极的、自利的。真可谓"成也萧何，败也萧何"。

制度是国家与社会经济关系形态的主要形式，因而社会经济兴旺或衰退与此相联系，解决"诺思悖论"的关键在于国家界定和行使产权的类型、行使产权的有效性，即国家是否能够通过制度供给提供有效率的产权激励。[③]

（二）政府在制度变迁中的作用

制度创新主体包括个人、团体和政府，其中政府是最重要的主体，在制度变迁中发挥着重要作用。政府在制度变迁中发挥的作用既可以表现在诱致性制度变迁与强制性制度变迁中，也可以表现在制度变迁的需求与制度变迁的供给方面。

在不同类型的制度变迁中政府的作用是不同的。在制度经济学看来，作为制度的替代、转换与交易过程，制度变迁的方式主要有两种类型：诱致性制度变迁和强制性制度变迁。由于两种制度变迁方式的主体不同，国家在不同的制度变迁方式中的作用就有区别。在诱致性制度变迁中，国家的作用主要体现在：①以法律、命令等形式，承认由个人或一群人响应由

---

①　高萍：《新制度经济学的国家理论及其启示》，《中南财经大学学报》2000 年第 6 期。

②　〔美〕诺思：《经济史中的结构与变迁》，上海三联书店、上海人民出版社，1994，第 20 页。

③　高萍：《新制度经济学的国家理论及其启示》，《中南财经大学学报》2000 年第 6 期。

制度不均衡引致的获利机会而创立的新制度；②有时候，诱致性制度变迁既需要政府行动来加以促进，同时，在诱致性制度变迁实施之后所创立的新制度，也同样需要政府通过颁布法律、法令的形式，以强制性的方式在更大范围内加以推广和扩散。

在强制性制度变迁方式中，由于国家或政府直接就是新制度安排的创立者和实施主体，因此，国家在其中发挥决定性作用。第一，由于国家是一个在暴力方面拥有垄断优势的组织，因此，通过国家的强制力量推行制度变迁往往能使新制度在最短的时间和以最快的速度替代旧制度，减少在制度变迁进程中可能产生的不必要的摩擦成本，从这个意义上说，强制性制度变迁往往具有较高的效率。第二，在强制性制度变迁进程中，国家所能利用的手段远比诱致性制度变迁中的个人或群体所能利用的手段多，因此，国家除了运用强制性力量推进制度变迁的进程外，还可以通过控制意识形态、运用税收和价格等经济杠杆，减少或控制经济运行中的"搭便车"现象，其直接效果在于能减少制度变迁中的组织成本与实施成本，从而降低制度变迁的交易成本。以意识形态为例，新制度经济学认为，一种成功的意识形态除了能够保证国家的基本稳定外，另一个关键作用就是有助于克服制度变迁中的"搭便车"行为。这是因为，一种成功的意识形态最基本目的"在于促进一些群体不再按有关成本与收益的简单的、享乐主义的和个人的计算来行事"。① 第三，弥补诱致性制度变迁的不足。由于制度具有"公共物品"的性质，加上制度变迁中无处不在的"搭便车"行为，因此在诱致性制度变迁中，制度创新的供给不足是正常现象，在这种情况下，强制性制度变迁就会介入以代替诱致性制度变迁；况且，在各种制度安排中，有些制度，如法律秩序等天然地就应由国家强制推进并实施，使这些制度变迁有巨额的潜在利润存在，任何自发性团体或个人均无法获取。再说，这些制度由国家强制推行不仅可以增加制度安排的严肃性与公正性，而且也具有规模效应。②

---

① 〔美〕诺思：《经济史中的结构与变迁》，上海三联书店、上海人民出版社，1994，第159页。

② 梅德平：《国家与制度变迁：新制度经济学的国家理论述评》，《湖北经济学院学报》2003年第2期。

　　新制度经济学认为，强制性制度变迁的有效性，即成功或失败受许多因素的制约，其中主要有：统治者的偏好和有限理性、意识形态刚性、官僚政治、利益集团冲突、社会科学知识的局限性、国家的生存危机等。[①]国家经过努力可能降低一些不利因素对制度变迁的影响，但是并不能克服其他不利因素对制度变迁的约束。"一般说来，在制度变革的酝酿阶段，经济因素处于中心地位，但在选择变革的目标和方向时，意识形态因素的作用比较明显，而在改革的实施过程中，政治因素相对更为重要。在强制性制度变迁中，政治因素和意识形态因素对变革的成本影响较大。"[②] 另外，强制性制度变迁尽管可能降低组织成本和实施成本，但它也可能因违背一致性同意原则而损害一些人的利益，这些人就会采取各种或明或暗的对抗行为，这样新制度安排就很难有效率。

　　不过，从制度变迁的供需角度看，国家（政府）在制度变迁中的作用也是明显的。首先，从制度变迁的供给角度看，政府对制度变迁有着更深刻的影响。拉坦（Ruttan）认为影响制度供给的因素主要有组织成本、技术进步、知识的积累和政治支持，[③] 政府可以利用自己的优势促进制度的供给。①政府以较低的成本，快速实施制度供给，解决制度短缺的问题。②维持或改变现有制度安排的路径依赖，推动制度变迁的良性循环。③政府可以通过加强知识存量的积累增强制度的供给能力。有关知识对制度变迁的作用，拉坦指出："当社会科学知识和有关的商业、计划、法律和社会服务专业的知识进步时，制度变迁的供给曲线也会右移。进而言之，社会科学和有关专业知识的进步降低了制度发展的成本。"[④] 因此，如果政府鼓励或直接参与科学研究以及对外交流学习加强知识存量的积累就能增强制度的供给能力，促进制度变迁。其次，从制度变迁的需求角度看，政府的作用主要表现为：①政府通过改变产品和要素

---

① 林毅夫：《关于制度变迁的经济学理论：诱致性变迁与强制性变迁》，载《财产权利与制度变迁》，上海三联书店、上海人民出版社，1994，第39页。

② 卢现祥：《西方新制度经济学》，中国发展出版社，1996，第153页。

③ Ruttan, "Social Science Knowledge and Institutional Change," *American Journal of Agricultual Economics*, Dec，1984．

④ 〔美〕V. W. 拉坦：《诱致性制度变迁理论》，载《财产权利与制度变迁》，上海三联书店、上海人民出版社，1994，第336页。

的相对价格比例，激发人们的制度变迁需求，诱发制度变迁。相对价格的变化会改变人们之间的激励结构，导致重新签约的努力。②政府通过开发、引进和推广新技术推动制度变迁。③政府通过修改宪法引起制度创新需求，促进制度变迁。④政府通过扩大市场规模引导制度变迁。市场规模的扩大对制度需求的影响是双方面的，既能使某些制度的运行成本大为降低，又能使一些与规模经济相适应的制度安排得以创新。①

第二节　产权理论：与国家、所有权、财产权、外部性的关系

产权的意义在于公正与自由的实现。本节我们讨论了产权的内涵，特别讨论了产权与国家、所有权、财产权及外部性的关系。

一　产权的含义

关于产权的研究，马克思从经济学的角度给予了高度关注，马克思在《资本论》中详细而深刻地研究了资本主义社会的私有产权制度，尽管马克思没有明确写出"产权"一词，但他经常提到"所有权""所有权关系""商品所有权""资本所有权"等。诺思曾多次指出，他的新历史经济学研究很大程度上承袭了马克思对经济演进历史的研究。他写道："在详细描述长期变迁的各种现有理论中，马克思的分析框架是最有说服力的，这恰恰是因为它包括了新古典分析框架所遗漏的所有因素：制度、产权、国家和意识形态。马克思强调在有效率的经济组织中产权的重要作用，以及在现有的产权制度与新技术的生产潜力之间产生的不适应性。这是一个根本性的贡献。"②诺思进而指出："理解制度结构的两个主要基石是国家理论和产权理论。"③

那么，到底什么是产权呢？A. 阿尔钦（A. Alchian）给出的定义是："产权是一个社会所强制实施的选择一种经济品使用的权利。"同时他还

---

① 陈天祥：《论政府在制度变迁中的作用》，《中国行政管理》2001 年第 10 期。
② 〔美〕诺思：《经济史中的结构与变迁》，上海三联书店、上海人民出版社，1994，第 68 页。
③ 〔美〕诺思：《经济史中的结构与变迁》，上海三联书店、上海人民出版社，1994，第 14 页。

指出，私有产权则是将这种权利分配给一个特定的人，它可以同附着在其他物品上的类似权利相交换。① 在西方学者中被广泛引用的是哈罗德·H. 登姆塞茨（Harold Demsetz）的定义，他从产权的功能和作用来定义产权，他认为，"产权是一种工具，其重要性在于事实上它能帮助一个人形成他与他人进行交易的合理预期"，"产权包括一个人或者他人受益或受损的权利"；"产权的一个主要功能是引导并激励人们将外部性大幅度地内在化"。② 应该提到的是，产权不是一种而是一组权利，即产权常常表现为一组权利束。而且，产权是可以分解的，这又使产权结构非常复杂。③ 此外，产权应用不是绝对的，常常是受到限制的。《新帕尔格雷夫经济学大辞典》给产权下的定义是："产权是一种通过社会强制而实现的对某种经济物品的多种用途进行选择的权利。"④ 这一定义表明，产权包括多项权利内容，人们可以根据自己的需要和实际可能，选择适当的权利组合。产权的实现需要借助政府的政策、法令和社会的道德规范、监督机制，需有一系列强制性的措施。⑤

正因为产权表现为权利和权力结构，因此它影响着人们的生产、积累、投资行为和决策。人们正是根据这些规则来决定在与他人进行交易时应采取怎样的合约形式。特别重要的是，产权是需要界定的，排他性是产权决定性特征。它不仅意味着不让他人从一项资产中受益，而且意味着资产所有者要排他性地对该资产使用中的各项成本负责，包括承担确保排他性的成本。产权经济学认为，只要是产权界定清晰就可以降低成本，使效率最大化，产生激励作用，使资源配置合理，而不论产权归私人还是归国家所有。当产权得到运用时，除了排他性成本外，还会产生交易成本（交易费用）。⑥ 所谓交易成本，按张五常的解释，从最广泛的定义上讲，交易成本包括所有那些在

---

① 张进铭：《政府在经济发展中的作用》，经济管理出版社，2001，第25页。

② Demsetz, "Towards a Theory of Property Righte," *American Economic Review*, 1967.

③ 刘伟：《经济改革与发展的产权制度解释》，首都经贸大学出版社，2000，第15页。

④ 《新帕尔格雷夫经济学大辞典》（中文版），第3卷，经济科学出版社，1992，第1101页。

⑤ 杨瑞龙：《所有制·所有权·产权》，《人民日报》2004年11月9日。

⑥ 张红宇：《中国农村土地制度变迁的政治经济学分析》，西南农业大学博士学位论文，2001。

"鲁宾逊·克鲁李"经济中不存在的成本。这样定义之后，就可以把交易成本看成一系列制度成本，包括信息成本、谈判成本、起草和实施合约的成本、界定和实施产权的成本、监督管理的成本和改变制度安排的成本。简言之，交易成本包括一切不直接发生在物质生产过程中的成本。[①]

那么，如何才能在制度安排中达到降低交易成本或交易费用的目的并使制度变迁顺利实现？我们认为，产权的明确界定只是降低交易成本的必要条件，而不是充分条件。只有建立完善的产权制度，使产权得到明确界定并能有效地转化，才能实现资源的有效配置。所谓产权制度就是对产权关系制度化或制度化的产权关系。一方面，人们在社会交往中形成了一定的社会经济关系，在这种产权关系中产生了产权制度。另一方面，当我们从理论上讨论产权时，基本上是可以假定产权获得了某种制度形式的，因为一种现实产权关系能够存在，一般地说，都是因为有相应规则的支持，这种规则可能是正式的，也可能是非正式的，其约束力可能较强，也可能较弱，对产权的规则或制度包括由社会认可的非正式约束（Informal Constraints）和国家规定的正式约束（Formal Constraints）两部分，非正式约束包括价值观念、伦理规范、道德观念、意识形态等；正式制度又可称为正式约束，是指人们有意识地创造的一系列政策法则。在这里对"制度"的论述是为了强调"产权制度"的"制度化"含义，强调产权制度是制度化的产权关系或是对产权关系的制度化，是划分、界定、保护和行使产权的一系列规则制度化，它不仅使既有的产权关系明确化、相对固定化，同时还依靠规则使人们承认和尊重并合理行使产权，如果违背或侵犯它就要受到相应的制裁，同时，合理、有效的产权制度必须使侵犯产权者的收益小于成本。

二　产权与国家（或政治）

（一）国家（政治）对产权的意义

1. 国家对产权的意义在于对产权的界定和行使

诺思指出："国家处于界定和行使产权的地位。"[②] 产权制度是制度集

---

① 张五常：《经济解释》，商务印书馆，2000，第407页。

② 〔美〕诺思：《经济史中的结构与变迁》，上海三联书店、上海人民出版社，1994，第21页。

合体中最基本、最重要的制度。产权的基本功能是能够给产权主体以激励，这一基本功能与制度变迁的本质是一致的。因此，对于国家（或政治、政府）来说，若要尽可能地实现其双重目标，产权问题是它不可回避的问题。不管是有效率的产权制度的安排，还是无效率的产权制度的存在，都与国家或政府实现的目标选择相关。诺思认为要解释政府现象，必须从政府界定和解决产权的类型，以及评价政府行为在产权上的有效性入手，因为离开产权，就不可能对政府做出有效的解释。由于受人类自身生产能力和生存环境的约束，只有通过交换这一基本活动才能获得经济效益和安全保障，而所有权是交易的先决条件，所有权结构的效率引起经济增长、停滞或衰退。政府则规定着所有权的结构并最终对所有权结构的效率负责。诺思认为政府是在暴力方面具有比较优势的组织，而"产权的本质是一种排他性的权利，在暴力方面具有比较优势的组织处于界定和行使产权的地位。理解国家的关键在于为实行对资源的控制而尽可能地利用暴力"。① 现实中，纵观当今世界，凡是发达的市场经济国家，都是建立了有效率的产权制度的国家。可以说，产权制度是各项市场制度的基础，建立有效的产权制度应该是国家在经济体制转轨中的一项基本职能。

2. 国家对产权的意义还在于对产权的保护

如上所言，产权不是一种纯粹的私人之间的合约，它是由国家强制界定和行使的，因此，产权的强度依赖于国家保护的有效性。国家在产权问题上的这种作用，对于产权的合法存在和有效落实至关重要，没有国家强制力保护的产权无疑并非真正的产权。当然，国家不可能免费保护产权或曰私人财产权，国家通过税收的形式向它保护的产权的所有人收费。实际上就是由产权所有人通过纳税方式购买国家对其私人产权的保护，否则私人产权的强度、范围和对抗他人的有效性都无法保障。② 可见，国家权力对产权有重大的影响。

---

① 〔美〕诺思：《经济史中的结构与变迁》，上海三联书店、上海人民出版社，1994，第21页。
② 刘承韪：《中国农村土地制度变迁研究：产权与政治》，法律出版社，2012，第13~25页。

（二）产权的社会政治功能

产权具有定分止争、提高效率和私法功能。作为人与人之间的社会关系，权利主体与任何其他人之间的关系，各国一般将此纳入民法的视野。从财产权的内容上说，民法领域的财产权包括占有、使用、收益、处分和排除他人干预的权利，这些权利是财产权私法功能的具体体现。进一步说，持有某一财产的产权对于该产权的权利人来说具有排他的民法价值，起到了定分止争、提高效率的作用。[①] 同时，产权还具有保障自由平等和实现社会控制的政治功能。简单地说，产权创设了自由、产权守护着自由、产权孕育着民主。

虽然我国产权的社会政治功能被忽略（中国是一种"政治决定产权"的模式），但产权本身存在的这一功能暗含着中国产权制度改革的方向。

三 产权与所有权

一般认为，所有权是指人与物通过法律形式确定的关系，是对财产最高的排他性的独占权。民法界定，其隶属于物权。所有权是所有制的法律形式，[②] 包括以下四项权利：①占有权，指财产所有者对财产进行实际控制或支配而形成的权利。②使用权，指使用者按照财产的性质和功能，用来满足某种生产或生活需要的权利。③收益权，指依靠财产获得某种经济利益的权利。收益权是所有权在经济上的实现形式。④处分权，也叫处置权，指所有者改变财产经济用途或存在状态的权利。它表明所有者有权决定自己财产的命运或去向，有权让财产按照自己的意愿运作。处分权是所有者对财产拥有的最基本的权利，在所有权中占据十分重要的位置。

在人类社会的历史进程中，原始氏族社会只有对物的事实上的占有，而没有权利意义上的所有。因为权利以及决定权利关系产生的社会形式——国家和法尚未建立；随着国家和法的产生，权利和财产结合而成了

---

① 刘承韪：《中国农村土地制度变迁研究：产权与政治》，法律出版社，2012，第13~25页。

② 由于本书主要研究所有权与产权的关系，因此，对所有权与所有制概念不作区别理解。

所有权，此即物权的最初形态，其实质是完全的自物权；随着生产力的发展，财产关系发生了变化，从财产所有权派生出种种他物权。应该说，物权的产生和发展与资源的稀缺性和确认权利关系的社会机制密切相关。所有权虽然存在于物权发展的各个阶段，但其利益调节范围已日趋狭窄，而在特定条件下可以归结为受限制的自物权和他物权的产权成为一种常态。① 因此，并不是说所有者任何时候都同时拥有这四项权能，都必须同时行使这四项权能。在经济活动中，有时可能而且必须使其中一项、两项甚至全部四项权能暂时与所有者分离。然而，这并不意味着所有者丧失了所有权，恰恰相反，这正是所有者充分行使手中所有权的方式。经典作家按照所有权权能差别把所有权分为三类：①单纯所有权，即脱离生产过程而直接为所有者带来经济利益的所有权。如土地所有者凭借单纯的土地所有权，不去经营土地就可直接获得地租。②经济所有权或称他物权，即非所有者合法行使财产使用权和支配权带来收益的所有权。例如，农业资本家对于租来的土地，尽管没有最终处置的权利，但可以通过经营土地获得收益。③完全所有权或称完全自物权，即单纯所有权与经济所有权相统一而形成的所有权。它的基本特征是，自物权主体享有对该物的占有、使用、收益、处分等全部所有权权能，没有任何一项权利从所有者身上分离出去。②

在市场条件下，随着经济活动的展开，交易双方在各自所有权范围内行事，会产生所有权范围的交叉，导致界限不确定，造成一方对另一方的损害，从而双方的收益分配也不确定，这就产生了产权。在所有权明确的条件下，之所以产生财产权不确定的问题，原因在于所有权是针对所有者拥有的财产而言，而交易却至少是两个所有者之间的事，这已超出了所有权的权能范围。交易的出现打破了所有权的完整性、排他性，打破了产权的初始状态，形成了两个所有权之间新的产权关系，产生了双方对自己和对方财产收益的权、责、利关系如何确定的问题。所有权失效的结果，是形成了共同财产。共同财产是指所有者应得权益被

---

① 崔世春：《论财产所有权、法人财产权和产权的关系》，《经济学家》1999 年第 3 期。
② 张明龙：《论所有权与产权的区别》，《经济评论》2002 年第 3 期。

有关的他人无偿占有，成为他人可共享的财产。共同财产的存在表明，所有权明晰而产权含混不清，会损害所有者权益，为此要界定产权。①

通过上文所述，我们认为所有权与产权在经济学意义上是有区别的。其一，所有权是绝对或普遍的权利，即由法律赋予所有者的独占权对于任何人都是有约束力的，除了法律禁止外，所有者可以自由行使对自己财产的各种权利；产权是相对权利，即它是不同的所有权主体在交易中形成的权利关系，这种由契约及其他方式规范的权利关系约束的是参与特定交易活动的经济主体的行为。其二，产权是一组权利，在交易中是可以分解的。当产权分解后，所有者对所有权的行使就受到了某种限制。其三，产权与所有权相比有着更广的外延，它不仅包括通常的物权，还包括股权、债权、专利权、商标权、名誉权等其他权利形式，甚至某些不能成为所有权内容的权利，如对清新空气的享用权也能成为产权的形式。其四，所有权通常是指财产所有者支配自己财产的权利，而产权还指人们是否有权利用自己的财产去损害他人的权益。即使自己或他人受益或受损的权利也是产权。因此，当我们讨论市场经济条件下资源配置的效率时，就需要引入产权范畴。② 其五，产权是所有权各项权益实现的有效工具。哈罗德·H.登姆塞茨认为，在共有财产体制（共有制）下，共有产权的价值在最大化时没有考虑许多成本。一个共有权利（产权）的所有者不可能排斥其他人分享他努力的果实，而且所有成员联合达成一个最优行为的协议的成本非常高。而私有产权伴随能排斥其他人的私有权利所导致的谈判成本降低，会允许大多数外部性能以一个十分低的成本被内在化。③

本书对产权与所有权关系的理解是：①产权不能与所有权混同，即产权并不是所有权；②产权既不包含所有权，所有权也不包含产权，产权是所有权实现的工具（狭义理解）。这就产生了所谓的交易费用。按照经济学的解释，产权的基本功能是能够使主体在与他人的交换过程中形成明确的收益预期，通过计算交易的成本与收益来采取理性的经济行为。因为产

①　张蓉晖：《产权与所有权关系新解》，《财经科学》1995年第2期。
②　杨瑞龙：《所有制·所有权·产权》，《人民日报》2004年11月9日。
③　〔美〕R.科斯、A.阿尔钦、D.诺思等：《财产权利与制度变迁》，上海三联书店、上海人民出版社，1994，第204页。

权关系越清晰，人们的收益预期就会越明确，其从事某项交易活动的激励或者动力就越强，而交易费用越低，资源的配置效率就越高。①

四 产权与财产权、物权

所谓财产权，是指与人身权相对称的、具有一定物质内容的、直接体现为经济利益的权利。财产权不仅包括以所有权为主的物权、准物权、债权、知识产权等权利，还包括在婚姻、劳动等法律关系中产生的、与物质相联系并体现为经济利益的权利。比如基于婚姻、家庭产生的夫妻之间的财产权，家庭成员之间的抚养、赡养的权利，以及相互间享有的继承权利；基于劳动关系产生的领取劳动报酬、退休金、抚恤金等权利。这些权利也都属于财产权范畴。②

财产权与产权是当前经济学界最易混淆的两个概念，通常将"财产权＝产权"，但是，从经济学和历史学的角度考察，两者还是存在差别。①内容上的差别。表现在两个方面：其一，产权的对象并不排斥人自身，即涉及人自身，且体现为经济利益的对象都可以成为产权客体，但财产权不包括人自身。如人力资本有"人力资本产权"说法，但不能说成"人力资本财产权"。其二，产权可以进入市场交易领域，但财产权并不都能如此，如抚养权、赡养权等。在市场经济条件下，凡能进入市场交易的财产权皆可视为产权。②存在的历史条件不同。产权是一个历史概念，它只存在于市场经济的历史条件下。登姆塞茨在关于美洲毛皮贸易的研究中指出，美洲东北地区由于毛皮需求强劲，且森林动物可限制在较小的活动范围内，因而建立土地所有权有利可图；而在美洲西南地区的平原动物，如野牛等动物活动的范围较广，将动物所有权私有化的土地所有制无利可图，因而在美洲东北地区便自觉地建立了产权制度，而在美洲西南地区则没有。可见，先有交易的需要，然后才有产权制度的需要。如果没有市场交易，产权制度也就没有了存在的基础。③ 而财产权则不同，它存在

---

① 杨瑞龙：《所有制·所有权·产权》，《人民日报》2004 年 11 月 9 日。

② 《中国大百科全书（法学卷）》，中国大百科全书出版社，1994，第 33 页。

③ 〔美〕H. 登姆塞茨：《关于产权的理论》，载《财产权利与制度变迁》，上海三联书店、上海人民出版社，1994，第 96～113 页。

的历史更早、更久远，它既可存在于自然经济条件下，也可以存在于市场经济和产品经济条件下，如在古罗马时期就有了财产权概念。另外，词源也不同，产权创始人科斯在 1960 年发表的题为《社会成本问题》的著名论文中对产权的表述使用的是 "right" 或 "rights"，他并没有使用 "property rights"。众所周知，"property rights" 是财产权的意思。而科斯没有使用这个词，显然是有意回避或有意加以区别。这说明产权概念的创始人从一开始就把产权与财产权概念加以区分了。①

根据上述的分析和理解，显然，从严格意义来讲，产权不等于财产权。但是，如果我们将它们同时置于"市场交易"环境中并实现相关权益，我们可以认为财产权也就是产权，因此，基于本研究的大背景或大环境（市场是各经济关系的总和），我们将产权作为财产权的简称，对二者不做严格意义上的区分，为了行文的方便，有时会交叉使用。论及财产权的内涵时，还需要厘清物权和财产权的定义及关系。不少学者从法学的意义上对此作了解释，如梅夏英认为，财产权是"主体在物上的权利或加于其他人的非人身性权利，前者包括主体在物上的所有权和其他排他性权利，后者则包括债权和其他含有财产内容的请求权"。物权是大陆法系的法律用语，是指权利人依法对特定的物享有直接支配和排他的权利，包括所有权、用益物权和担保物权。财产权在大陆法系和英美法系的运用是不一样的，大陆法系注重财产权的"物的属性"，英美法系注重财产权的"人的权利属性"。我国的财产权体系主要是参照大陆法系国家的立法原理建立的，在大陆法系中，财产权分为广义的财产权和狭义的财产权。广义的财产权包括物权、债权、知识产权等。狭义的财产权只包括物权。一般来说，财产权必须具备普遍性、排他性和转让性等特征。②

五　产权与外部性

外部性理论经科斯、登姆塞茨、戴维斯和诺思、菲吕博腾和配杰威

---

① 程承坪：《所有权、财产权及产权概念辨析——兼论马克思所有制理论与现代产权理论的异同》，《社会科学辑刊》2007 年第 1 期。

② 刘灿、韩文龙：《农民的土地财产权利：性质、内涵和实现问题——基于经济学和法学的分析视角》，《当代经济研究》2012 年第 6 期。

齐、萨缪尔森等的研究形成了一个比较完备的理念体系。萨缪尔森对外部性给出一个较为精致的界定。他说，外在性就是当生产和消费中一个人使他人遭受到额外的成本或收益损失，而强加在他人身上的成本或收益没有经过当事人以货币的形式进行补偿时，外在性或溢出效应就产生了。而且这种影响并没有通过市场交易的形式反映出来。外部性分正外部性与负外部性。正外部性就是个人收益不等于社会收益，负外部性就是个人成本不等于社会成本。①

　　产权是基于对经济效益最大化的追求，通过把外部性内在化的方式所作的制度安排。科斯站在一个新的角度阐述了关于外部性的存在根源及其消除方法的独特理论。他认为，生产要素是一种权利，是人们实施一定行为的权利。即便在所有权以法律的形式固定下来以后，人们在生产经营活动中仍避免不了相互之间的损害。在科斯看来，这种损害所导致的外部性的存在，就其本质而言，根源于产权界限不清。因此，他特别强调产权明晰的重要性，主张通过产权制度的作用来达到边际成本等于边际收益的目标，实现资源配置最优化。他认为，除对于涉及面广，通过市场手段解决问题成本可能很高的外部性问题应采用政府干预手段外，多数外部性问题都应采用市场手段，通过产权交易、重组产权的办法来解决。他说："问题在于如何选择合适的社会安排来解决有害的效应。所有解决的办法都需要一定成本，而且没有理由认为由于市场和企业不能很好地解决问题，因此政府管制就是有必要的。""一种进一步的选择是，（政府）对问题根本不做任何事情，而让市场调节去解决问题。"② 菲吕博腾和配杰威齐认为产权交易就是为了使外部性内在化。产权交易可能使交易双方都"从交易中获益"，达到互利。他们引用登姆塞茨的如下话语来证明自己的观点："当内部化的收益变得大于内部化的成本时，产权的发展是为了使外部性内在化。"③

---

①　〔美〕保罗·A. 萨缪尔森等：《经济学》（中文版），中国发展出版社，1992。
②　〔美〕R. 科斯、A. 阿尔钦、D. 诺思等：《财产权利与制度变迁》，上海三联书店、上海人民出版社，1994，第183页。
③　〔美〕R. 科斯、A. 阿尔钦、D. 诺思等：《财产权利与制度变迁》，上海三联书店、上海人民出版社，1994，第204页。

第三章 户籍、社会保障和农村土地 制度的经济社会系统分析

本章内容应用系统研究方法，对我国户籍制度、社会保障制度、土地制度的运行规律的内在逻辑关系进行经济学和社会学视角分析，以利于进一步分析户籍制度、社会保障制度、土地制度在统筹城乡发展中发挥作用的联动机制。

第一节 统筹城乡发展中的基础性制度界定

在制度选择上，①我们参考了经济学理论对资源的划分，即土地、劳动、资本等，并根据课题的研究切入点（或逻辑起点），即影响城乡协调发展的因素是生产要素缺乏流动和公共资源配置不公平和不合理，导致这种状态的根源是相关制度存在缺陷。我们认为，影响土地、劳动及资本等要素有效流动和合理配置的制度，在我国最核心的包括土地制度——土地，户籍制度与农村公共产品制度（特别是社会保障制度）——劳动（劳动力）。②依据当前国内学者对城乡发展差距形成的制度原因进行划分。他们的共同点是突出制度的二元性，包括财产权利制度的二元性和身份制度的二元性。这种分类，旨在突出城乡差别的制度根源。如戚如强、张云德将农村落后问题形成的制度原因分为身份歧视制度和财产权利歧视制度：身份歧视制度主要包括户籍制度、社会保障制度、就业制度、口粮制度等；财产权利歧视

制度主要包括土地制度、财税制度、粮食流通制度、分配制度。[1] 姜国祥将城乡差距问题的形成归结于城乡分割的户籍制度、城乡差别的二元公共产品供给制度以及严重侵害农业、农民利益的征地制度等。[2]国内学者这些研究为我们对影响城乡统筹发展制度的划分提供了现实依据。

由此，我们主要选择了土地制度、户籍制度、社会保障制度等作为研究客体，也作为构成统筹城乡发展制度体系的核心内容。

一　土地制度

关于土地制度的概念，我国学者，如陈道[3]、周诚[4]、张朝尊[5]、高尚全[6]、张月蓉[7]、刘书楷[8]、冯玉华[9]等从法学和经济学两个角度进行了卓有见地的讨论。综合学者们的观点，可以对土地制度做如下界定：土地制度是反映人与人、人与地之间关系的重要制度。它既是一种经济制度，又是一种法权制度，是土地经济关系在法律上的体现，是构成上层建筑的有机组成部分。从广义上讲，土地制度是指包括一切土地问题的制度，是人们在一定社会经济条件下，因土地的归属和利用问题而产生的所有土地关系的总称，包括土地所有制度、土地使用制度、土地规划制度、土地保护制度、土地征用制度、土地税收制度和土地管理制度等。从狭义角度理解，土地制度仅仅指土地所有制度、土地使用制度和土地管理制度。本书主要从广义角度理解土地制度的概念。我国现阶段

---

① 戚如强、张云德：《试析"三农"问题的两大制度成因》，《中国地质大学学报》（社会科学版）2004 年第 1 期。

② 姜国祥：《"三农"问题的制度性原因解析》，《上海农村经济》2006 年第 6 期。

③ 陈道主编《经济大词典·农业经济卷》，上海译文出版社，1983，第 230 页。

④ 周诚主编《土地经济学》，农业出版社，1989，第 140 页。

⑤ 张朝尊主编《中国社会主义土地经济问题》，中国人民大学出版社，1991，第 27 页。

⑥ 高尚全：《土地制度改革的核心是建立新型的产权制度》，《经济研究》1991 年第 3期。

⑦ 张月蓉：《完善我国农村土地制度的途径》，载中国土地学会编《中国土地经济问题研究》，知识出版社，1992，第 337 页。

⑧ 刘书楷：《纵论近现代世界各国土地制度改革理论研究的趋向》，《中国农村经济》1992年第 2 期。

⑨ 冯玉华：《中国农村土地制度改革理论与政策》，华南理工大学出版社，1994，第 6 页。

的土地制度是以社会主义土地公有制为基础和核心的土地制度，包括了上述广义土地制度的全部内容。顺着土地制度这一概念的基本内涵，并依据马克思主义土地经济学的基本原理，结合我国农村土地制度改革与创新的实践，我们对我国农村土地制度概念做如下描述：在农村经济运行过程中，土地这一基本生产要素与其他农业资源（包括资本、劳动力、生产资料、技术信息、组织管理等）有效配置与优化组合而形成的有机系统，以及保障这一系统正常运转所必需的制度体系与相关法律规范。从根本上讲，农村土地制度是农村社会生产力进步的主要运行载体，是农村各种生产要素有效组合从而转化成为现实生产力的基本中介。农村土地制度作为农村社会生产关系的基础部分，不仅能够有效地协调与处理农村各种经济主体的相互关系，而且更重要的是能够使各种潜在的生产能力转化为有效的生产力。农业生产发展的历史与现实表明，判断不同社会制度下农业生产力进步与发展的主要标志是农村土地制度是否科学、规模是否适中、创新是否适时、效率是否提高。很难想象，一个国家农村土地制度选择失当与创新迟滞，而该国农村经济能够稳定协调发展。[①]

按照新制度经济学对制度三个层次的分类理论，以及土地这一生产要素在我国国民经济发展中的特殊地位，我们认为，土地制度是一项基本制度，具有宪法秩序的意义。因此，在我国土地制度的变迁必将会引起其他系列涉农制度的变革和变迁，对农业增长、农村发展、农民增收有着十分重要的影响。

判断一种土地制度的好坏或是否具有效率，关键是看对农民从事生产是否有刺激作用。[②] 土地制度具有明确产权功能、激励功能、有序交易功能、利益保障功能。[③] 然而，当前，我国农村土地制度存在不少缺陷，并没有很好地发挥上述功能。对此，本书相关部分将予以详细阐述。

---

① 邵彦敏：《中国农村土地制度研究》，吉林大学博士学位论文，2006。
② 郭熙保：《农业发展论》，武汉大学出版社，1995，第278页。
③ 刘书楷、曲福田：《论发展中的土地经济学及其学科建设》，《中国土地科学》2003年第4期。邵彦敏：《中国农村土地制度研究》，吉林大学博士学位论文，2006。

二　户籍制度

所谓户籍制度，是指与户口或户籍管理相关的一套政治、经济和法律制度，[①] 即指对户口、户籍进行管理的制度，是各级国家管理机构对其辖区范围内的户口进行调查、登记、申报，并按照一定原则进行立户、分类和编制的户口管理制度。就我国而言，户籍制度可从狭义和广义两个方面进行理解。狭义的户籍制度是指以 1958 年颁布的《中华人民共和国户口登记条例》为核心的限制农村人口流入城市的规定以及配套的具体措施。广义的户籍制度还要加上定量商品粮油供给制度、劳动就业制度、医疗保健制度等辅助性制度，以及在接受教育、转业安置、通婚子女落户等方面又衍生出的许多具体规定。它们构成了一个利益上向城市人口倾斜、包含社会生活多个领域、措施配套、组织严密的体系。政府的许多部门都围绕这一制度行使职能。[②] 本书讨论的户籍制度是指广义的有附加利益的户籍制度。

考察世界各国情况，户籍制度有两个本原功能。① "确认公民身份"，为公民行使权利和履行义务提供便利。确认公民身份，主要通过户籍登记来实现。国外的户籍登记管理多称为"民事登记""生命登记""人事登记"，登记的项目和内容尽管有简有繁，但与我国户籍登记并无实质区别。登记的主要项目有人口的出生、死亡、迁移、婚姻、认领、收养、失踪等变动情况。[③] 户籍登记为公民行使各项民事权利及履行各项义务提供了可靠依据。② "统计人口数据"，为国家经济、文化、国防建设以及社会治安管理提供人口信息服务，统计人口数据功能是户籍制度社会管理职能的反映。户籍制度的本原功能在于为公民行使权利和履行义务提供便利，为政府和社会各界提供人口信息服务。这两项功能的实现决不会构成对公民基本人权的侵犯，而是公民人身权利的体现和维护。户籍制度

---

①　陆益龙：《1949 年后的中国户籍制度：结构与变迁》，《北京大学学报》（哲学社会科学版）2002 年第 2 期。

②　翁仁木：《对我国户籍制度变迁的经济学思考》，《宁夏社会科学》2005 年第 3 期。

③　张庆五、张云：《从国外民事登记看我国户籍制度改革》，《人口与计划生育》2002 年第 3 期。

的本质应该是中性的，具有普适性的，"不应在无确切理由的情况下对个人和情境实施差别待遇"。①

我国当前的户籍制度，不仅具有上述两个本原功能，而且具有两个显著特点：①在对迁移登记资格的认定方面，国外一般实行的是事后迁移登记政策，登记内容是对公民自由迁移结果的记录。当公民按自己的意愿前往新的居住地，居住期超过一定期限并符合当地的居住要求条件，当地有关部门即为其办理户籍登记。而我国实行的是审核批准制，属事前迁移登记，居民只有凭借迁入地公安机关核发的准迁证才能办理户口迁移手续。②显然，我国的户籍登记已弱化了它的主要功能——公民自由迁移结果的客观反映（即确认公民身份和统计人口数据），成为一种限制公民迁移自由的手段。②由①延伸出社会控制、资源配置、利益再分配等功能。在我国，新中国成立后受政治、经济、社会和文化等各种因素的制约，所建立的户籍制度不仅仅是对人口的统计和管理，更是与不同户籍的人各种社会权益分配相关，和基于户籍之上的个人和国家的资源、权利和机会的分配相关。目前，户籍制度是与户籍管理相联系的多种制度、法规的集合，它并不仅指与户籍登记和户口管理相联系的行为规则、制度及政策本身，还包括基于户籍制度而产生的涉及个人资源分配、利益分享及个人权利义务的各种相关制度法规。因为在我国社会现实中，户籍的意义不仅仅在于人口的登记和管理，更是直接关系到个人的教育、就业、收入、地位、身份、权益等。如果没有户籍制度安排，这些制度就失去了存在的基础。③因此，可以说，我国现行的户籍制度大大超过了一般意义上的户籍管理制度。它与许多具体的辅助性制度法规结合在一起，形成了一种中国所特有的涉及人们社会生活方方面面的户籍制度体系。对此，郭书田等把我国的户籍管理制度和其他 14 种具体制度政策相联系，共同构成中国特有的城乡分割的户籍制度体系。这 14 种具体制度法规是粮食供给制度、

①　柯武刚、史漫坛：《制度经济学》，中国商务出版社，2002，第 48 页。

②　苏志霞、王文录：《论户籍制度的功能定位》，《河北师范大学学报》（哲学社会科学版）2007 年第 2 期。

③　马福云：《当代中国户籍制度变迁研究》，中国社会科学院研究生院博士学位论文，2001。

副食品供给制度、燃料供给制度、住宅制度、生产资料供给制度、教育制度、就业制度、医疗制度、养老保险制度、劳动保护制度、人才制度、兵役制度、婚姻制度、生育制度。[①] 户籍管理制度本身并不构成社会结构的二元差异，完全是这 14 种具体的制度使然。户籍管理制度和这 14 种具体利益分配性制度政策相结合构成了以户籍管理制度为基础的整体性社会制度，即整体性户籍管理制度体系，并在中国二元经济体系基础上构建起中国的社会二元体系。本书所讨论的当前我国户籍制度即指这一户籍管理制度体系。

三　社会保障制度

社会保障制度是指社会为保障社会成员的基本生活和福利而提供物质帮助的各项措施的统称。社会保障制度的内容包括社会保险、社会福利、社会救济、优抚安置和社会互助、个人储蓄积累保障等。社会保险是社会保障制度的核心，它是根据国家立法，由社会成员、单位和政府多方筹资，帮助社会成员在遭遇工伤、疾病、年老、失业、生育时防止收入中断、减少或丧失，以保障其基本生活权利的一种制度。社会保险包括失业保险、养老保险、医疗保险、工伤保险等。它具有如下四个特点：保障性、强制性、福利性、互济性。社会福利包括国家为改善人民生活、提高人民收入而建立的各种福利设施和给予的各种补贴，主要有公共医疗、环保设施、公共住房、财政补贴、集体福利、社区福利等项目。如我国的城市居民享有的住房补贴、副食品补贴、交通补贴等均属社会福利。社会救济是指国家和社会对遭受自然灾害、不幸事故者和社会贫苦者提供的物质帮助，包括自然灾害救济、孤寡病残救济、贫困地区和贫困户救助等。优抚安置是指国家和社会按照规定，对法定的优抚对象，如现役军人、公安干警、武警官兵及其家属和遗属，为保证他们一定的生活水平而提供的资助和服务，这是一种带有褒扬、优抚和抚恤性质的特殊生活保障制度。社会保障制度主要有保障、稳定、分配和经济调节等功能。[②]

---

① 郭书田、刘纯彬等：《失衡的中国》，河北人民出版社，1990，第 29~80 页。
② 肖文海、彭新万编著《中国社会主义市场经济理论》，经济管理出版社，2011，第 147~149 页。

社会保障品的需求主要取决于居民（或公众）所面临的养老、疾病等方面的风险，这些风险可能会对整个社会产生不利影响，为了化解这些社会风险，政府会产生供给社会保障品的愿望，政府成为社会保障品的主要供给责任方。提供一系列的社会保障品，满足社会公众的共同需求，必然需要一系列的制度安排，这样就形成了社会保障制度。随着制度环境的变化（例如风险大小的变化、个人支付能力的变化、政府执政理念的变化等），旧有的社会保障制度安排可能无法提供社会所需要的保障品，或者说旧制度所提供的社会保障品无法满足正常需求。这时就需要一种新的社会保障制度的出现，社会保障制度变迁成为必然。在我国，社会保障制度变迁中，土地制度与社会保障的关系存在一种必然性。在农村社会保障制度还没有构建和完善的时候，土地制度直接影响着传统土地保障功能的发挥，土地制度是构建社会保障体系的基础。[①] 新中国成立以来，由于各方面的原因，政府对农民的保障问题关注不够。这样一来，农村社会保障制度的变迁经历和与城镇社会保障制度变迁不同的方式与不同水平，成为深刻影响城乡发展差距的因素，因此，分析我国农村社会保障制度的变迁规律成为我们研究的重要问题之一。

上述三项制度构成了统筹城乡发展的制度体系的核心内容，这种界定构建了本书的基本框架。

第二节　新中国二元户籍、社会保障、
农村土地制度的形成

新中国成立初期国民经济恢复之后，以"一五"计划实施为标志，我国选择了以优先发展重工业来带动整个经济建设，实现赶超发达国家的经济发展战略。当时工业化的原始积累只能来自农业，这就决定了这一时期主要涉农制度安排的约束集，即国家通过制度安排维持农业资源不断地流向工业、向城市集中。因此，在此背景下，国家只能通过强制

---

① 　耿永志：《农村社会保障与农地制度的关系研究》，河北农业大学博士学位论文，2010。

地推行"重工轻农、重城轻乡"制度才能保证国家意志的贯彻和执行，并将农业剩余源源不断输向工业，实现农业为工业化战略服务的目的。

一 二元户籍制度的形成与原因

(一) 二元户籍制度的形成

1. 秩序重建与二元户籍制度的选择

随着"一五"计划工业化战略的确立和实施，工业化正处于资本的原始积累阶段，正在发展重工业。重工业的发展一方面必然导致就业率的下降，另一方面又需要大量的资金。在这种情况下，无代价或尽量低代价地从农业中提取剩余以发展工业特别是重工业，同时限制农民进入城市以缓解就业压力成为政府制定相关政策的目标。另外，随着土地改革广泛推行，城市建设和工业生产初见端倪，一些上层政治精英试图彻底打破传统的社会结构，重塑一种崭新的、大一统的社会主义秩序，于是在新中国成立后不久就掀起了诸如社会主义改造、合作化等一系列社会运动。这些运动虽形式不同，但都围绕一个宗旨、遵循一种逻辑，那就是把社会主义国家的力量渗透到社会之中。[1]

新政权的巩固、国家的发展、秩序的建构需要社会控制，因为只有对群体成员的行为进行规范，以及对某些行为进行制约和惩罚，才能保证人们有序地合作。于是，新政权试图通过一种有效率的制度安排，以便在社会中营造一种"人工维持的秩序"，[2] 确保新中国的安全和稳定。这些，构成了当时政府对二元户籍制度的需求。

2. 二元户籍制度的形成

我国的户籍制度大约开始于南北朝时期。在整个封建时期，户籍制度的功能基本是一致的，没有大的变动，主要是为当时政府分配土地、征收赋税和摊派徭役提供依据。只是在新中国成立以后，户籍制度才逐步发展成为结构严密、功能强大的系统性政策，对利益和机会实行分配，对人口流动和迁移实行控制。

---

[1] 陆益龙：《1949 年后的中国户籍制度：结构与变迁》，《北京大学学报》（哲学社会科学版）2002 年第 2 期。

[2] 〔美〕科尔曼：《社会理论的基础》，邓方译，社会科学文献出版社，1990，第 92 页。

　　新中国成立初期，我国政府在法律上对城乡居民迁徙自由持肯定态度。将控制人口迁移的功能引入户籍管理是从 1958 年开始的。1953～1957 年，政府已经多次强调，要劝阻农民盲目流入城市。1956 年 12 月周恩来总理还专门签发了《国务院关于防止农村人口盲目外流的指示》，这一切是 1958 年《中华人民共和国户口登记条例》的前奏。1958 年 1 月 9 日，经全国人大常委会第九十一次会议通过，公布实施《中华人民共和国户口登记条例》，该条例的实质是规范户口管理的一般程序，使户口登记成为经常性制度；明确区分两类不同性质的户口——农村户口和城市户口；首次设计了农村人口向城市迁移的限制性政策。该条例第十条规定，"公民由农村迁往城市，必须持有城市劳动部门的录用证明，学校的录取证明，或者城市户口登记机关的准予迁入的证明，向常住地户口登记机关申请办理迁出手续"。[①] 历史地分析，《中华人民共和国户口登记条例》以法规的形式限制农村人口向城镇迁移，其直接原因是城市人口的剧增给政府带来巨大财政压力，其深层原因是为了支持工业化战略的实施和计划经济建设。至此，我国二元户籍制度基本形成。

　　为了使新建立的户籍制度更好地服务政策制定者确立的政策目标，随后，陆续出台了一系列关于户籍管理的政策，使二元户籍制度不断固化。1958 年《关于精简和减少城镇人口工作中几个问题的通知》特别指出："对农村县镇迁往大中城市的，目前要严加控制。"由此，开始了对小城镇户口向大中城市迁移的限制。1962 年出台《关于加强户口管理工作的意见》，要求各地认真贯彻执行《中华人民共和国户口登记条例》所规定的各项基本登记制度，"对农村迁往城市的，必须严加控制；城市迁往农村的，应一律准予落户，不要限制；城市之间必要的正常迁移，应当准许，但中、小城市迁往大城市的，特别是迁往北京、上海、天津、武汉、广州等五大城市的，要适当控制"。[②] 从此，户籍制度开始对大城市人口实行了特别控制。1964 年 8 月 14 日，国务院批转了《公安部关于处理户

①　徐琴：《中国当代户籍制度的演变——一项公共政策的功能变迁》，《学海》2000 年第 1 期。

②　《户口管理资料汇编（一）》，公安部三局，1964，第 379 页。

口迁移的规定》，对人口向城市的迁移实行严格控制。[①] 1975 年 1 月 17 日，第四届全国人大第一次会议通过的《宪法》历史性地去掉了关于"中华人民共和国居民有居住和迁徙的自由"的条文，这标志着我国公民的自由迁徙和居住的权利失去了宪法保障。1978 年 3 月 5 日，第五届全国人大第一次会议通过的《宪法》也没有恢复公民的居住和迁徙自由权。

总之，1958~1978 年 20 年内户籍制度的演变，是在《中华人民共和国户口登记条例》的基础上进行的，"文化大革命"前侧重经济因素及其服务功能，主要围绕如何适应和服务于大规模经济建设而逐步调整、补充、限制、强化。根据工业化赶超需要而建立起来的户籍制度，逐渐成为计划经济体制在社会生活领域中的一项核心制度，起着保证农村支持城市、农业为工业提供资金的作用。"文化大革命" 10 年及"文化大革命"结束后的两年，偏重政治因素及其适应性，基本走向是在默许这种二元户籍制度"合法性"的基础上固化其限制功能。

3. 二元户籍制度体系及其主要内容

如果仅仅依靠二元户籍制度并不能真正实现控制人口迁移的政策目标。只要存在开放的劳动力市场，能够满足制度中迁移条件的人们仍然非常多；如果开放自由的消费品市场同时存在，人口迁移仍然具有相当大的自由度。因此，这一时期户籍制度演变的总的特征是，户口与粮油供应制度相挂钩、户口与劳动用工制度相挂钩、户口与福利保障用工制度相挂钩，使户籍与利益粘连愈益密切，城乡壁垒更加森严。

（1）户口与粮油供应制度挂钩

新中国成立之初，粮食供求矛盾十分尖锐，1953 年以后，随着粮食统购统销政策的实行，中国开始实行粮油供应制度。这一制度原则上规定国家只负责城市非农业户口的粮油供应，不负责农业户口的粮油供应。1953 年 11 月 19 日，政务院发布《关于实行粮食的计划收购和计划供应的命令》，其中规定："在城市，对机关、团体、学校、企业等的人员，可通过其组织，进行供应；对一般市民，可发给购粮证，凭证购买，或暂凭户口簿购买。"1955 年 8 月国务院发布的《市镇粮食定量供应暂行办

---

① 《户口管理资料汇编（一）》，公安部三局，1964，第 425~426 页。

法》则规定了市镇非农业人口一律实施居民口粮分等定量，并按核定的供应数量按户发给市镇居民粮食供应证，居民凭粮票购买口粮的粮食供应办法。与此同时，国家对粮食市场加强了管理。1953 年 11 月，政务院发布《粮食市场管理暂行办法》，其中规定，"所有私营粮商，在粮食实行统购统销后，一律不准私自经营粮食"。"城市和集镇中的粮食交易场所，得视需要，改为国家粮食市场，在当地政府统一领导下，以工商行政部门为主会同粮食部门共同管理之。""城市居民购得国家计划供应的粮食，如有剩余或不足，或因消费习惯关系，须作粮种间的调换时，可到指定的国家粮店、合作社卖出，或到国家粮食市场进行相互间的调剂。"上述规定基本上排除了农村人口在城市取得口粮的可能性，从此，粮食和户口紧密联系在一起。[①]

（2）户口与劳动用工制度相结合

自 20 世纪 50 年代初开始实行的劳动用工制度，原则上只负责城市非农业人口在城市的就业安置，不允许农村人口进入城市寻找职业。1952年 8 月政务院发出《关于劳动就业问题的决定》，指出在当时的历史条件下，国家还不可能在短期内吸收整批的农村劳动力到城市就业，因此必须做好农民的说服工作。1957 年 12 月国务院发布《关于各单位从农村中招用临时工的暂行规定》，明确规定城市"各单位一律不得私自从农村中招工和私自录用盲目流入城市的农民。农业社和农村中的机关、团体也不得私自介绍农民到城市和工矿区找工作"。甚至规定"招用临时工必须尽量在当地城市中招用，不足的时候，才可以从农村中招用"。国家制定的就业纲要性文件，要么不包括农民，要么把农村劳动力与城市劳动力分开对待。

（3）户口与福利保障制度相结合

"社会保障的一个重要特征就是它对全体国民的普惠性和一致性。"[②] 但是在我国，保障制度长期以来存在城市相对完善和农村残缺不全的两个分割的体系。早在 1951 年 2 月，政务院就颁布了《劳动保

---

① 温铁军：《中国农村基本经济制度研究：三农问题的世纪反思》，中国经济出版社，2000，第 225 页。

② 张国平、刘明慧：《二元经济结构与内需政策调整》，《财政研究》2003 年第 11 期。

险条例》，1953 年又进行了修改。该条例详细规定了城市国营企业职工所享有的各项劳保待遇，主要包括职工伤病后的公费医疗待遇、公费休养与疗养待遇，职工退休（职）后的养老金待遇，女职工的产假及独子保健待遇，职工伤残后的救济金待遇以及职工死后的丧葬、抚恤待遇等。条例甚至规定了职工供养的直系亲属享受半费医疗及死亡时的丧葬补助等。国家机关、事业单位工作人员的劳保待遇，国家是以病假、生育、退休、死亡等单项规定的形式逐步完善起来的。至于城市集体企业，大多参照国营企业的办法。除上述在业人员享受劳保待遇外，20 世纪 50 年代形成的城市社会福利制度还保证了城市人口可享有名目繁多的补贴，在业人口可享有单位近乎无偿提供的住房等。在公民具有迁徙自由和择业自由时期，社会福利制度对农村人口是不排斥的，但当城市明确地把农民排斥于城市之外后，社会福利制度就直接与城市户口联系起来。[①] 另一方面，农民则被排除在制度安排之外，国家对农民没有保障，农民的保障来源是土地。农民支撑着国家工业化的发展，但是他们中的绝大多数并没有机会直接参与工业化的建设。在传统的计划经济时期，中国实行的是高度集中统一的就业制度、工资制度和保险制度，追求的目标是政治性的福利制度或福利性的政治体制，社会保障资源集中在政府手中，形成了权力和责任的高度统一。在这种制度背景下，农民远离国家的社会保障体系，家庭保障和亲属互助成为核心的保障模式，在这一过程中，农民也形成了一种既定的思维模式，即不会积极主动寻求国家和政府的帮助，他们在社会保障制度框架下一直属于"编外群体"，以致他们无法明确国家和农民主体之间的权力和责任关系。反过来说，政府通过对这种农村家庭保障的正确引导，维系着农村的社会稳定，同时也使政府有可能集中精力和财力来解决城市的社会保障问题。[②]

（二）二元户籍制度推行的原因

首先，二元户籍制度的形成是政府主导的制度变迁的结果，同时，

---

① 温铁军：《中国农村基本经济制度研究：三农问题的世纪反思》，中国经济出版社，2000，第 226 页。

② 刘畅：《制度排斥与城市农民工的社会保障问题》，《社会福利》2003 年第 7 期。

二元户籍制度的实施和运行也是依靠政府的强制力来维持的。政府是任何一项外在制度推行的主体，因为外在制度的惩罚措施必须要由掌握有强制力量的政府来执行。当时中国正在大力发展重工业，重工业属于典型的资本密集型产业，发展重工业必然导致就业率下降。另外，当时巨额的财政赤字也使投资缺乏，从而造成更大的就业压力。在这种情况下，无代价或尽量低代价地从农业中提取剩余以发展工业特别是重工业，同时限制农民进入城市以缓解就业压力，从而为政府获取最大的租金收入（农业剩余）和实现国家的初始工业化目标提供基本的前提条件，成为政府制定相关政策的目标。中央当时就有推行这项制度的激励，从而产生了对严厉的户籍管理制度的需求。由此这项制度的推行拥有了政府强制力量的保证。①

其次，政府偏好及其利益倾向。在中央政府的效用函数中，一般而言，政治收益的权重会在一定时期内大于经济收益。在当时的社会形势下，由于在新中国成立初期采取了一系列不甚合理的政策，造成了农村居民过度流入城市的情况，使得城市面临着严重的就业、粮食等危机。很明显，在政府看来，城市与农村、城市居民与农民，孰轻孰重不言自明。于是实行户籍制度，利用行政手段控制农村人口向城市的自由流动便成为政府制定政策的选择。②

另外，新政权刚刚建立，党和政府在老百姓心目中享有崇高的威望，一种服务于国家统治者的新的意识形态已经深入人心，并且由于意识形态具体刚性特征，确保了二元户籍体制的实施不会引起受到侵害的利益集团——农民的激烈抵抗。可见，国家对公众进行的意识形态的灌输使政府强制推行二元户籍体制不需要花费太多的执行成本。

二　农村集体土地所有制形成与原因

（一）农村土地集体所有制形成

按照新制度经济学对制度三个层次的分类理论，以及土地这一生产要

---

① 翁仁木：《对我国户籍制度变迁的经济学思考》，《宁夏社会科学》2005 年第 3 期。
② 狄佳、周思聪：《户籍制度改革的新制度经济学分析》，《社会科学论坛》（学术研究卷）
2007 年第 3 期。

素在我国国民经济发展中的特殊地位，我们认为，土地制度是一项基本制度，具有宪法秩序的意义。因此，在我国土地制度的变迁必将会引起其他涉农制度的变革和变迁，对农业增长、农村发展、农民增收有着十分重要的影响。

我国当前农村土地集体所有制的形成经历了三个阶段。

1. 第一阶段：从互助组到高级农业合作社的农地制度安排

1952 年土改完成后，农村主要贯彻中共中央《关于农业互助合作社的决议（草案）》精神，发展互助合作组织。为了加快农业生产合作化的进程，1953 年 12 月，中共中央发布了《关于发展农业生产合作社的决议》，决议指出了党在农村工作的根本任务就是要促进农民联合起来，逐步实现农业的社会主义改造。决议肯定了我国农业合作化的道路是，由互助组到半社会主义的初级形式的农业生产合作社，再到完全社会主义的高级形式的农业生产合作社。

尽管从互助组到初级社，农业生产的组织形式发生了很大的变化，但就其本质来讲，仍然属于私有制范畴，而不属于集体经济范畴。这一制度变迁仍无法实现新中国成立后人民对社会主义的追求，同时，农地的农民私有制也与我国既定的占支配地位的意识形态所界定的制度选择相背离。因此，只有建立高级社，取消土地报酬，实行集体所有，才符合社会主义改造的方向。正如毛泽东在党的七届六中全会说的，"农业合作化使我们在无产阶级社会主义的基础上，而不是资产阶级民主主义的基础上，巩固了同农民的联盟。这会使资产阶级最后地孤立起来，便于最后地消灭资本主义"。[①]

从初级社到高级社的转变是十分迅速的，1955 年 10 月以前，农业社会主义改造的重点主要还是放在发展初级社方面，高级社只是作为试点。1955 年 10 月，党的七届六中全会通过的《关于农业合作化问题的决议》提出，要重点试办农业生产合作社；在有些已经基本实现半社会主义合作化的地方，根据生产需要、群众觉悟和经济条件，个别试办，

---

① 温铁军：《中国农村基本经济制度研究——"三农"问题的世纪反思》，中国经济出版社，2000，第 157～160 页。

由少到多、分批分期地由初级社转变为高级社。会后，高级社就由个别试办转向重点试办，农业合作化运动转变为以建设社会主义性质的高级农业生产合作社为中心。1956年1月《中国农村的社会主义高潮》一书由人民出版社公开出版，毛泽东亲自任主编，在书中他开始大力提倡创办高级社和大社。在毛泽东的推动下，财产关系相对合理的初级社存在的时间很短，只搞了1年，全国就于1956年发动了"并社升级"。从1956年初开始，初级社没来得及巩固，高级社在全国就进入了大发展阶段。许多地方出现整村、整乡的农民加入高级社的情况。有的新建立的初级社随即转入高级社，有的互助组超越初级社的阶段直接成立或并入高级社，有的甚至没有经过互助组，也没有经过初级社，在个体农民的基础上直接建立高级社。12月底，高级社达到54万个，入社农户已超过1亿户，占农户总数的87.8%。[1] 这表明，农业的社会主义改造已基本完成，农民的个体经济改造成了社会主义的集体经济，我国农村建立起了社会主义集体所有制。高级农业合作化废除了土地私有制，使土地由农民所有转变为农业合作社集体所有。这是农村土地所有制度的又一次重大变革，标志着农民土地私有制改造的成功和农村集体土地所有制的确立，农村集体土地所有制完全具有了社会主义的性质。

应该说，中国农业社会主义改造的方向是正确的，然而，由初级社向高级社的变化，把中国农业社会主义改造的目标定为"组织大型的完全社会主义性质的农业生产合作社"，[2] 在一定程度上超越了当时农民的觉悟水平，而且受当时的经济和文化状况的制约，经营能力与经营规模很不相称，脱离了当时的生产力发展水平，也为后来跃进到人民公社埋下了伏笔。与此同时，在合作社发展步伐问题上，中央对农民两个积极性的估计发生了偏差（即过度地强调了农民互助合作，走社会主义道路的积极性，忽视了农民的个体积极性），以致农业合作化的改造要求过急、工作过粗、改变过快，形式过于简单划一，这在一定程度上挫伤了农民的生产积极性。整个高级农业合作化阶段，全国农业生产继续向

---

[1] 国家统计局：《我国的国民经济建设和人民生活》，中国统计出版社，1958，第183～184页。

[2] 《毛泽东选集》第5卷，人民出版社，1977，第185页。

前发展，但增长速度有所下降，与土地改革和初级农业合作化阶段相比，增长比例较低。据统计，粮食生产的增长速度1950～1952年平均增长13.1%，1955年增长8.5%，1956年增长4.8%，而1957年仅增长1.2%。① 概括起来，高级农业合作化的成就是主要的，通过农业社会主义改造形成的有计划的集体统一经营体制，确实在一个短时期内积聚了国家的巨大资源，为国家工业化及整个经济建设奠定了坚实的基础。但是，高级社阶段的农地制度安排还带来了许多其他问题，如"搭便车"等机会主义行为进一步加剧、社员间和高级社内部的交易费用日益增长、生产资料的产权模糊、分配机制对促进生产积极作用的丧失等，因而，农业总体上呈现衰退趋势。

2. 第二阶段：人民公社化运动及其农地制度安排

尽管高级社已暴露出许多问题，但建立一种比高级社还要大的农村社会组织，却是当时许多领导同志的想法。1958年一种更激进的发展战略"大跃进"运动在全国范围进行，为了配合这种工业"大跃进"战略，毛泽东提出把正在合并的大社办成集"农、工、商、学、兵"于一身的人民公社，随之，中共中央在8月17日到30日在北戴河召开政治局扩大会议，讨论和通过了《关于在农村建立人民公社的问题的决议》，农业集体化进一步加快，原来高级社被强制合并为人民公社。从1958年8月末到11月初，全国共建起人民公社23384个，加入农户112174651户，占总农户的90.4%，平均每个社4797户。到10月底，参加人民公社的农民占到99.1%，组成了26500个人民公社。② 而人民公社化之前，全国共有高级社约79.8万个，平均每个社才151户。到后来，人民公社则一般都在4000户以上，还有1万户甚至更大的社。

人民公社化的农地制度安排与高级社农地制度安排没有本质区别，其最大的特点是，土地在一个更大的范围内使用，原属于个人所有的土地已完全归集体公有，农地的产权边界变得更加模糊不清，农户离土地的经营自主权越来越远，社员的农业生产积极性降低，农地制度的绩效进一步下

---

① 李德彬：《中华人民共和国经济史简编》，湖南人民出版社，1987，第250页。
② 陈吉元：《中国农村社会经济变迁（1949～1989）》，山西经济出版社，1993，第302页。

降。反映在农业生产上是其倒退了 10 年，粮食总产量 1959 年、1960 年连续两年减产 15%，1960 年、1961 年均在 14500 万吨水平，甚至低于 1951 年、1952 年 15000 万吨的水平。所有农产品收购量也都低于 1952 年的水平，其中 1962 年粮食低 17%、棉花低 42%、食油低 47%、生猪低 77%，其他经济作物低得更多。①

3. 第三阶段：变"一大二公"为"三级所有，队为基础"

如上所述，人民公社初期，实行"一大二公"的高度集体化体制，这一强制性制度变迁，不仅没有达到预期目标，反而恶化了经济关系，引起了一系列问题和严重的农业危机。这场危机也由此造成了国家控制这一制度的成本—收益结构发生逆转，从而发生了国家农村经济政策的调整。② 1962 年 9 月中共中央八届十中全会通过的《农村人民公社工作条例（修正草案）》（即"农业六十条"），确立了"三级所有，队为基础"的新体制。新体制的土地制度把原来的土地所有权、土地使用权和产品分配权由公社一级下放给了生产队一级，一定程度上实现了土地所有权与使用权的分离，调动了生产队的积极性。该体制的经营绩效在初期也是明显的，1965 年的粮食产量为 19450 万吨，比 1962 年增加了 3450 万吨，已接近 1957 年的 19500 万吨；1965 年的棉花产量为 4195 万担，超过 1957 年的 3280 万担。③ 此外，其他农产品也较大幅度增产。

但是，"三级所有，队为基础"的农地制度安排仍只是原有土地制度变换形式，可以从两方面来理解：①土地收益分配权虽然由公社一级下放到了生产队，但并没完全杜绝分配中的平均主义，仍然是在保证完成国家规定的农产品征购任务的前提下，按劳动工分在全队范围内分配产品和现金。这种分配方式看似按劳分配，实际上因为按工分分配抹杀了劳动者在体力和智力、劳动数量和劳动质量上的差异，因而本质上依然是"一大二公"。②"三级所有，队为基础"的制度安排是在对人民公社化制度安

---

① 农业部计划司：《中国农村经济统计大全（1949~1986）》，中国农业出版社，1989，第 400~406 页。
② 周其仁：《中国农村改革：国家和所有权关系的变化（上）——一个经济制度变迁史的回顾》，《管理世界》1995 年第 3 期。周其仁：《中国农村改革：国家和所有权关系的变化（下）——一个经济制度变迁史的回顾》，《管理世界》1995 年第 4 期。
③ 国家统计局：《中国统计年鉴》（1983），中国统计出版社，1984，第 162 页。

排修补的基础上做出的，但它仍然是自上而下的强制性制度变迁。从农地制度看，它显然是一种无效率或低效率的制度安排。因为判断一种制度的有效或无效，关键是看它能否弥补原有制度的不足而激发制度被动接受者的内在潜力，而"三级所有，队为基础"的土地制度安排虽然也作了较大的调整，但在最大限度地发掘制度被动接受者的潜力方面是失败的，劳动者的积极性并未调动起来。[1] 林毅夫先生认为，导致这一现象的原因有二：一是该产权制度安排对任何单个社员来说，都不拥有相对于其他成员的对生产资料排他性使用权、收益权和处置权。在这种背景下，公有财产的收益与损失对每个当事人都有很强的外部性，这种外部性随着集体经济成员的增多而加强，这导致了劳动监督成本太高。二是由于该产权制度的目标是追求将社区内的不平等减少到最低程度，因而，这种制度不提供劳动激励规则，从而出现了劳动激励缺乏的问题。[2]

（二）农村土地集体所有制形成的原因

新中国成立之初，轰轰烈烈的土改运动几乎在中国大地上实现了"耕者有其田"的梦想。但为什么几年之后，农民都交出了自己所有的土地，让国家"制造"出"农村土地集体所有制"这一前所未有的制度？[3]

1. 经济上为工业化发展提供与积累资金

新中国成立时，处在一个强敌环伺的国际环境里。一个新生的、落后的国家要想站稳脚跟，唯一的出路就是尽快实现重工业化，以迅速发展本国经济。[4] 在中国，对工业化的大量投入只能向农村、向农民索取。为了更快地利用"剪刀差"获取农业剩余，国家不希望对方是数以亿计的分散的农民个体，而是更便于控制、更便于贯彻和执行国家意志的"集体"，于是经过巧妙的"逐步合理化"的步骤安排（互助组、初级农业合作社、高级农业合作社及人民公社制度安排），农民先是失去了对生产工具的所有权，然后又交出了土地所有权，最终把对自身劳动力

---

① 杨德才：《我国农地制度变迁的历史考察及绩效分析》，《南京大学学报》（哲学、人文科学、社会科学版）2002 年第 4 期。

② 林毅夫：《制度、技术与中国农业发展》，上海三联书店，1992，第 45 ~ 69 页。

③ 魏清盛：《中国农村土地集体所有制问题分析》，四川大学博士学位论文，2005。

④ 黎娟娟：《对林毅夫比较优势战略的再思考——重读林毅夫〈中国的奇迹：发展战略与经济改革〉》，《改革与战略》2010 年第 1 期。

的支配权也交了出去。农村集体所有制在公社化时期达到了极致，国家通过指令性生产计划、产品统购统销、严禁自由商业贸易（哪怕是集体从事的商业）、关闭农村要素市场以及隔绝城乡人口流动，事实上早使自己成为所有制要素（土地、劳力和资本）的第一位决策者、支配者和受益者，所以，"集体化经济就其实质来说，是国家控制农村经济权利的一种形式"，[①] 而有效控制的基础就是土地集体所有制。

2. 政治上体现国家意志

农民自愿地放弃已有的土地所有权，这与他们在新中国成立后获得土地私有权的路径在逻辑上具有一致性。周其仁认为，极为重要的原因是国家一开始就把自己的意志注入了农民的土地私有产权。当时中国农民的土地所有权不是产权交易市场长期自发交易的产物，也不是国家对土地交易施加某些限制的结晶，而是国家组织大规模的群众政治斗争，直接分配原有土地产权的结果。或者说，农民并没有从市场或地主手中去买地，他们是从国家领导的土改运动中无偿地分到了土地。由于国家一开始就把自己的意志注入了农民的土地私有产权，当国家意志改变时，农民的私有制就必须改变。[②] 曹正汉认为，土改后的农村社会主要由三类成员组成，其中富农的经营能力最强，村社干部的分利能力最强，绝大多数农民居于中间。当国家对农村经济活动进行干预后，富农感到其经营能力大大受限从而趋向同意合作化，村社干部则一直大力推动合作化。如此，农村成员的经营能力与分利能力的关系开始改变，"合作化"对农民的吸引力增强。[③]

三　二元社会保障制度的形成与原因

（一）新中国成立后农村社会保障制度变迁

新中国成立以来，伴随着工业化战略的实施，以及二元经济结构逐渐形成，农村社会保障制度的变迁经历与城镇社会保障制度变迁存在不同的

---

① 周其仁：《中国农村改革：国家和所有权关系的变化——一个经济制度变迁史的回顾》，《管理世界》1995 年第 3 期。

② 周其仁：《中国农村改革：国家和所有权关系的变化——一个经济制度变迁史的回顾》，《管理世界》1995 年第 3 期。

③ 曹正汉：《传统公有制经济中的产权界定规则：控制权界定产权》，《经济科学》1998 年第 3 期。

方式，总体来讲，新中国成立以来，农村社会保障制度的形成主要经历了三个阶段。

1. 第一阶段：土地改革时期的农村社会保障（1949～1952 年）

与土地的农民私有制相对应，土地改革时期的农村社会保障是一种以家庭保障为主、政府保障为辅的制度安排，政府向农村提供的社会保障是低水平的、补充性的，农村社会保障并没有形成完整的制度。土地改革时期的家庭保障为主、政府保障为辅的农村社会保障制度安排，与当时土地私有制以及较低的农业生产力水平密切相关。第一，土地私有制决定了农民对自身的风险承担主要责任，政府只对影响国家经济运行和社会稳定的较大风险承担责任。第二，家庭分散经营的形式也决定了农村社会保障主要采取土地保障和家庭保障的形式。家庭作为农村生产经营的基本单位，必然要承担起对家庭成员的保障责任。[①] 第三，经过土地改革，尽管农业生产力有了较大的提高，但是，农村自给自足的自然经济状态并未得到根本性改变，农民的生活水平和支付能力总体上还很低，同时，新中国成立初期国家财力的有限决定了这个时期的农村社会保障是一种低水平的、自我保障为主的保障形式。

2. 第二阶段：互助合作和人民公社时期的农村社会保障（1953～1978 年）

与农村土地集体产权制度的变化相适应，这一时期的农村社会保障呈现由家庭保障向集体保障转变的趋势，虽然保障水平仍然偏低，但是保障层次在逐步提高。随着农村合作社和人民公社组织的先后建立，国家开始依托这些组织建立农村社会保障制度。涉及农村灾害统计、防灾备荒等社会救助的工作，主要依靠合作社和人民公社等组织来完成。1956 年 6 月第一届全国人大三次会议通过的《高级农业生产合作社示范章程》确立了农村社会保障中的"保吃、保穿、保住、保医、保葬"五保制度。1958 年，我国开始建立农村合作、互助医疗制度，该项制度主要由社员自筹资金，并依靠集体的力量对患者给予医疗卫生救助。[②] 随后，中央制

---

① 胡杨：《中国农村社会保障改革的路径依赖与制度创新》，《兰州学刊》2006 年第 1 期。

② 邓大松：《社会保险比较论》，中国金融出版社，1992。

定的《农村人民公社工作条例》中规定，生产队每年可以从分配的总收入中扣留公益金，用于社会保障和发展集体福利事业的费用支出。①

总之，伴随着土地制度的集权化趋势以及农业生产经营决策主体的集体化趋势，这一时期集体组织开始承担起农村社会保障的主要责任。国家陆续颁布了一些农村社会保障制度相关的法规政策，对农村社会保障的实施方法、保障水平、享受范围等进行了规范。诚然，这一时期虽然农村社会保障告别了过去以家庭保障为主的时代，保障层次也有所提高，但是，由于集体经济实力普遍偏低，农村社会保障水平总体上仍处于低水平。

3. 第三阶段：家庭承包经营时期的农村社会保障（1978 年之后）

随着家庭联产承包责任制的实施，由于集体保障功能逐步弱化，依靠集体经济力量来向农民提供社会保障显得力不从心，农村社会保障的保障层次开始降低，农村保障基本（实际上）又回到只能靠家庭和土地来为自己提供经济保障的低层次上来，土地保障和家庭保障相结合的保障形式重新开始成为农村保障的主要形式。随着农村市场经济的发展，以及农村富余劳动力流动的日益频繁，传统的保障形式越来越难以适应形势的需要，中央及各级政府开始探索建立现代意义的农村社会保障制度。一是政府对农村扶贫和救济制度进行了完善。二是在做好农村扶贫工作的基础上，农村最低生活保障制度也开始建立和完善起来。三是新型农村合作医疗制度开始建立并取得重大成效。农村的医疗保障制度改革相对来讲是比较成功的，根据卫生部的数据，到 2007 年年末，全国已有 2451 个县（区、市）开展了新型农村合作医疗，参合农民 7.26 亿人，参保率为 86.2%。2008 年 3 月我国新型农村合作医疗已经覆盖所有县（区、市），2008 年年末，参合农民上升到 8.15 亿人。新型农村合作医疗制度已逐渐成为我国农村医疗保障的主要形式。但是，除了医疗保障制度外，农村其他社会保障制度严重缺失，失业、工伤、生育保险在广大农村仍处于空白状态。四是农村社会养老保险制度一直处于探索和试点过程。1986 年，国家开始探索建立农村社会养老保险制度，

---

① 林毓铭：《转型期中国特色社会保障体制问题探析》，《社会工作》1998 年第 4 期。

民政部于 1987 年和 1995 年分别颁布了《关于探索建立农村基层社会保障制度的报告》以及《关于进一步做好农村社会养老保险工作意见》，并在山东烟台、河北平泉、四川彭州及甘肃永昌等地开展试点工作。到 2008 年年末，全国参加农村养老保险人数仅为 5595 万人，参保率仅为 7.7%。2009 年 6 月国务院决定在全国 10% 的县（市）开展新型农村养老保险制度试点工作，争取在 2020 年以前实现农村养老保险的全覆盖。①

（二）二元社会保障制度形成的原因

中国二元社会保障制度的形成与固化和中国二元经济结构的形成之间有着内在逻辑，二元经济结构是二元社会保障产生和维系的社会和经济基础。

1. 由工业化战略引起的二元经济结构的形成是二元社会保障制度形成的社会根源

按照结构功能主义的观点，每一次社会结构的重大转型都意味着原有社会和当下社会的"断裂"，这就要求作为社会"稳压器"和"安全阀"的保障能够发挥作用，减少或缓和社会矛盾，努力使社会的结构和功能相匹配。新中国成立以来，我国经历了两次重大的社会结构转型。第一次是新中国成立之初，我们由新民主主义社会向社会主义社会的变迁和转型；第二次是改革开放以来我们由计划经济向社会主义市场经济的转型。新中国成立以来的社会转型是一种由经济不发达的农业社会向工业社会的渐进式转型，因而也是一种建立在较低生活水平基础上的社会结构转型。同时，由于我国具有自我保障能力的农业人口一直占据主导地位，因此，我们就可以实行一种城乡有别、以最小代价确保社会结构顺利转型的二元社会保障制度。②

2. 二元经济结构形成过程中的经济状况决定了只能建立二元社会保障制度

一方面，新中国成立初期的政治、经济、社会环境决定了我们既不能走西方国家通过所谓的"羊吃人"的圈地运动来获取发展工业所需要的

---

① 耿永志：《农村社会保障与农地制度的关系研究》，河北农业大学博士学位论文，2010。
② 高和荣：《论中国二元社会保障制度实施的必然性及其整合途径》，《经济问题探索》2003 年第 6 期。

劳动力和原料老路，也不可能走殖民扩张之路，只能自力更生，通过以牺牲农民部分利益为代价的二元社会保障制度来解决工业化过程中所面临的主要社会（保障）问题。① 另一方面，国家财力匮乏。要实现城乡一体的社会保障，无疑需要国家财力的强大支持。而新中国成立之初整个国家经济不振、百废待兴，1949 年全国工农业总产值只有 466 亿元，人均国民收入只有 66.1 元，要建立普遍的社会保障制度是不现实的。正是基于这种财力状况，国家只有把社会保障的重点放在更急需社会保障、人口相对较少、对社会经济发展影响较大的城市，对农村只能重点进行一些民政福利投入，并采取措施防止农村人口流入城市的社会保障安全网中。由此来看，维持城乡二元社会保障格局是政府在财力紧张状况下的"无奈选择"。②

3. 城乡分割的社会政策是城乡二元社会保障结构形成并固化的制度根源

为适应新中国成立初期的工业化路线，我国相应出台了一系列城乡分割的社会政策，包括户籍政策、劳动就业政策，以及人民公社制度等。这些政策都人为割裂了城市与乡村的联系，也相应固化了二元社会保障制度。③

另外，城乡居民权力的差异对城乡二元社会保障结构的形成和固化具有重要影响。在中国，农民人口虽多，但高度分散、组织程度低，谈判的力量或在法律、政策制定中的力量非常渺小，处于弱势地位。而市民虽然人数相对较少，但因组织程度较高，并且在初始阶段获得了较多的既得利益，因而其谈判的力度相对要大得多。我国城乡二元社会保障结构，无论是其形成，还是当前改革的困难重重，事实上极大地注入了两大集团的力量，特别是占据优势地位的城市利益集团对这一制度安排产生了重要影响。

---

① 高和荣：《论中国二元社会保障制度实施的必然性及其整合途径》，《经济问题探索》2003 年第 6 期。

② 公维才：《我国社会保障制度城乡二元结构形成及固化原因分析》，《甘肃理论学刊》2008 年第 3 期。

③ 公维才：《我国社会保障制度城乡二元结构形成及固化原因分析》，《甘肃理论学刊》2008 年第 3 期。

第三节　经济与社会学视角的二元户籍、社会保障与农村土地制度之间的内在联系

我国农村土地集体所有、城乡分割的二元户籍制度和社会保障制度都是新中国成立之后特有的土地和人口制度及社会保障安排，三项制度的形成，无论是在时间上还是在功能和目标上都具有内在的关联性、互动性与一致性。

一　我国户籍制度与农村土地制度之间的内在联系①

我国是世界上最早形成户籍制度的国家。中国几千年的历史中，统治者都是利用户籍与土地政策将农民牢牢捆绑在土地上，将分散的人口组织在既定秩序之内，方便对其进行统治和管理，以维持社会安定。户籍制度以固农限农为特征，土地制度也相对稳定，国家依据户籍对有名人士进行土地授予，人少地多、土地允许私有的土地制度则强化了严格控制人口的户籍制度。到了民国时期，在北洋军阀和国民党统治下，社会动荡不安，户籍制度的管理还没有能摆到重要议事日程上来，土地制度也是按照历史惯性在延续。正是由于户籍制度的疏忽，当时土地脱离户籍逐渐集中到地主阶级和大官僚的手上，成为他们的私有财产，土地与户籍之间相互制约的关系被打破。在这期间，中国共产党带领广大劳动人民进行土地革命并取得胜利，于1947年制定了《中国土地法大纲》，无论男女老幼，统一平均分配土地，农村户口重新成为农村中分配土地的主要依据。②

从前文关于新中国成立后户籍和土地制度50余年的演变过程可以看出，两者的演变在时间上也是交互进行的。新中国户籍制度50多年的历史，主要发生了三次变化，相应的土地制度也经历了几次变革。①新中国成立初期，实行的是农村土地私人所有制度，与这一基本经济制度相应，

---

① 王菊英：《二元户籍制度改革与农村土地集体所有之关系论析》，《贵州大学学报》（社会科学版）2009年第2期。

② 汤玉权：《论户籍制度改革与农村土地制度的变革——对四川省南充市马桥村的调查分析》，《东南学术》2006年第1期。

1954 年的《宪法》仍承认公民有迁徙的自由。②1956～1978 年的农村土地制度与户籍制度的彻底性变革，即 1956 年全国农村掀起农业合作化高潮，并于 1958 年发展为人民公社化体制的集体所有、统一经营，农民按劳分配的农村土地所有制根本性变革。之后，为了让农民安心进行农业生产，使农业产出最大化，向城市工业提供更多的农业收益，控制农村人口流动尤为重要。于是，与土地集体所有制配套的、旨在将农民束缚在土地之上的二元户籍制度开始建立，1958 年中央制定了《中华人民共和国户口登记条例》，除了继续将全国人口划分为城市户口与农村户口外，主要是严格限制农业户口转为城市户口，严格限制农民向城市迁徙。③20 世纪 80 年代初家庭联产承包责任制是农村土地管理制度的重大变革，极大地解放了农业生产力，因"严格控制城乡人口迁移而致农村中'隐藏'着的大量剩余劳动力"① 被释放出来，农村富余农业劳动力需要寻求生存与发展的途径。这一发展趋势推动了城乡分割的二元户籍制度改革。从 1984 年的"自理口粮户"到 1985 年的"暂住证"制度到 1992 年的"蓝印户口"或"绿皮户口"到一些地方政府公开出售"城镇户口"，城市户口逐渐褪去了尊贵的颜色，向农民有条件地开放。可以说，这一次城乡二元分割的户籍制度开始改革完全是农村土地制度变革的结果。并且，这一次户籍制度改革是一次更持久、更深刻的制度变迁。随后，从 2000 年开始，全国各地进入一个户籍改革政策出台密集期。如 2000 年浙江省在全国率先取消了地市级以下城市进城指标和"农转非"指标；2001 年，河北省石家庄市成为第一个全面放开市区户口准入限制的省会城市；2002 年，江苏省全面取消农业户口和非农业户口，建立全省统一的户口登记管理制度；2003 年，四川省取消农业户口和非农业户口，建立全省统一的户口登记制度，全面放开地级城市的户口办理工作；等等。尤其是，重庆、四川成都自 2007 年成为我国统筹城乡发展改革试验区后，户籍制度改革（即户籍管理）正由城乡二元体制向一元体制转化。

可见，新中国成立以来，户籍制度与土地制度的演变存在高相关性，二者呈现互动性，一方的变动往往会引起另一方的变革，从而表现出动态

---

① 费孝通：《从实求知》，《社会学研究》2000 年第 4 期。

上的相互适应性。但另一方面我们也注意到，户籍制度的改革进程相对较快，而土地制度的变革则相对缓慢或停滞，特别是自 20 世纪 80 年代初实行了家庭联产承包责任制以来，就几乎没有再进一步的变革，这与户籍制度的改革呈现不相适应性，而这又反过来制约着户籍制度的更深层次改革，成为影响城乡协调发展的基本制度障碍。[①]

如前所言，农村土地集体所有主要是为适应新中国建立工业化体系特别是发展重工业战略的需要而实施的强制性制度变迁。但是，农村集体经济组织对农民并没有多大约束力，它只能从工分（当时农民获得集体土地收益的依据，也是农民获得口粮养家糊口的唯一依据）上约束农民，如果某农民从其他渠道获得与工分等值甚至超值的收入，他就可以离开土地，仍然可以在农村走街串巷经营小商品及手工业品买卖，甚至农民仍然可以在城市进行一切非农业生产的营生，这种现状不能有效地保障农业为工业发展稳定地提供资源。所以，仅有土地集体所有制仍不足以约束农民的流动。要稳定农业生产秩序、城乡秩序，还必须从根本上控制人口流动，将农民固定在农村土地上。二元户籍制度恰好弥补了集体经济组织约束力的不足，它通过法律形式界定和严格限制农业户口转为非农业户口，并由国家力量保证了它的实施。这一制度安排有效阻止了农民流动特别是流向城市，城乡秩序趋于稳定。二元户籍制度与土地集体所有制结合，使农民具有了农业"户籍身份"[②] 和总是属于某个农民集体的成员身份。

如果说农业户口是限制农民城乡流动的纵向坐标的话，农村集体成员资格就是限制农民在广大农村流动的横向坐标。双重身份和两个坐标固定了农民，使农民不但不能流动到城市，也不可能流动到其他农村（婚嫁除外），最终形成长达 30 余年的城乡基本上处于隔离状态的静态社会秩序。这种城乡隔离的静态社会秩序是二元户籍制度与土地集体所有制相互作用的结果。农村土地采取集体所有制，最大限度地实现了二元户籍制度的稳定社会、控制人口流动的目标，成为二元户籍管理目标实现的制度基础。一个极为重要的原因是，在工业化初期还不能充分吸纳劳动力的条件

---

① 汤玉权：《论户籍制度改革与农村土地制度的变革——对四川省南充市马桥村的调查分析》，《东南学术》2006 年第 6 期。

② 陆益龙：《户籍制度——控制与社会差别》，商务印书馆，2003，第 435 页。

下，土地集体所有，农民不能再支配、处分土地，农民丧失了离开土地的物质基础。另一方面，二元户籍制度不仅使农民流动成本大大增加，而且条件的严格使流动基本上不可能，遏制住了农民流动趋利的愿望，为低水平的农业生产提供了稳定和充足的农业劳动力，满足了国家无偿分享农业收入，优先发展工业与城市的需求，保证了土地集体所有制的长期稳定运行。二元户籍制度与土地集体所有制相互结合，共同发挥着控制人口流动、稳定社会秩序的作用。

二　二元户籍制度与农村社会保障制度之间的内在联系

户籍制度与社会保障制度都是我国社会管理的重要内容，既相互独立又彼此关联，既相互促进又彼此制约。

如前所言，1958 年出台的《中华人民共和国户口登记条例》成为户籍制度变迁的一个重要分水岭，它成为之后各种行政部门限制或控制个人迁徙和居住自由以及接近和占有资源的法律依据，从而将城乡割裂，并形成了农业人口与非农业人口。伴随着户籍制度的建立，城乡差别的社会保障制度得以确立，它是户籍制度赖以存在的保证。

作为社会治理制度体系的构成单元，从制度本身看，户籍制度与社会保障各自单行、相互独立，在制度模式和发展路径上不存在交叉和重合。但由于国情不同，特别是我国二元化的社会治理模式，使得包括社会保障在内的过多福利功能附着在户籍制度之上，将两者紧紧地捆绑在一起。二元户籍制度导致了城乡社会保障的差别，而社会保障制度反过来使二元户籍制度更加强化和稳定，两者呈现高度关联性。一方面，户籍制度已成为社会保障的核心载体，附着在户籍制度之上的涉及就业、养老、医疗、卫生、住房、教育甚至部分商品供应制度安排等；另一方面，城乡分割的户籍制度，又使得现行的社会保障制度逐步呈现城乡"剪刀差"和政策"碎片化"的局面。①

但是，从经济与社会学的角度分析，当时特定的历史环境下，以人口

---

① 安徽省财政厅课题组陈先森、吴天宏：《户籍制度改革与社会保障关系研究》，《经济研究参考》2011 年第 58 期。

城乡分割为基础的户籍制度具有一定的合理性，它为工业原始积累和重工业化的迅速完成打下了坚实基础。相应的社会保障制度也是符合当时需要的，社会保障严格依附于户籍之上，这是户籍制度实现对劳动力流动严格控制的必然要求。因此，如果不去评判户籍制度对公民自由流动权利的限制，不讨论相应社会保障制度的效率与可持续性，可以说户籍制度与社会保障制度之间基本上是比较简单、和谐、平衡的关系，适应了当时的历史环境，二者共同实现了我国的经济目标和政治目标。①

三　农村土地制度与农村社会保障制度的内在联系

可将农村土地制度与社会保障制度关系划分为三个阶段，三个阶段依次递进，特征明显，脉络清晰。①土地改革时期（1949～1952年）。土地改革时期的农村社会保障是一种"家庭为主、政府为辅"的制度安排，这与当时的土地农民私有制及较低的农业生产力密切相关。土地的农民私有制决定了农民对自身的风险承担主要责任，政府只对影响国家经济运行和社会稳定的较大风险承担责任，家庭分散经营也决定了农民主要采取家庭保障的形式。另外，虽经过土地改革的重大制度变迁，农业生产力也有了很大提高，但是，农村自给自足的自然经济状态并未得到根本性改变，农民的生活水平和支付能力总体较低，加之新中国成立初期国家财力有限，这就决定了这个时期的农村社会保障是一种低层次的、低水平的、自我保障为主的形式。②互助合作和人民公社时期（1953～1978年）。与农村土地产权制度的变化相适应，这一时期的农村社会保障呈现由个体保障向集体保障转变的态势，农村社会保障的主体是村集体，主要由村集体承担农村社会保障的事务，保障层次有所提高。但由于村集体经济实力普遍偏低，农村社会保障水平仍处于低水平，但农村合作医疗制度呈现异常发展的局面。③家庭承包经营时期（1978年至今）。随着人民公社制度的解体，集体保障功能逐步弱化，家庭联产承包责任制的实施使农村社会保障的层次开始下移，土地保障基础上的家庭保障成为农村保障的主要形

---

① 翁仁木：《对我国户籍制度变迁的经济学思考》，《宁夏社会科学》2005年第3期。

式。[1] 用温铁军的话说，中国家庭联产承包责任制的实行，其实质"是一种形成制度改变的交易：政府向村社集体和农民在土地和其他农业生产资料所有权上的让步，换得的是农村集体自我管理和农民必须自我保障"。[2]但是，随着农村市场经济的发展，以及农村富余劳动力流动的日益频繁，传统的保障形式越来越难以适应形势的需要，农村社会保障的层次和水平亟待提高。

纵观我国农村土地制度与农村社会保障的发展历史，可以发现这样一个规律：农村土地产权主体与农村社会保障层次具有较强的关联性和拟合性。那么，为什么随着农地制度产权类型的变化，农村社会保障的承担主体、内容以及制度层次等内容会发生相应的变化呢？主要原因在于：不同土地产权类型下，土地收益的分配主体是不同的，由此造成了社会保障承担主体的变化。[3] 在土地革命时期，土地产权主体为农民，收益主体是农民，农民个人也就承担了主要保障责任，由于农业生产力水平不高，因而也决定了农民自我保障的水平也较低。在互助合作和人民公社时期，土地收益分配的主体转变为集体，与之对应，集体承担了社会保障的主要责任。这一时期农村社会保障的层次也有所提高，集体在农村社会保障中发挥着重要作用。在家庭承包经营时期，土地尽管仍为集体所有，但土地的长期使用权已逐步下移到农户，土地收益分配主体再一次回到农民个人，在相当长一个时期内农村社会保障是建立在土地保障基础上的低层次的传统家庭保障形式。随着我国财力的增强，农村社会保障品投放逐渐增加，政府越来越承担起农村社会保障的主要责任。

第四节　小结与含义

从上文分析可知，户籍、社会保障和土地管理是一种高度耦合的三位一体关系。新中国成立初期的工业化需要从农村和农业中获取发展资金，

---

① 耿永志：《试析我国农村土地制度与社会保障的关联》，《价格月刊》2009 年第 1 期。

② 温铁军：《中国农村基本经济制度研究——"三农"问题的世纪反思》，中国经济出版社，2000，第 275 页。

③ 耿永志：《农村社会保障与农地制度的关系研究》，河北农业大学博士学位论文，2010。

这种特殊历史背景下的特殊的发展战略需要特殊的制度为其服务，改革后的工业化和城市化同样需要农村和农民的支持，此时，农民放弃农业户口及农地使用权属进城并获得城市户籍和相应的社会保障是逻辑的必然。同时，农民放弃的农地进入农地流转市场，并按照各自属性重新被使用，进而促进城乡协调发展。然而，这一内在关系链却因为以二元户籍制度、农村集体土地制度及二元社会保障制度为核心的二元制度体系的阻碍而扭曲或变形，使城乡差距不仅没有随着我国经济社会的发展缩小，反而越来越大。因此，户籍、土地管理和社会保障三种制度是一种高度耦合的关系，基于此，我们认为，改革应该从联动视角入手。

第四章　改革以来户籍、社会保障、土地管理制度的改革与实践

　　计划体制条件下形成的户籍、社会保障以及农村土地管理制度进入 20 世纪 80 年代以来，它们的不适应性逐渐显现。制度变革已不可避免。本章主要是通过回顾改革开放 30 年多来户籍、社会保障和土地管理制度的改革历程，对相关改革的绩效、问题及制度形成特点进行分析。分析表明，从单项制度改革看，各项制度改革和实践在各自领域都取得了重大成就，成为推动我国经济社会发展的重要制度保障。但是，通过分析发现，制度改革体现出三个明显特征：一是制度变迁具有明显的政府主导特征。所谓政府主导型制度变迁，是指由政府设定制度变革的基本路线和准则以及政府以制度供给者的身份，通过法律、法规、政策等手段实施制度供给。二是制度体系本身存在许多矛盾和不一致之处，同时，各项制度之间在政策目标和内容上也存在矛盾。三是各项制度改革之间的联系也不紧密，在制度变迁中存在明显的各自为政的现象，部门主义式的制度变迁路径仍居主要地位。

　　通过进一步的分析还发现，改革开放 30 多年来的三项制度变迁可以分为两个特点鲜明的阶段。第一阶段（改革开放至 21 世纪初），制度改革体现出国家城市偏向和制度变迁中各自为政的基本特征。制度变迁中存在的这两个特征，极大地造成了制度作用的损耗，这一时期"三农"问题明显加重升级就是这种制度方式的基本反映。第二阶段，以 2003 年十六届三中全会提出的科学发展观为标志，在统筹城乡发展的思想指导下，我国的制度改革进入了一个崭新时期，制度变迁逐渐由城市偏向转向城乡

协调，制度变迁方式由单项突破转向联动和整体推进。虽然说这种全新的制度变迁方式才刚刚开始，但通过近几年的制度改革与制度实施情况看，制度变迁绩效得到明显提高，城乡关系得到明显改善，足以说明制度联动改革的重要性和现实意义。

第一节　改革以来户籍制度改革与实践

二元户籍制度是中国特殊时期特殊需要的产物，如前所述，它对中国工业化战略的顺利推行发挥着积极作用。然而，由于其具有歧视性和限制性的基本特征，随着农村经济体制改革政策的推行，在农民获得了相当的财产权利和自由权利之后，二元户籍制度对农村社会经济发展的"瓶颈"效应凸显，二元户籍制度改革势在必行。

一　改革以来户籍制度改革历程

（一）二元户籍制度的初步调整

为了适应变化了的形势，我国对户籍管理工作进行了积极的探索，又出于稳定社会秩序的需要，从农村经济体制改革至20世纪90年代初，我国对原有的户籍管理制度并没有进行彻底改革，只是进行了一些初步的调整，开始有条件地放宽进入城镇的户口限制，并着手实施居民身份证制度，以适应人口流动和动态管理的需要。具体地讲，改革开放以来至20世纪90年代初期，户籍制度主要做了以下几方面的调整与改革。①自理口粮制度。1984年，国务院下发《中共中央关于一九八四年农村工作的通知》，允许农民自理口粮进集镇落户是最主要的政策安排。自理口粮制度的实施是我国户籍政策的一项重大突破，是我国经济体制改革，特别是农产品统购统销制度改革的直接成果。自理口粮制度的实施给人们一个很大启示，即户籍管理的着重点应放在确认和掌握人的现实职业和居住地点上，而不应区分和限定人的社会角色。自理口粮制度的实施，其意义不仅在于一直被固定在土地上的农民有了改变自己职业和生活住所的权利和可能，而且对于农村小集镇的繁荣、乡镇工业的发展，从而对于农村剩余劳动力的转移有着不可磨灭的贡献。②调整"农转非"政策。1980年9月，公安部、粮食部、国家人事局联合颁布了《关于解决部分专业技术干部的农村家属迁往城镇由国家供应粮食问题的规定》；1989 年 10 月，在治理整顿背景下，国务院发出了《关于严格控制"农转非"过快增长的通知》。"农转非"政策频频出台，解决了部分行业干部和职工的实际困难，特别是关于专业技术人员的户口政策，解除了一部分专业技术骨干的后顾之忧，保证了他们聪明才智的发挥，促进了人才的合理流动。③实行居民身份证制度。1985 年 9 月 6 日第六届全国人大常委会第十二次会议通过了《中华人民共和国居民身份证条例》，并于当月起在全国施行。1989 年 9 月 15 日，国务院批准了公安部制定的《临时身份证管理暂行规定》，从而确立了我国的居民身份证制度。④实行"蓝印户口"管理。1992 年 8 月，公安部制定了《关于实行当地有效城镇居民户口制度的通知》，征求各部门和地方政府意见，开始实行"当地有效城镇户口制度"，这种户口也称作"蓝印户口"。这是我国户籍制度改革的一项过渡性的具体措施。①⑤小城镇户籍制度的改革试点及户籍的放开。1997 年 6 月，国务院批转了公安部《小城镇户籍管理制度改革试点方案》和《关于完善农村户籍管理制度意见》。

总之，户籍管理政策的调整举措，反映了农业人口向城市转移的必然趋势，适应了社会政治经济形势的发展要求，对于保证我国改革开放事业的顺利进行，促进国民经济的繁荣和社会的稳定，起到了十分重要的作用。

但是，由于户籍管理的调整并没有摆脱计划经济体制和与之相适应的行政体制的约束，因而，就制度的实践上看，调整后的户籍制度的实施存在简单化和混乱无序的现象。更重要的是，就制度的核心内容看，对户籍制度的调整仍明显地带有计划体制的特点，也没有从根本上解决户籍制度中所存在的深层次矛盾，即没有改变原有制度的等级性、歧视性、强制性和控制性等基本特征。所以，户籍制度初期的调整只是对原有具有严格控制作用的户籍制度的松动，只是对限制性功能在一定程度上的弱化。总体来讲，改革并不明显，户籍制度仍是一项封闭性的、以限制人口迁移为目的的制度，无法适应或满足大量农村劳动力"离土离乡"的客观需要。

---

① 殷志静、郁奇虹：《中国户籍制度改革》，中国政法大学出版社，1996，第 10 ~ 20 页。

不仅如此，这种未有实质性变化的改革，无论从制度的效率，还是从制度的公平来看，已与同时代的经济体制、社会发展需要不相称，矛盾更尖锐，对农村社会经济发展的约束更加突出。

（二）以规范和服务农村劳动力转移为主线

从 20 世纪 80 年代中期开始，农村劳动力跨地区流动规模越来越大，异地就业已经成为解决农村剩余劳动力安置问题的重要渠道。但是，因为这种人口流动的无序化，诸如每年春节前后的"民工潮"等给铁路、码头、车站等交通设施带来的巨大压力，严重冲击了城市的正常生产生活和交通秩序，也给外出的劳动者带来了困难。在坚持就地转移的同时，完善劳动力市场机制，健全市场规则和丰富相应的管理、服务、调控手段，使劳动力跨地区流动有序化，成为一项迫切的需要和任务。1992 年以来，各地相继放开了粮油价格，粮票、油票成为历史，"商品粮"作为户籍身份的重要附带利益开始被剥离，这是城乡隔离体系变革过程中重要的一步，同时也为户籍制度的进一步改革创造了关键性的条件。1992 年 8 月，公安部下发《关于实行当地有效城镇居民户口制度的通知》，允许外商亲属、投资办厂人员、被征地的农民以"蓝印户口"形式在城镇入户，享受与城镇常住户口同等待遇。该规定最大的特点是农民入镇时要支付一定的建镇费、开发费等，即城镇户口成为商品，农民要转变身份，就必须购买或变相购买城镇户口。自此开始，全国各地掀起了买卖户口热潮。1993 年 11 月，劳动部对实现"农村劳动力跨地区流动有序化"进行了部署，推出了"城乡协调就业计划"一期工程（1993 年 10 月 ~ 1996 年 12 月），力图在全国范围内建立起农村劳动力跨地区流动的基本制度，包括大、中城市各类企业用工管理和监察制度，劳动力市场规范、劳动力输入输出的管理和服务制度，异地就业劳动者的权益保障等。1994 年 11 月，劳动部公布了《农村劳动力跨省流动就业管理暂行规定》，主要内容是：要根据用人单位的需求情况，通过输出地区签发外出就业登记卡和输入地区发放流动就业证的办法，调控农民工跨地区流动的总量，开展有组织的劳务输出。[1] 正是在这种背景下，为了缓解供给与需求的矛盾，全国相当多的

---

① 赵树凯：《纵横城乡：农民流动的观察与思考》，中国农业出版社，1998，第 213 ~ 214 页。

大、中城市出台了种种对使用农民工的限制措施，流入地政府实行对外来人员发放"务工证"等制度。如北京就明文规定要控制外地来京务工人员的总量，将允许使用外地来京务工人员的行业、工种进行缩减。

以上措施虽然能够在一定程度上缓解供求矛盾，对缓解交通和城市压力有一定作用，但农民流动仍然以十分顽强的力量延续着。20世纪90年代中期以后，因大规模跨区域的农民流动骤增而导致的交通压力和城市压力，迫使国家对这一问题重新认真考虑和认识。而且随着农民流动的持续发展，政府对农民流动后的积极后果有了较为深刻的反思，并主动采取更为积极的政策处理农村劳动力转移问题。特别是一些地方为了提升农民流动的水平，为农民通过流动获得更多收入，将农民作为人力资本对待，主动创造条件，提供优惠政策，以提升他们外出就业和获取较高收入的能力。因此，我国农村劳动力流动政策从限制农民流动逐步转向接受流动、鼓励流动。

1998年，中共十五届三中全会讨论通过的《中共中央关于农业和农村工作若干重大问题的决定》提出了农业和农村跨世纪发展的目标和方针，其中专门指出："开拓农村广阔的就业门路，同时适应城镇和发达地区的客观需要，引导农村劳动力合理有序流动。"

（三）2000年以来的深化户籍制度改革

21世纪的户籍制度改革，是在《"十五"计划纲要》指导下推开的。《"十五"计划纲要》明确指出，改革城镇户籍制度，形成城乡人口有序流动的机制。2001年3月，国务院批准公安部《关于推进小城镇户籍管理制度改革的意见》。《意见》指出，小城镇户籍管理制度改革的实施范围，是县级市市区、县人民政府驻地镇及其他建制镇；凡在上述范围内有合法固定的住所、稳定的职业或生活来源的人员及与其共同居住生活的直系亲属，均可根据本人意愿办理城镇常住户口；已在小城镇办理的"蓝印户口"、地方城镇居民户口、自理口粮户口等，符合上述条件的，统一登记为城镇常住户口。这标志着包括县级市在内的全部小城镇已经废除了城乡二元户籍制度。不少地方采取了鼓励农民到小城镇居住和创业的政策。

2002年年初，劳动和社会保障部采取了5项具体措施，以维护农民工的合法权益。中共十六大报告提出了统筹城乡经济社会发展的战略思路，旨在突破传统的"城乡分割，一国两策"的治理格局。2002 年，公安部明确规定，对于进入小城镇和县级市的市区的农民，只要有稳定的居住地，有稳定的工作或者收入来源，就可以举家迁入或者个人迁入。现在，县级以下的城镇户口实际已经全面放开，并对地级市、省级市和直辖市形成了强烈冲击。2003 年 1 月，国务院办公厅发布了《国务院办公厅关于做好农民进城务工就业管理和服务工作的通知》，要求进一步提高对抓好农民进城务工就业管理和服务工作的认识；取消对农民进城务工就业的不合理限制；切实解决拖欠和克扣农民工工资的问题；做好农民工培训工作；多渠道安排农民工子女就学；加强对农民工的管理。[①] 这一规定具体落实了十六大精神，对从城乡统筹的战略高度引导农民流动进行了具体的规范。2004 年国务院办公厅发布的"中央 1 号文件"对农村劳动力转移工作更加重视，对农村劳动力外出就业提出了更加积极的鼓励性政策措施，明确要求各地进一步清理和取消对农民进城就业的歧视性规定和不合理收费，简化农民跨地区就业和进城务工的各种手续，防止变换手法向进城就业农民及用工单位乱收费等。

　　到 2007 年，全国已有 12 个省、自治区、直辖市相继取消了农业户口和非农业户口的二元户口性质划分，统一了城乡户口登记制度，统称为居民户口。当前，由国务院牵头，包括公安部、国家发展和改革委员会、人力资源和社会保障部等 14 个部委正在积极协商户籍改革的事情，户籍改革的目标是建立城乡统一的户口登记制度，放宽户口迁移限制，引导人口的合理有序流动。[②] 近几年来，全国大多数省市特别是大城市出台了农民工落户政策，成为我国现阶段户籍制度改革的主要内容。

二　户籍制度改革积极意义

　　改革开放以来，为适应经济和社会发展的需要，国家多次对现行户籍管理制度进行调整，如允许农民进入集镇落户，取消城市户口的粮油凭证

---

① 《国务院办公厅关于做好农民工进城务工就业管理和服务工作的通知》，《光明日报》2003 年 1 月 16 日。
② 廖卫华（记者）：《公安部等 14 个部委正协商户籍改革》，《成都商报》2008 年 3 月 4 日。

供应体系，有力地推动农村劳动力流动。但是，改革开放初期的户籍改革只部分地放松对农村人口流动的限制，各种制度壁垒仍然根深蒂固。总体来说，这一时期的改革对人口自由迁徙的作用不明显。随着改革的深化以及市场经济的发展，人口合理流动已经成为不可阻挡的潮流，20世纪90年代，更为深刻的户籍制度改革在我国展开。在改革城乡二元户籍制度方面，县域城镇户籍的放开虽然是从城市体系的底部开了口子，但产生了非常强烈的制度效应。它打破了行政分割造成的相互封闭的城乡关系，为农村经济在更为广阔的空间内进行生产要素的重组提供了条件。这些改革措施，推进了建立城乡统一的中华人民共和国居民户口体系的步伐。

在21世纪的户籍改革中，为促进劳动力在城乡之间、地区之间有序流动，通过小城镇户籍改革，为更大范围的人口合理流动创造了一个基础性的平台。通过城镇这个平台，农民与市场环境和城市生活更加接近，提高了农民在市场经济条件下的生存技能，为向大中城市的流动提供了一个阶梯。无论是小城镇无条件入户，还是大城市的投资入户、人才入户，还都只是全面户籍改革迈出的第一步，但这一步十分关键，为今后户籍制度的彻底改革奠定了基础。①

三　户籍制度改革中的矛盾与反思

当前，户籍制度改革虽然取得了很大成就，但户籍制度改革与实践并没有取得实质性突破，仍显得步履艰难，政策适应性不强、政策执行力不够。相关资料显示，目前我国的城镇化率超过52%，但人口的城镇化率只有35%，这是改革开放以来户籍制度改革不到位的鲜明写照。究其原因，我们认为这是由户籍制度改革自身存在的矛盾所决定的。

1. 全局性、系统性与局部改革的矛盾

在长期户籍改革实践中，受整个改革进程影响以及陈旧观念和习惯势力束缚，一直难以对户籍制度的全面改革提出方案，也没有进行过系统的

---

① 王海光：《2000年以来户籍制度改革的基本评估与政策分析——21世纪以来中国城镇化进程中的户籍制度改革问题研究之一》，《理论学刊》2009年第5期。

全面改革，多是"头痛医头、脚痛医脚"的应急措施或权宜之计，缺乏总体改革部署。① 现在形成了"百花齐放"的地方户改政策体系，如地方户籍制度改革基本上是限于解决本地农民的问题，外地农民及打工者并没有纳入政策范围内；户籍制度改革的主要精力放在小城镇和部分中西部地区的城市，而沿海发达城市和大城市户籍制度改革的步伐相对较慢；对落户农民的农村土地怎么处理，目前并没有一个明确的办法。目前关于落户城市农民的农村土地采取的是较为缓和的做法，各地做法不同，如重庆规定 3 年内不收回土地，广东就没有收回土地的相关规定等，这些均显示了当前我国户籍改革缺乏全局性和系统性。

2. 户籍制度改革本质目标构建与政策实施的矛盾

从理论上讲，当前无论是学术界还是决策部门已经对户籍制度改革的本质和目标形成了基本一致的认识，即通过彻底消除户籍背后的经济社会的各种差异化政策，建立以居住证为核心内容的人口管理制度，最终实现城乡人口的自由迁徙。但是，在政策实施中，理论与现实存在冲突。如在户籍迁移管理制度改革中，众多的城市不是以促进公民自由迁徙为目标，而是以有利于城市的资金、人才等要素聚集为目标，放宽了对人才落户的控制（很多城市规定外来人口只有在购房、投资、纳税等达到一定数额时才可以依据当地规定在该城市落户），此类做法有可能造成在取消身份壁垒的同时，又为人口的自由迁徙设定了经济壁垒。② 显然，这体现了城乡两个群体对户籍制度改革目标认识的差异。

3. 户籍制度本质功能和外在功能的矛盾

户籍制度的本质功能只有人口登记和人口统计两项基本功能，为国家制定经济社会政策提供相关依据。但是，在改革中，仍赋予了户籍制度以社会福利和公共服务等分配功能。在户籍制度形成中，我国先城市、后农村建立起来的城乡有别的户籍管理制度并没有带来户籍管理权益的差别。但是，当户籍和粮油供应、教育、劳动就业、退伍安置、医疗、养老等制度挂靠在一起后便产生了户籍权益差异。政府利用附于户籍之上的权益差

①　曹景椿：《户籍制度改革存在四大问题》，《农村工作通讯》2002 年第 6 期，第 42 页。
②　刘凡镇：《改革开放以来中国户籍法律制度改革评析》，《太原城市职业技术学院学报》2009 年第 12 期。

异控制人口的流动，改革前是如此，改革后虽然某些社会福利（如私人消费品国家补贴）被取消，但户籍制度的外在功能仍被政府作为城市人口增长的重要手段，特别是大城市、特大城市等为实现人口控制目标，户籍制度的作用是其他选项无法替代的。因此，从户籍制度的功能角度看，户籍制度改革的根本在于户籍权益的平等化，简单地取消户籍类别，或者仅仅剥离城市居民的户籍权益，都不足以推进户籍制度体系的变革。

4. 对户籍制度改革的方法、手段、路径认识不足

第一，户籍制度改革被部分城市作为吸引资本和人才的手段，但设置的购房准入门槛、人才标准过高，对农村人口进城落户不具普适性；第二，户籍制度改革缺乏各部门的协同配合，改革仅限于公安部门组织实施，国家其他相关职能部门没有相应的改革配套方案和措施；第三，户籍制度改革多停留在放开户籍层面，对触及深层次的社会福利制度的改革不彻底，对与户籍挂钩的教育、医疗、就业、住房等方面权益分配的改革更加难以深入。①

第二节　改革以来社会保障制度改革与实践

一　改革以来社会保障制度改革历程

（一）社会保障改革与探索阶段②

20 世纪 70 年代末，我国实行了改革开放的政策，随着经济体制和劳动制度改革的全面深入展开，中国的社会保障制度也相应进入调整和改革的阶段。1986 年 4 月，社会保障制度社会化作为国家—单位保障制的对立物首次正式载入《国民经济和社会发展第七个五年计划》，1986 年 7 月 12 日国务院发布《国营企业实行劳动合同制暂行规定》和《国营企业职工待业保险暂行规定》，明确规定国营企业用劳动合同制取代计划经济时代的"铁饭碗"，合同制工人的退休养老实行社会统筹，并由企

---

① 马瑞：《户籍制度改革的进程、现状及问题思考》，《中国集体经济》2010 年第 7 期。
② 肖文海、彭新万编著《中国社会主义市场经济理论》，经济管理出版社，2011，第149～155 页。

业与个人分担缴纳保险费的义务，首次在我国建立了国有企业待业保险管理制度，并实行了用工制度改革。这是我国养老制度改革的一大突破，它起到了稳定劳动合同制工人队伍的良好作用，也标志着中国社会保障制度在法规政策上有了重大变革。从 1986 年开始，国家—单位保障制真正开始向国家—社会保障制转变，中国的社会保障制度开始进入了制度重构时期。

1986～1993 年是我国社会保障制度改革的初步探索阶段。农村经济体制改革取得了巨大进展，主要是建立起以承包为主的多种形式的经济责任制，增强企业特别是大中型全民所有制企业的活力。因此，根据这一改革形势的需要，社会保障改革首先被作为企业改革的配套措施，以单位改革为突破口，在社会保险模式选择、保险费用分担等方面进行了积极探索，推动了企业改革的顺利进行。1991 年，国务院原则上通过了《关于企业职工养老保险制度改革的决定》，规定实行基本养老保险、企业补充养老保险和职工个人储蓄性养老保险相结合的养老保险制度，养老保险费由国家、企业、个人共同负担。统筹体制在全国范围内实施，由目前的市、县级统筹逐步过渡到省级统筹，在一定范围内解决了不同国有企业之间的负担不均问题。但改革仍存在一些问题，社会保障方面的"大锅饭"形式仍没有根本改变。[①]

（二）社会保障制度改革全面展开[②]

从 1993 年开始，我国的社会保障制度进入全面改革阶段。党的十四届三中全会通过了《中共中央关于建立社会主义市场经济体制若干问题的决定》（以下简称《决定》），把建立社会保障制度作为社会主义市场经济基本框架的五个组成部分之一，成为发展市场经济的重要文件。《决定》明确了我国社会保障体系的基本内容应包括社会保险、社会救济、社会福利、优抚安置和社会互助，"城镇职工养老和医疗保险金由单位和个人共同负担，实行社会统筹和个人账户相结合"，明确要求建立多层次的社会保障体系。这些原则在中国的社会保障改革中具有里程碑式的意

---

① 潘莉编著《中国社会保障的经济分析》，经济管理出版社，2006。
② 张宇主编《中国模式：改革开放三十年以来的中国经济》，中国经济出版社，2008。

义，首次提出养老保险个人账户的概念。1995 年，国务院发布了《关于深化企业职工养老保险制度改革的通知》，并同时出台了两个具体操作方案，该方案回避了以有效方式偿还老职工的养老金的问题，导致在各地实际的运行过程中，个人账户成为空账户，基金积累也并没有真正形成，没有按照十四届三中全会中所提出的目标真正建立个人账户，这引起社会各界的普遍关注。劳动部、国家经济体制改革委员会等部门经过协商后，形成了一个新方案，统一了全国城镇企业职工基本养老保险制度，实行社会统筹和个人账户相结合，于 1997 年 8 月公布。围绕这个基本方案，还提出了一些措施，如扩大养老金的覆盖范围、提高养老金的统筹层次、加强宏观调控、实行社会化的基金管理方式、制定职工养老保险基金管理条例、提高管理服务的社会化水平等。与 1995 年方案相比，新方案在统一制度、加强基金的社会化管理和提高统筹层次方面有所进步，但仍没有明确地提出如何解决老职工的养老金来源问题。

1998 年 3 月，中央组建了劳动和社会保障部，统一了社会保险的管理体制，改革目标是建立独立于企事业单位之外的社会保险体系，实现筹建渠道多元化、管理服务社会化。

2002 年，党的十六大报告对社会保障的认识进一步深化。报告指出，建立健全同经济发展水平相适应的社会保障体系，是社会稳定和国家长治久安的重要保证。要坚持社会统筹和个人账户相结合，完善城镇职工基本养老保险制度和基本医疗保险制度。要健全失业保障制度和城市居民最低生活保障制度。要多渠道筹集和积累社会保障基金。各地要根据实际情况合理确定社会保障的标准和水平。要发展城乡社会救济和社会福利事业。有条件的地方，要探索建立农村养老、医疗保险和最低生活保障制度。

2003 年，党的十六届三中全会继续强调要加快建设与经济发展水平相适应的社会保障体系，完善企业职工基本养老保险制度，健全失业保险制度，继续改革城镇职工基本医疗保险制度，完善城市居民最低生活保障制度。

2006 年，国家"十一五"规划着重强调必须加强和谐社会建设。"十一五"规划提出社会保障方面发展目标是社会保障覆盖面扩大，城镇基本养老保险覆盖人数达到 2.23 亿人，新型农村合作医疗覆盖率提高到 80%以上。

2007 年党的十七大提出完善"以社会保险、社会救助、社会福利为基础，以基本养老、基本医疗和最低生活保障制度为重点"的社会保障体系。

2008 年，为了进一步理顺社会保障管理，国务院组建人力资源和社会保障部，统一管理和实施机关事业单位和企业的社会保障。

2012 年党的十八大提出："要建立全覆盖、保基本、多层次、可持续方针，以增强公平性、适应流动性、保证可持续性为重点，全面建成覆盖城乡居民的社会保障体系。"

二　当前我国社会保障制度改革实施情况与成效

（一）当前我国社会保障改革与实践的基本情况①

截至 2012 年底，党的十七大提出的完善"以社会保险、社会救助、社会福利为基础，以基本养老、基本医疗和最低生活保障制度为重点"的社会保障体系目标基本实现。

1. 基本养老保障情况

基本养老保险基本覆盖，企业职工基本养老保险已覆盖全国所有县，新型农村社会养老保险（以下简称新农保）已覆盖 90% 的县。截至 2012 年末，全国参加城镇职工基本养老保险人数达 30379 万人，比上年末增加 1988 万人。其中，参保职工 22978 万人，参保离退休人员 7401 万人。全国参加城乡居民社会养老保险人数达 48370 万人，增加 15187 万人。其中，享受待遇人数达 13075 万人。

2. 医疗保障情况

基本医疗保险实现全覆盖，城镇职工基本医疗保险、城镇居民基本医疗保险和新型农村合作医疗（以下简称新农合）制度体系覆盖全国所有县。2012 年末，参加城镇基本医疗保险的人数达 53589 万人，增加 6246 万人。其中，参加城镇职工基本医疗保险人数达 26467 万人，参加城镇居民基本医疗保险人数达 27122 万人。参加城镇基本医疗保险的农民工达 4996 万人，增加 355 万人。参保人数合计超过 13 亿人。

---

① 中华人民共和国国家统计局：《中华人民共和国 2012 年国民经济和社会发展统计公报》，《人民日报》2013 年 2 月 23 日；《全国社会保障资金审计结果》，《中国审计报》2012 年 8 月 3 日。

3. 失业保障情况

失业、工伤和生育保险与企业职工基本养老、城镇职工基本医疗保险同步开展。参加失业保险的人数达 15225 万人，增加 908 万人。2012 年末全国领取失业保险金人数达 204 万人。参加工伤保险的人数达 18993 万人，增加 1297 万人，其中参加工伤保险的农民工 7173 万人，增加 345 万人。参加生育保险的人数 15445 万人，增加 1553 万人。

4. 农村医疗保障情况

2012 年末，2566 个县（市、区）开展了新型农村合作医疗工作，新型农村合作医疗参合率达 98.1%；2012 年 1~9 月新型农村合作医疗基金支出总额为 1717 亿元，受益 11.5 亿人次。2012 年，按照农村扶贫标准年人均纯收入 2300 元（2010 年不变价），2012 年末农村贫困人口为 9899 万人，比上年末减少 2339 万人。

5. 社会保障资金基本保证

社会保障资金主要有两种筹集模式，其中社会保险基金主要来源于单位缴费、个人缴费以及财政投入，社会救助和社会福利资金主要来源于财政投入。2011 年，18 项社会保障资金共计收入 28402.05 亿元，支出 21100.17 亿元，2011 年末累计结余 31118.59 亿元，分别比 2005 年增长 312.79%、299.78% 和 435.24%。[①] 在 2011 年的 18 项社会保障资金财政投入中，中央和地方财政分别投入 4508.76 亿元、3046.58 亿元，分别比 2005 年增长 534.15% 和 632.01%，中央财政对社会保险、社会救助和社会福利的投入分别占 60.67%、64.74% 和 15.27%。总之，我国社会保障资金规模不断扩大，资金总体安全完整，基金运行平稳规范，有效保证了各项社会保障待遇支付。

6. 其他险种

截至 2011 年底，地方试点或开展的机关事业单位养老保险、被征地农民养老保险、外来务工人员大病医疗保险等其他险种参保人数共计 3832.53 万人。

另外，以城市居民最低生活保障和农村最低生活保障为主体，包括城

---

① 中华人民共和国审计署：《2012 年第 34 号公告：全国社会保障资金审计结果》。

市和农村医疗救助、农村五保供养和自然灾害生活救助等构成的社会救助制度体系在全国范围内实现了全覆盖；以扶老、助残、救孤为重点，包括老年人福利、残疾人福利和儿童福利等构成的社会福利制度逐步健全。

（二）社会保障制度改革的成效

综观社会保障改革与发展的30多年历史，从制度建设的角度看，有三个方面的重要成效。①

1. 社会保障实现了"社会化"

改革开放前的我国社会保障制度，实行的是以公有制经济单位（城镇企事业单位）为实施单位，以国家财政兜底（不会使经济单位破产）为特色的"单位保障"模式。采用现收现付的运行方式，个人不直接负担保障费用，按照国家规定的社会身份（如干部、工人等）实行差别化保障待遇。"单位保障"制度是计划经济体制的产物，与国有企业的性质密切相关，并成为政府与企业角色错位的典型体现。企业（单位）办社会形成了"单位保障"制度而不是社会化的保障制度。实行改革开放政策以后，"单位保障"制度越来越不适应企业竞争和劳动力流动的要求，迫切需要建立独立于企业之外的社会化的保障制度。社会保障改革从根本上解决了这个问题，不但建立起了社会化的新型社会保障制度，也使职工从"单位人"转变成为"社会人"。

2. 社会保障实现了"多元化"

新制度改变了国家兜底、单位负责的"福利"保障模式，社会保障责任在国家、单位和个人之间进行了合理的分摊，资金筹集模式从单一主体走向多元化。改革也强调建立多层次的社会保障体系，以适应不同层次的需求，增加新制度的弹性。

3. 创立了"社会统筹与个人账户相结合"的具有中国特色的社会保险制度

在城镇职工基本养老、基本医疗保险制度框架内，设立个人账户制度，作为"基本"保险（也即国外通常所谓的"第一支柱"）制度的组

---

① 肖文海、彭新万编著《中国社会主义市场经济理论》，经济管理出版社，2011，第149～155页。

成部分，而不是一般意义上的"补充"保险（第二支柱），这体现了"中国特色"。"统账结合"把社会保险基金运行的现收现付制度与基金积累制度结合起来，是一种"混账"（按制度设计，社会统筹基金和个人账户基金应分开核算、分别管理，但实际上做不到，难免互相挪用）管理的部分积累制度或者混合模式。这种改革方案在世界社会保障制度发展史上是一次新的尝试，但也面临着如何处理好社会统筹与个人账户关系的难题。建立"个人账户"的主要目的是引入个人激励机制，强调效率因素。在"统账结合"框架下，保障待遇与"贡献"挂钩而不是与"身份"挂钩，注重了权利与义务的统一、公平与效益的统一。个人账户的引进，为今后社会保障基金营运和业务管理的"市场化"埋下了伏笔。

　　总之，当前我国已基本建成了一个世界上覆盖人口最多的社会保障网络，有力促进了社会公平，使人民群众生活得到了明显改善。从"十一五"到现在，社会保障水平有了明显提高。[①] ①从基本养老保险看，2005～2011年，国家连续7次调增企业职工基本养老保险待遇水平，年均增长13.40%，由2005年的每人每月713.25元提高到2011年的每人每月1516.68元，比同期居民消费价格指数（CPI）平均上涨幅度高出10.03个百分点。②从基本医疗保险看，城镇职工基本医疗保险、城镇居民基本医疗保险和新农合在国家基本医疗保险"三个目录"政策范围内的报销比例逐年提高，到2011年分别达到了77%、62%和70%。基本医疗保险的实际报销比例近年来也稳步上升，农村尤为显著。城镇职工基本医疗保险、城镇居民基本医疗保险实际报销比例分别由2005年的58.91%和45.00%提高到2011年的64.10%和52.28%，分别增长8.81%和16.18%；新农合和城乡居民医疗保险实际报销比例分别由2005年的24.80%和23.78%提高到2011年的49.20%和44.87%，分别增长98.39%和88.69%。③从最低生活保障看，城市居民和农村最低生活保障平均标准分别由2005年的月人均154.30元和74.83元提高到2011年的月人均288.04元和140.29元，分别增长86.68%和87.48%；月人均

---

　　① 中华人民共和国审计署：《2012年第34号公告：全国社会保障资金审计结果》。

补助水平分别由 2005 年的 73. 34 元和 28. 37 元提高到 2011 年的 227. 92 元和 100. 07 元，分别增长 210. 77% 和 252. 73% 。④较好解决了历史遗留和特殊群体保障问题，促进了社会和谐稳定。"十一五"以来，各级政府不断加大解决社会保障历史遗留问题的力度，不断改善被征地农民、低收入和特殊困难群体生活条件，为工业化、城镇化和国有企业改革提供了良好环境。截至 2011 年底，累计将 500 多万未参保集体企业退休人员和 2090 万被征地农民纳入养老保障。

三　社会保障制度改革存在的主要问题与原因

虽然经过 30 余年的改革，特别是近 10 年社会保障制度改革，我国社会保障制度体系取得很大的进步，但是不可否认，我国当前的社会保障呈现两个特点：一是从总体上看，我国居民的社会保障水平与发达国家存在较大差距，全覆盖还只处在保基本的层次上，还不足以应对市场经济所带来的风险；二是以城市为中心的保障制度建设理论导致农村社会保障水平又与城市社会保障存在很大差距，这些差距表现是全方位的。

究其原因，这与我国社会保障制度改革的思维和路径密切相关。我国社会保障制度改革主要是采取分人群设计、分部门管理、分地区实施的方式，相关制度衔接不够和分散、交叉等缺陷逐渐显露，制度间的协调性欠缺是当前我国社会保障制度建设的主要问题，主要表现在以下方面。

1. 社会保障运行机制不完善

目前，社会保障各项业务由多个部门分别管理，由不同经办机构经办，征收机构也不统一，部门间工作衔接不够，一定程度上影响了政策执行的总体效果。如基本医疗保险、医疗救助由多个部门分别管理，相互间工作缺乏有效的协调机制，加上部分地区社会救助基层服务能力不足、管理比较薄弱、工作手段比较落后等原因，导致国家用医疗救助资金资助困难群众参加医疗保险的政策在一些地区未得到完全落实。再如，基本养老保险、基本医疗保险中的"统账结合"基金模式缺乏规范性，导致"空账"与"混账"。

2. 管理机制不规范不统一

截至 2011 年底，全国社保经办机构有 1. 19 万个，保证了我国社保工作开展的人员需要，满足了社保事业发展的需要。但是庞大的机构也带来一定的负面效应，中央、省、市、县、乡（镇）五级经办机构，信息分散、中间环节多，各地社保机构又缺乏统一的管理体制和运行机制，在业务流程、业务管理、相关政策落实等方面存在差异。截至 2011 年底，我国有 28 个省本级、217 个市本级和 1189 个县成立了社保监督委员会，但是社保监督委员会所起的作用不大，违规违纪问题层出不穷。同时，城乡社保管理体制也不统一。城镇的社会保障基金是由中央政府通过人力资源和社会保障部统一集中管理，农村的社会保障基金并没有形成统一管理的格局，是由地方各级政府的下属机构来管理的。农村社会保障没有统一的管理部门，各项保障事业缺乏有效的沟通，统一操作难度大，资金保值增值的能力差，与城镇还有很大的差距。①

3. 各地实行的保障政策尚不完全统一

从缴费政策看，截至 2011 年底，21 个省本级、201 个市本级和 1252 个县未按《社会保险法》的规定以单位职工工资总额为单位缴费基数；全国实际执行的企业职工基本养老保险单位缴费比例共有 16 种，最高为 22%，最低为 10%，有 8 个省份尚未实现省内缴费比例统一，有的省份缴费比例多达 12 种。另外，5 个省本级、4 个市本级和 8 个县自定政策降低社会保险费缴费比例或缴费基数，少征保费收入 517.34 亿元；3 个省本级、6 个市本级和 9 个县自定政策，对社会保险的参保年龄、户籍等参保条件做出限制；16 个非独立行政区划的开发区执行不同于当地的社会保险政策。

4. 部分险种间尚未完全实现有效衔接

目前，社会保险各项制度是分人群设计的，相互间尚未制定明确的衔接办法，即便同一险种各地执行的政策也有差异，从而造成重复参保和转移接续困难问题。截至 2011 年底，112.42 万人重复参加企业职工基本养老保险、新农保或城居保，1086.11 万人重复参加新农合、城镇居民或城镇职工基本医疗保险，造成财政多补贴 17.69 亿元；全国共有 240.40 万人跨省拥有两个以上企业职工基本养老保险个人账户。

---

① 寻兴秀：《城乡统筹视域下农村社会保障体系建设》，山东财经大学博士学位论文，2012。

5. 信息化建设滞后

当前，全国仍未建成统一的信息化平台。审计数据显示，截至 2011 年底，新农合和最低生活保障分别有 336 个县和 1657 个县尚未实行信息化管理；尽管近年来有关部门加强了新农保信息化建设，但仍有 472 个县的新农保未实行信息化管理。各地累计投入并使用 89.57 亿元建成的社会保障信息系统，由于标准尚不统一，数据较为分散，不同程度地存在信息"孤岛"现象。这些都在一定程度上导致我国社保机构办事效率低，难以实现社会统筹。因此，减少重复建设，缩短经办流程，提高经办机构能力，从法律上强化监管力度，制定相关的法规条例，同时加快信息化建设，这是提高社保经办机构办事效率、促进社会保障事业发展的关键。[1]

6. "重城轻农"的改革理念导致农村社会保障制度建设滞后

虽然近几年来我国农村社会保障得到了长足的发展，但受我国长期实行的城乡二元经济结构和社会结构的深刻影响，城乡社会保障制度在社会保障项目、覆盖城乡居民面积、政府财政支出和管理体制方面都存在差异，这些差异与统筹城乡的战略不相符。

（1）保障项目存在差距。当前我国城市社会保障制度的项目相当齐全，五大社会保险、社会救助、社会优抚和社会福利等各项制度都已经全面建立，而农村的社会保障项目集中在社会救助项目上，社会保险只有养老保险和医疗保险才开始铺开。其中，社会保险主要包括养老保险、医疗保险、工伤保险、失业保险和生育保险，城镇居民已经普遍享有养老保险和医疗保险。农民几乎不享有生育、失业和工伤等社会保险。

（2）保障水平存在差距。我国农村社会保障水平长期处于低于 1% 的水平，城镇社会保障水平是农村社会保障水平的 10 倍左右。2009 年城镇居民人均社会保障支出是 2805.37 元，农村居民人均社会保障支出是 236.50 元，前者是后者的 11.86 倍。《中国卫生事业发展情况统计公报》

---

① 李春根、应丽：《透过全国社会保障审计报告看四大问题》，《审计与理财》2013 年第 2 期。

显示，2010 年我国卫生总费用中，城市占 77.6%，农村占 22.4%；城市人均卫生费用为 2315.5 元，农村人均卫生费用为 666.3 元，前者是后者的 3.5 倍。[1]

（3）财政支出分配存在差距。根据相关资料统计分析，从 20 世纪 90年代初到 2005 年期间，我国城镇人均社会保障支出占人均 GDP 的 15%，而农村居民人均社会保障支出仅占人均 GDP 的 0.18%，城镇人均享受的社会保障费用支出是农村的 80 倍还多。[2]

四　社会保障制度改革与实践中的矛盾与冲突[3]

透过现象看本质，上述社会保障制度存在的问题从系统学的角度看，是源于社会保障制度形成中自身的矛盾和冲突。

（一）社会保障制度内部冲突

1. 社会保障制度理念与社会保障制度实践的冲突

理念是社会保障制度制定的基础，社会保障理念是一种观念化形态的社会保障制度，社会保障制度则是社会保障理念在现实世界中的反映。我国社会保障制度中存在很严重的"官本位""事本位"等理念与现实的民主意识之间的冲突。以医疗保险为例，20 世纪 90 年代初，由于受到财政收入的制约，政府一方面减少了对整个医疗保障的财政投入，让公立医疗机构自谋出路，并允许其适当增加业务收入；另一方面却仍然坚持政府主导公立医院的做法，形成了"保而不办"的局面。

社会保障制度项目是社会保障制度理念的外化，社会保障制度理念的冲突直接导致社会保障制度与社会保障项目的冲突。一是社会保障项目内部之间的不协调与冲突。社会保障制度内部冲突主要是指同一个社会保障项目在制定和实施过程中出现前后不一致甚至相互矛盾的情况，

---

[1]　赵晓芳：《中国城乡社会保障水平差异：危害与化解》，《石家庄经济学院学报》2012 年第 5 期。

[2]　杨翠迎：《中国社会保障制度的城乡差异及统筹改革思路》，《浙江大学学报》（人文社会科学版）2004 年第 3 期。

[3]　本部分主要参考了韩经超《改革开放以来中国社会保障制度冲突研究》，吉林大学博士学位论文，2009。

如在社会保障项目内部存在资金筹集与支付之间的冲突问题。二是社会保障项目之间的冲突。社会保障项目之间的冲突主要是指社会保障管理部门在制定社会保障制度过程中缺乏相互沟通，导致社会保障制度体系不连贯、不协调，甚至相互冲突，如社会保险、社会救助及社会福利政策制定主体不统一，导致"政出多门"，部门之间协调不力，社会保障制度各个项目之间缺乏有效的联系和配合，项目之间出现了彼此冲突现象。

2. 社会保障制度目标与现实需求冲突

一般来说，社会保障制度目标分为三个层次：一是基本目标，即保障居民基本生活，维持劳动力再生产能力；二是中层目标，即促进社会的稳定与发展，也可以称之为政治目标、经济目标以及社会目标；三是终极目标，即实现社会的公平、正义，实现人与社会的全面发展，促进人的自由与人的解放。然而，虽然社会保障制度存在多个目标，但其基本目标只能有一个，那就是在保障人民基本生活，尤其是在经济社会发展水平较低的时期，"保障民众基本生活"这个基本目标必须明确，其他目标的设定应该主要围绕这一目标展开，而不是相互颠倒，甚至以牺牲"基本生活目标"为代价去追求"经济的"或者"政治的"目标。从系统论角度来看，在一个系统内可以同时存在多个目标，这些目标之间相互配合，并围绕着最为核心的目标展开，那么该系统的稳定性就较好。我国社会保障政策目标系统也是由这三个方面组成的，这三个目标制定上存在较大的差别，甚至相互冲突，并存在与现实脱节现象。在现实中，社会保障制度是一种政府投入多却见效慢的项目，是一种公共产品，具有非营利性。但是，这些民生工程在短期内看不到任何效益，却要挤占发展其他项目所需要的资金。政府特别是地方政府在财政的分配上会倾向经济建设项目，进而引发经济建设与社会保障制度建设之间的矛盾冲突。

3. 社会保障目标相互冲突

我国社会保障制度目标相互冲突情况主要表现在：一方面，由于过于强调作为"经济体制改革的配套工程"的经济目标和作为"社会的稳定器"的政治目标，致使"保障基本生活"的民生目标让位于经济和政治目标，这往往使得社会保障制度的民生目标反倒被置之脑后。另一方面，因为过于强调社会保障制度是"社会的稳定器"，致使政府对长远的制度建设所投入的成本（包括机会成本）远远不及对"花钱买稳定"的临时性应急措施的投入。

（二）社会保障制度外部冲突

1. 社会保障制度与社会结构的冲突

随着社会经济的发展，社会结构也发生了重大变化，这些结构的变化与社会保障制度产生了冲突。一是劳动力就业结构的变动与就业保险制度的冲突。现实中，农民工与其他城市职工一样从事职业工作，但他们没有享受到应有的社会保障，这是当前社会保障中最突出也最亟须处理好的问题。二是人口年龄结构与养老保险制度发生冲突。现阶段我国人口结构表现为人口老龄化的到来以及家庭结构的核心化。核心家庭的增多、联合家庭以及大家庭的减少使得"四二一"代际养老模式大量出现，这就与传统的居家养老模式发生了冲突，也与广大农村居民缺乏社会养老保障制度而依赖传统的家庭养老制度之间发生了冲突。同时，人口老龄化的快速到来也与现有的社会保障设施不足之间发生直接冲突。另外，城乡一体化快速发展与社会保障建设的滞后性之间也产生冲突。

2. 社会保障制度与社会文化的冲突

社会保障制度的制定与实施、社会保障制度的实施目标与实际效果是否发生冲突在很大程度上与这个社会的社会保障文化与社会保障心理等因素紧密相连。政府在完善城镇社会保障制度的同时逐渐意识到对农民等社会弱势群体进行保障的重要性，想方设法地为农民建立新型农村合作医疗制度、新型农村社会养老保险制度。然而这个制度在实施过程中遇到很多问题，与农村社会中农民的日常生活发生了冲突。例如，有的农民没有风险意识，没有为应对将来的养老与疾病风险购买保障；有的农民对于合作医疗抱着侥幸心理，认为自己"身体好好的，白白浪费钱参加合作医疗，甚至认为在诅咒自己得病"。总之，一些短视的小农文化意识、浓厚的家族观念以及薄弱的社会保障意识与政府大力推广农村社会保障制度之间发生冲突。

第三节 改革以来农村土地制度改革与实践

一 改革开放后农村土地产权制度变迁

改革开放以来，我国农地产权制度变迁主要经历了家庭联产承包责任制的建立、家庭联产承包责任制的稳固和在家庭承包下的深化农地流转制度改革三个阶段。

（一）家庭联产承包责任制的确立：1979～1983年

在20世纪50年代建立人民公社制度并不是建立在生产力发展水平之上，而是用合并的方法按社区单位进行，它迅速改变的只是所有制形式、劳动组织形式和管理体制、劳动成果的分配方式，却无法改变农业生产力由低到高的客观发展过程。从产权角度讲，人民公社体制主要是产权弱化（产权残缺）所引致的剩余合约和剩余享益缺乏激励；[1] 同时，这种产权弱化又必然导致劳动监督成本过高和劳动激励过低的问题。[2] 这使得我国农业生产进入了一个长达20余年的极低速增长甚至是停滞的阶段。1950～1952年，我国粮食年增长率是13.1%，到1957～1978年人民公社化时期急剧下降为2.1%，并且此间波动甚大。如果考虑到"浮夸风"和农业技术进步的因素，这个效率是极其低下的，不是正增长，而是负增长。在长达20余年的时间里，全国人均占有的主要农产品产量几乎没有增加，甚至还有所下降，1979年比1957年还减少了8公斤（人口增长也是重要原因），每个农业人口提供给社会的农产品产量明显下降。[3] 显然，这种内生于人民公社体制的农业危机是其本身难以逾越和克服的，必须通过彻底的制度变革才能解决。家庭联产承包责任制在这种环境下逐渐形成并最终确立。

家庭联产承包责任制的最初形态是包产到户。其实，包产到户自合作化时期出现以来，一直处于非法地位，即使到了1978年底的党的决议中，

---

[1] 陈剑波：《人民公社的产权制度——对排他性受到严格限制的产权体系所进行的制度分析》，《经济研究》1994年第7期。

[2] 王景新：《中国农村土地制度的世纪变革》，中国经济出版社，2001，第16页。

[3] 陆文强：《中国农村家庭承包制的形成与发展》，《中国经济史研究》1994年第2期。

包产到户也被明确在禁止之列。十一届三中全会以后，包产到户首先从安徽的凤阳、肥西兴起。1980年5月邓小平同志发表了《关于农村政策问题》的著名讲话，稳定了人心，支持了农村的改革。1980年9月，中共中央在对全国农村情况进行调查研究的基础上，召开了省、区、市党委书记座谈会，并形成了会议纪要《关于进一步加强和完善农业生产责任制的几个问题》，即中央1号文件。文件明确规定："应当支持群众的要求，既可以包产到户，也可以包干到户"，一切"有利于增加生产，增加收入，增加商品的责任制形式，都是好的和可行的，都应加以支持，而不可拘泥于一种模式，搞一刀切"。① 党中央的决定，进一步调动了亿万农民的积极性和创造性。1981年底，全国农村工作会议召开。1982年1月中共中央批转了这次会议通过的《全国农村工作会议纪要》，作为中央1号文件印发。文件明确指出，目前实行的各种责任制包括小段包工定额计酬，专业承包联产计酬，联产到劳，包产到户、到组，包干到户、到组等，都是社会主义集体经济的生产责任制，它"不同于合作化以前的小私有的个体经济，而是社会主义农业经济的组成部分"，既明确了包产到户的性质，又阐明了它的合法地位。1983年1月，中共中央在1号文件（《当前农村经济政策的若干问题》）中指出，家庭联产承包责任制是在党的领导下我国农民的伟大创造，是马克思主义农业合作化理论在我国实践中的新发展。1983年，全国实行承包制（双包到户）的生产队比重达到95%以上。② 1984年1月中央1号文件（《关于1984年农村工作的通知》）又指出，农业生产责任制是农村发展中的新生事物，是新的生产力的代表。土地承包期一般应延长到15年以上。1984年12月底，全国实行承包制的生产队达到99.9%。③ 从十一届三中全会到1984年，家庭联产承包责任制从局部地区发端并扩展到全国各地，最终被确认为农村的基本经营制度。

（二）家庭联产承包责任制的稳固及农地流转逐步实施：1984~2001年

政策的放开，极大推动了农村土地产权制度的变迁。1984年中共中

---

① 中共中央文献研究室编《三中全会以来重要文献选编》上卷，人民出版社，1982，第545页。

② 陈吉元等：《中国农村社会经济变迁（1949~1989）》，山西经济出版社，1993，第500页。

③ 王景新：《中国农村土地制度的世纪变革》，中国经济出版社，2001，第21页。

央 1 号文件则强调继续稳定和完善家庭联产承包责任制,延长土地承包期。为鼓励农民对土地的投资,文件规定土地承包期一般应在 15 年以上。为促使以家庭承包经营为主的责任制长期稳定,中央开始通过法制化手段强化稳固责任制。

1993 年 11 月,中共中央、国务院发出《关于当前农业和农村经济发展的若干政策措施》,决定在原有的耕地承包到期之后,再延长 30 年不变。这个文件与 1984 年的 1 号文件相比,在农村土地政策安排上有三个明显的不同:一是承包期变长了,由原来的 15 年变为 30 年;二是提倡"增人不增地,减人不减地",这主要是针对第一轮承包过程中出现的频繁调地的现象而提出;三是提出了在有条件的地方实行适度规模经营,主要是针对经济较发达地区从事农业的机会成本高,要提高劳动生产率,必须实行规模经营。① 1997 年中共中央出台的《中共中央、国务院关于一九九七年农业和农村工作的意见》对第二轮土地承包工作进行了进一步的规范。1998 年 8 月 29 日,第九届全国人民代表大会常务委员会第四次会议修订通过的《中华人民共和国土地管理法》第十四条规定,"土地承包期限为三十年","农民的土地承包经营权受法律保护"。"延长土地承包期三十年"的政策首次以法律条文的形式体现出来。这意味着农民拥有的土地使用权不仅将实现长期化,而且有了法律保障。②

1999 年,中共中央、国务院《关于做好 1999 年农业和农村工作的意见》指出,延长土地承包期的工作已进入收尾阶段,各地要严格按照中央的有关政策,抓好后续完善工作,一定要在 1999 年全面完成这项工作。承包期一律延长 30 年,承包合同和承包土地经营权证书全部签发到户。2000 年,中共中央、国务院《关于做好 2000 年农业和农村工作的意见》指出,目前全国延长土地承包期工作已基本结束,加强土地承包管理,重点是建立健全承包合同的各项管理制度,建立合同档案,及时调处纠纷,组织合同兑现。没有颁发土地承包经营权证书的,必须尽快

---

① 宋洪远:《改革以来中国农业和农村经济政策演变》,中国经济出版社,2000,第 14~19 页。
② 陈海秋:《建国以来农村土地制度的历史变迁》,《南都学坛》2002 年第 5 期。

发放到户。① 2000 年后，土地承包方面主要是在做好二轮承包后续完善工作的同时，加快农村家庭承包经营制度的法制化建设。2002 年 8 月 29 日，第九届全国人大常委会审议通过《中华人民共和国农村土地承包法》。② 该法从法律层面体现对于合法土地承包经营权的保护，是我国第一部规定土地承包所涉及问题的法律，标志着我国农村土地承包走上了法制化轨道。③

（三）法律保护农民土地权益，进一步探索农地有效流转机制：2002 年至今

自 2002 年起，我国的农村土地产权制度改革沿着两条主线向纵深推进，一条主线是以法律的形式规范土地承包制度，另一条主线是对农村土地征用制度和建设用地制度进行改革。在此基础上全国各地也开始了对土地流转制度创新的探索。①立法保护农民土地权益。土地承包制度的立法主要是从以下几个方面进行：2004 年我国颁布的《农村土地承包经营权证管理办法》首次以法律凭证的方式确认了农户对承包土地的经营权，旨在加强对土地承包经营的规范管理。2007 年 10 月 1 日《物权法》正式实施，将土地承包经营权明确界定为用益物权的一种，为土地更开放地流转和财产权实现奠定了法理基础。2010 年中央 1 号文件提出将农村集体土地所有权及集体建设用地、宅基地、耕地、山林的使用权和经营权确权发证工作纳入未来三年工作中，至 2012 年年底实现农村土地确权的全覆盖。对于集体土地所有权要确认到具体的集体经济组织，集体土地包括集体所有的建设用地、农用地和未利用地。这些法律文件，既稳定了承包关系，又规范了农村土地流转。②规范农村土地征用制度。2004 年，中央 1 号文件要求各级政府落实耕地保护制度并积极探索集体非农建设用地入市的途径和办法。同年，全国人大第二次修订了《中华人民共和国土地管理法》。《中华人民共和国土地管理法》第四条强调了国家对土地实行用

---

① 宋洪远等：《"九五"时期的农业和农村经济政策》，中国农业出版社，2002，第 50 页。
② 《农村土地承包法》是调整、规范农村土地承包中的权利和义务关系的法律总称，共有 5 章 65 条，分为总则、家庭承包、其他方式的承包、争议的解决和法律责任、附则，2003 年 3 月 1 日施行。
③ 宋洪远等编著《"十五"时期农业和农村政策回顾与评价》，中国农业出版社，2006，第 19~20 页。

途管制制度，严格限制农用地转为建设用地，并明确定义了农用地、建设用地和未用地。2008 年中央出台的 1 号文件要求严格农村集体建设用地的管理，禁止通过"以租代征"等方式提供建设用地，禁止城镇居民购买农村宅基地或"小产权房"，2010 年国务院发布《关于严格规范城乡建设用地增减挂钩试点切实做好农村土地整治工作的通知》，实行城镇建设用地和农村建设用地增减挂钩，缓解建设用地刚性需求与耕地面积硬性约束之间的矛盾。2010 年，国土资源部发出《关于进一步做好征地管理工作的通知》，该通知是继《关于完善征地补偿安置制度的指导意见》之后征地管理方面最全面的文件。③创新农村土地流转制度。2008 年 10 月 12 日中国共产党第十七届三中全会通过《中共中央关于推进农村改革发展若干重大问题的决定》明确规定："加强土地承包经营权流转管理和服务，建立健全土地承包经营权流转市场，按照依法自愿有偿原则，允许农民以转包、出租、互换、转让、股份合作等形式流转土地承包经营权，发展多种形式的适度规模经营。"在保证土地用途的前提下，可以进行土地流转，发展多种形式的规模经济。为此，出现许多具有地方特色的农地流转模式，如天津的"宅基地换房"、浙江嘉兴的"两分两换"以及重庆的"地票交易制度"。

二　政策效果

（一）积极意义

1. 解决了农业生产的激励和效率问题

农地家庭联产承包责任制的确立、稳固及农地使用权流转等制度创新，从本质上讲，是农民逐渐获得农地产权的过程，"自由"支配成为农民土地权利的主要特征。这有效地促进了农地的流转和集中，推进了农业规模经营，极大地提高了农业生产效率。

2. 推动了工业化和城市化的进程

家庭联产承包责任制实施后，土地关系的两权分离不仅是保证土地得以正常使用的条件，也是培育土地市场的基础，对于农村生产要素的重组和资源利用效率的提高都具有重要作用。家庭联产承包责任制实施后释放了大量的农村劳动力，越来越多的农民从农村涌入城市，从事第

二、第三产业，并融入城市化和工业化的进程当中，成为当前我国工业化和城市化进程中的重要力量。

3. 农村土地集体所有权与家庭承包经营权相分离

家庭联产承包责任制的实施，用农民家庭对土地的承包经营权再次实现了农民与土地这一主要生产资料的直接结合，重新实现了"耕者有其田"这一价值目标。同时，这种农民家庭对土地的承包经营权又是以土地的社区集体所有为前提的，土地集体所有权的存在，又避免了农民因两极分化与土地兼并而失去土地的后果。①

4. 农民与土地的关系逐步市场化

近些年来，全国各地出现的"两田制"和"三田制"、规模经营、农业产业化、农村土地股份合作制、农地使用权流转等，是农民与土地关系逐步向市场化转变过程中的新形式，它们都通过不同的形式体现农民与土地通过市场实现合理和优化资源配置这样一种趋势，也都以其明显的成效从不同的方面推进这一过程。因此，农民与土地通过市场实现合理配置使二者真正形成市场主体与市场客体之间的关系，逐步实现了在国家宏观调控之下以市场为基础方式配置劳动力资源和要素性资源的目标。

（二）农地制度的实践困境

当前，农村土地对农民而言既是一种生存权利（土地保障），又是一种发展权利（财产权利）。但是，制度的现实运行与决策者的制度变迁预期目标存在较大差异，出现了很多损害农民土地权益、不利于农业发展的现象。一是借统筹城乡发展之名，挤压农村发展空间。许多地区出现农民"被上楼"现象，许多乡村被城镇化，不仅损害了农民正常的生活，而且严重制约了农村未来的发展空间。二是以推进城镇化为由，侵犯农民的土地财产权利。一些地方在推进工业化、城市化的进程中，通过征地，政府单向定价获取"低成本"土地，把应该属于农民的财产权剥夺，侵犯农民土地权利。三是以实现耕地"占补平衡"之名，行破坏耕地资源之实。许多地方在"占补平衡"中以次充好、以假乱真，破坏了耕地资源，使耕地质量总体下降，同时也破坏了生态环境。四是以

---

① 雷原：《家庭土地承包制研究》，兰州大学出版社，1999，第77～79页。

土地制度创新的名义，侵蚀和挤压农民的土地权益。一些地方政府在通过农地流转平台收回农民土地经营权、推进农业规模经营的过程中，以各种名义把农地变相改成非农用地，严重影响了农业发展和粮食等主要农产品的供给。①

三　对制度改革方法的认识

之所以会出现上述问题，我们认为，在农地制度变迁中存在的以下两个问题值得思考。

1. 没有充分考虑到农地制度改革的系统性和整体性

基于农地在农村经济社会发展中的基础性地位和农地制度的复杂性，农地制度的改革不是一个单一工程，而是一个系统工程，需要其他制度与其配套，改革设计必须放在一个大的背景下，考虑不同制度间的相互影响，全面推进改革。另外，农地制度改革措施之间也存在内在联系，关联度较高，一般均是同时采用，如农地流转与增减挂钩。因此，在设计中，土地制度本身的改革也必须整体推进、通盘考虑。但是，从当前有关农地制度的内容和实践中产生的问题看，农地制度的系统性和整体性不够，没有从与其他制度联动改革的视角进行制度创新，使新制度没有发挥出其应有的作用，如"浙江模式"——农地发展权异地置换，由于地区间没有形成一致的制度改革，这一本身值得深化推广的模式受到严重束缚。

2. 农地制度改革的最终目的和方向不明确

为什么要进行农地制度改革，改革之后应该达到什么目的，必须了然于心。当前，关于农地改革的最终目标和方向还没有形成统一的认识。学术界就提出了四种改革目标，但没有形成统一的认识。另外，农地制度改革的方向虽然主要观点都集中于农地的产权问题，但对于建立什么样的产权结构没有形成一致的观点。另外，农地制度改革的目的是促进农地流转还是最终实现农地的财产权等都没有取得一致的意见。我们认为，农地制

---

① 阮建青：《中国农村土地制度的困境、实践与改革思路——"土地制度与发展"国际研讨会综述》，《中国农村经济》2011 年第 7 期。

度改革的最终目的应该是能够更好地处理国家与农民的土地权益关系，维护农民生计、确保农民利益，维持农村稳定、确保农村发展，改善农业生产、确保农业稳定，统筹城乡发展，而不是为了地方财政利益、地方开发建设。决不能披上改革的外衣，大肆侵占农村土地、损害农民利益。[①] 因此，农地制度改革应该围绕上述目标来进行。当前最重要的就是要构建我国农村土地权属制度，并实现农地权属财产化。

3. 没有突出农地产权制度改革的核心地位，农地产权改革不到位

当前农地产权问题特别是农地财产权实现问题越来越受到大家的关注和重视，但是，从已有的法律和政策看，关于农地产权的界定还不充分，主要表现在以下方面。

（1）农地产权关系模糊。当前，虽然农地产权制度改革有一定进展，但由于理论本身的缺陷和不足，现实中农地产权关系十分混乱。一是当前我国农村集体土地产权的主体不明并且存在"虚拟"性。虽然相关法律界定农地所有权主体是集体，但所有权主体究竟是乡集体、村集体还是村民小组，相关法律中又没有明确的界定。同时，只有集体可以作为农地的唯一所有权主体行使农地所有权职能，而作为个体的农民不具有所有者的身份，他们只有"成员"身份，并非所有权主体。另外，集体是一个集合概念，不具有人格化的意义，不具有财产权主体的法律资格。二是承包经营权存在对所有权权能的替换和集体所有权在产权结构中时常又处于强势地位的矛盾。基于农民个人承包权而获得的非"使用"农地的种种收益，如股份收益、转包农地的出租收益等，已表明农地承包权具有了农地所有权的性质。这种权能替换或分割在一定程度上改变了土地所有权的法律地位。另外，集体所有权主体在产权结构中时常又处于强势地位。如在承包经营权关系形成中农民缺乏发言权，只是集体所有权主体的单边约定。

（2）产权不完整。在目前的农村土地制度下，农村土地产权对集体和农民而言并不完整。一方面，农民集体不能充分行使土地权利；另一方

---

① 张占斌、倪羌莉：《统筹城乡发展背景下农村土地制度改革探讨》，《学习论坛》2012 年第 2 期。

面，农户的土地经营权虽然相对充分，但财产权严重不足。例如，在现行制度下，限制农地所有权主体直接进行农地的抵押、转让和改变农地用途等权利，农民缺乏抵押土地使用权以获取银行贷款的权利。

（3）产权缺乏有效的实现途径和保护机制。合法的转让权是实现财产权的关键。但是，因为农村土地产权主体不明晰和产权不完整，以及产权交易市场建设滞后，现实中土地权利的交易性和变现性很差，导致土地资源要素配置扭曲，产权效率低下，不能帮助农民有效实现产权收益。另外，在现实中农民往往缺乏充分行使自己土地权利的能力，组织化程度也较低，土地权益很容易被侵害。①

（4）农地非农化制度不合理。农地非农化是指农业用地转变为城乡建设用地，也就是土地用途发生改变，由农业用途转为非农业用途。我国农地非农化制度不合理之处体现在：一是我国土地征收制度不合理，包括：对征地的"公共利益"界定模糊、土地征用的程序不合理、征地补偿偏低，以及收益分配不公平。二是缺乏农地非农化的市场机制。《土地管理法》第四条规定："严格限制农用地转为建设用地……使用土地的单位和个人必须严格按照土地利用总体规划确定的用途使用土地。"从中可以看出农民集体尽管拥有农地所有权，但并没有完整的农地处分权，农地的最终处分权实际上由国家掌控。农民只有获得国家批准才能将农地转为非农用途，农地要转为城市建设用地，只有通过国家征地的方式先转变为国有土地后才能进入市场交易。

第四节　小结：制度变迁特征及其与城乡发展的关系

一　制度变迁的突出特征

纵观 30 多年来户籍、社会保障以及农地制度的变迁历程，我们发现，这三项制度改革与其他方面的制度改革具有中国式制度变迁的共同特征，

---

① 阮建青：《中国农村土地制度的困境、实践与改革思路——"土地制度与发展"国际研讨会综述》，《中国农村经济》2011 年第 7 期。

如：制度变迁过程的渐进性，制度变迁轨迹的路径依赖性，制度变迁程序的"自下而上"与"自上而下"相结合，制度变迁顺序的先易后难、先试点后推广，制度变迁动因的内部诱致性与强制性交替作用等。但是，以下两个突出的特征深刻影响着三项制度的改革目标、内容选择、作用程度及制度绩效形成。

（一）国家在制度变迁中居于主导地位

改革开放后，中央政府虽然不像在计划经济体制时期那样垄断国家的一切权力，但从三项制度的变迁特征可以看出，政府仍主导着制度的变迁。

（1）国家的主流意识并由此形成的这一时期的发展战略左右着制度变迁的方向。当国家的发展重心还在城市的时候，主要制度安排就偏向于城市；当国家提出统筹城乡发展战略时，国家开始平衡城乡制度改革。

（2）制度变迁的目标与方案的确立强烈依赖政府或决策层对与制度相关的理论模式的认同程度和知识储备。比如，政府或决策层偏好于市场失灵理论的政府干预主义，也就决定了这一时期制度中处处体现政府干预的特征。这种干预主义一方面表现为政府制度供给的越位和错位，另一方面表现为制度供给的缺位。如户籍制度改革，相当多的地方政府出台许多户籍制度新措施，但由于政出多门，目标不一致，以及受地方利益的影响，现有的户籍制度新措施并不能满足人口迁移的需要。

（3）政府的"让步"使计划体制下形成的二元制度没有发生质的变化。户籍、社会保障和土地制度改革之所以难以取得突破，不仅是因为每项制度改革都涉及重大利益调整，而且还因为制度变迁中存在的三种"路径依赖"影响了国家在制度变迁中的意志，即行政体制锁定或政府干预习惯、既得利益集团"锁定"、改革成本难以预测。特别是不同利益集团追求的目标构成了政府（政策）多重目标组合的部分，这表明政府的政策目标追求在特定的情形下是为了响应特定利益集团的呼声而设定或确立的。如户籍制度以及农村公共产品供给制度改革的严重滞后是中央政府"妥协"的产物。

（二）地区间、行业间的制度变迁不统一，配套改革不到位：缺乏联动

首先，由于各地经济发展水平不一，加之相关部门在改革思路及力度上差距较大，因此各地在推进户籍、社会保障、土地制度改革方面大都是根据本地、本部门实际自定政策、自定标准、自行管理。这种政出多门、口径不一等问题均导致了制度效率损耗。

其次，户籍、社会保障、土地制度是农村经济社会发展中的基础性制度，涉及面广，每一项改革都是长期而艰巨的系统工程。虽然当前户籍、社会保障、土地制度通过不断深化改革，已初步形成各自的制度框架体系，但与之有关的配套改革及建设考虑甚少。从前面的分析我们知道，户籍、社会保障和土地制度是一种相互影响、互为条件、交互作用的"三位一体"关系，每项制度的改革都必然会引起其他两项制度的变动。但是，改革开放以来的制度改革中没有充分认识到这一点：一是体现了各自为政的部门主义式制度改革路径，制度形成过程中各部门之间缺乏协调与沟通；二是制度内容分割甚至相互抵触，如这一时期的户籍管理逐渐放松与社会保障制度改革城市偏向的矛盾非常突出，为此产生了农村劳动力流动的特殊现象——农民工。

最后，由于各制度变迁的目标不同甚至相互冲突，因此，从制度结构上讲，制度之间缺乏耦合性或互补性，制度变迁并没有构成一个有效率的制度体系。

二　制度变迁与城乡关系发展

（一）　制度变迁的阶段性特征与城乡关系的阶段性变化

制度是经济发展的内生变量。从改革开放以来30多年的制度变迁看，制度改革特别是像户籍、社会保障和土地制度改革等对农村经济社会发展具有重要影响的制度改革的成败成为农村经济社会发展的"晴雨表"。

把30多年的制度改革分为两个阶段，即改革开放至21世纪初（1978～2002年）和科学发展观提出（2003年）至现在，这两个阶段的上述三项制度改革方法论上也存在很大差别。这两个阶段的制度变迁经历了从国家绝对主导型向需求主导型制度转变，经历了从单项突破式制度变迁向制度结构变迁（联动改革）演进。而不同的制度变迁方式形成的制度所产生的制度绩效是完全不同的。在第一阶段，国家强制推动制度变迁和各部门之间缺乏协调联动改革是制度变迁的基本特征，在国家城市偏向的主流意识指导下，三项制度改革虽然有了长足的进步，但原本的歧视性和限制性没有发生变化，这是 20 世纪末至 21 世纪初我国"三农"问题处于历史最严重程度的主要原因。

第二阶段，以 2003 年十六届三中全会提出的科学发展观为标志，在统筹城乡发展的思想指导下，我国的制度改革进入一个崭新时期，制度改革逐渐由城市偏向转向城乡协调，制度变迁方式突出诱致性、内生性和自下而上，同时，多部门合作联动，制度构建由单项突破向联动和整体推进演进。现实表明，制度变迁绩效得到明显提高，城乡关系得到明显改善，由此，我国城乡协调发展进入一个全新时代。

总之，上述 30 多年来户籍、社会保障和土地管理制度改革的特征表明，当制度变迁主要是以"各自为政"的方式完成的，忽视不同部门或不同层次的相互配合时，新形成的制度的作用可能会相互抵消甚至冲突，制度作用损耗就会很明显，达不到制度变迁的预期效果。当从联动的视角进行制度改革时，制度变迁绩效就会得到很大提高。由此，我们有理由认为，今后我国制度改革特别是涉及面广的制度改革必须从联动和整体的视角展开。

（二）户籍、社会保障和土地管理制度的作用路径

从改革开放 30 多年来特别是从当前城乡差距的现状看，户籍、社会保障和土地管理制度等重要涉农制度改革不彻底，三项制度原有的歧视性、限制性本质并没有发生根本变化，这些具有歧视性特征的制度存在始终影响农村劳动力自由迁徙和农地产权自由流动或交易，这恰恰是城乡难以协调发展的基本根源。

1. 农村土地制度影响农村土地自由流转和农村人口自由迁徙

当前，我国虽然出台了相关政策及法律规范农地流转，如《中华人民共和国农村土地承包法》《农村土地承包经营权证管理办法》《农村土地承包经营权流转管理办法》《农村土地承包经营纠纷仲裁法》《关于做好当前农村土地承包经营权流转管理和服务工作的通知》等，土地流转制度框架已基本形成，但是，农地流转的一些核心问题没有得到正式制度的确定，如《物权法》没有赋予农地抵押权，这对土地转入者意愿、农业生产的融资及农村经济的长远发展都会产生限制作用；法律对流转主体资格局限于农户的规定，使土地流转市场无法形成合理的市场均衡价格，转让土地的收益难以弥补城乡生活费用差额，跨区域土地流转无法形成。综观土地流转方面的政策及法律法规，在总体思路上缺乏各项制度联动的理念。

人口作为一种资源要素，它的流动是一个复杂的过程。从人口流动历史过程来看，影响人口流动的因素也是多方面的，既包括政治因素，也包括经济因素。此外，战争、自然灾害等因素也会引起农村地域人口大规模流动。但土地制度的变迁是影响农村地域人口流向最重要的因素。从新中国成立以来土地制度变迁与农村人口流动的关系看，土地制度是农业制度中最根本的问题，它是农业生产、经营、收入分配和农村社会保障等制度安排的基础，农村土地制度变革直接影响农村生产经营方式和现代化进程，土地制度的变革从根本上改变了人口与土地的关系，并决定了农村地域人口流动方向。[①] 因此，只有从土地制度入手，才能把握农村地域人口流动的特征与未来发展趋势。

2. 城乡社保制度影响农村土地自由流转和农村人口自由迁徙

我国现有的农村社会保障制度（以下简称"农保"）尚不完善，多数农村居民只能以土地保障（以下简称"土保"）替代"农保"。这是其一。其二，阻碍农地流转。现有的城市社会保障制度（以下简称"城保"）只适用于城市居民，如果农民选择永久迁城，获得城市户籍的农民可享受"城保"，但多数情况下在一定年限内需放弃"农保"，并按规定要交还承包地，即所谓的放弃"土保"。由于农民对未来缺乏明确预期，多数人并无永久迁城打算，不愿轻易放弃土地承包经营权这一最后保障。[②] 即使转出土地，也不愿签订长期流转合同，因为通过短期流转，转出者既能从频繁调整的流转费中得到预期的土地升值及粮价上涨的收益，同时又便于随时返乡，而不受长期流转合同的限制。[③] 其三，阻碍农村劳动力的有效流动。我国城乡二元社会保障格局不利于全国统一劳动

① 黄忠怀、吴晓聪：《建国以来土地制度变迁与农村地域人口流动》，《农村经济》2012 年第 1 期。
② 安宇宏：《土地流转市场》，《宏观经济管理》2008 年第 11 期。
③ 张丽艳、王洪涛、王国辉：《创建户籍改革、社保完善与土地流转的联动机制研究》，《经济纵横》2009 年第 9 期。

力市场的形成，二元社会保障格局使得农村剩余劳动力滞留在农村，不能获得应有的劳动岗位，也使得一些地方出现用工难的现象。还有的农民流动到城镇也不能获得当地的社会保障待遇，在身份上遭遇歧视，不能享受到同工同酬的待遇。这样，城镇因为农村廉价劳动力的推动获得更快的发展，加之土地流转和农业现代化的推进出现了越来越多的农村剩余劳动力，城乡二元社会保障制度却使农民没有获得应有的待遇，社会保障格局越发凸显其弊端。现在虽然在户籍制度和城乡社会保障待遇上做了些调整，但是调整力度依然很小，城乡二元社会保障制度仍然不利于劳动力的自由流动，仍然不利于统筹城乡经济、社会的发展，迫切需要破除二元社会保障格局，建立城乡统筹的最终实现城乡一体化的社会保障制度。①

3. 户籍制度影响农村土地自由流转和农村人口自由流动

二元户籍制度的存在对农地流转的阻碍作用体现在两个方面：一方面，农民作为农村集体的成员可以无成本地获得农地承包经营权，而放弃农地承包经营权又不能获得相应的报酬，因此农民不愿放弃农地承包经营权；另一方面，农民获得城市户口的成本很高，而且他们在就业等方面备受歧视，如缺少失业保险的保障、缺少就业培训等，在此情形下土地当然就被视为其最后的生存保障，这必然导致大部分外出务工农民选择以短期流转形式转出承包地，以备随时返回农村。这种非永久迁城是大部分外出务工农民的理性选择、无奈的选择，其根源是二元户籍制度。

当前，二元户籍制度改革虽然取得长足进展，但是城乡间人口自由流动和迁徙的壁垒没有从根本上打破：一方面，农村劳动力即使进入城市也难以市民化；另一方面，由于"户籍崇拜"，城镇居民不愿意放弃已经获得的城镇户口，这不仅限制了农村劳动力向城市第二、第三产业的转移，也限制了不同规模的城市间、不同地区间的劳动力流动。可见，当前的户籍制度剥夺了公民迁徙自由权利，影响了公民平等权利的实现，也固化了社会差别和区域间的利益不平衡。

---

① 寻兴秀：《城乡统筹视域下农村社会保障体系建设》，山东财经大学博士学位论文，2012。

第五章　我国统筹城乡发展实践的
典型调查与分析

　　典型调查与分析，重在深化对事物共性与特殊性的认识。重庆、成都是我国统筹城乡发展战略实施的综合配套改革试验区，它们的做法和成功经验对我国其他地区具有示范效应。

　　本章着重就当前我国统筹城乡综合配套改革试验区重庆、成都等统筹城乡发展中的户籍、社会保障与土地管理制度创新与运行现状进行考察，目的在于"点"与"面"结合，深化对统筹城乡发展中制度建设的认识，并为后续的政策研究提供现实依据。

　　2012 年 8 月 5 ~ 20 日，我们组织了 40 余名学生①就重庆、成都综合配套改革 5 年来的实践情况进行了问卷调查。本次问卷调查从四个方面设计了 35 个问题，涉及对统筹城乡发展的主要制度的价值判断、对主要制度改革的建议、改革的方式和路径等方面内容。调查对象分为三类，即在校大中专学生（不分城乡户籍）、城镇居民和农民。之所以对调查对象作这样的区分，主要是由于不同群体对统筹城乡发展认识存在差异，特别是城镇居民与农民。大中专学生作为一个有较高素质、思想开放以及具有较大灵活性的群体，对统筹城乡发展有自己独特的理解。调查区域有相对集中的一些县区，同时，充分发挥参加调查工作的学生暑

---

① 调研组成员主要有具有重庆、成都户籍的江西财经大学的在校学生，成都户籍的成都信息工程学院的在校大学生。

期在家的优势，他们在自己的家乡小范围地进行了部分问卷调查和个别访谈。

第一节　成都、重庆的问卷调查及数据综合分析

一　调查目的和调查内容

我们的个案研究主要运用问卷调查形式获取相关信息。问卷调查设计为两种：一是对户籍、社会保障和土地制度变迁及其运行的综合调查；二是对有关农地管理制度改革与实践的专项调查。综合调查的对象包括城镇居民、农村居民和在校大中专学生，专项（专门）调查主要是对农户进行随机调查。

我国传统的以乡养城和以农补工的发展模式，使城乡差距不断扩大。改革开放以来，虽然国家对农村的政策在一定时期有一定扭转，但城乡分隔的基本格局仍没有大的改变，发展战略仍有较明显的城市偏好，人为地把农村非常稀缺的资本不断地向城市集中，而又把农村人口排斥在城市之外，使城乡差距进一步扩大。这种状况集中体现在两个方面：一是从经济角度看，囿于长期实行的"二元经济社会体制"，城市和农村被纳入了不同的发展轨道，农村的发展长期处于不利的地位，农村和城市的差距越来越大。二是从制度角度看，城乡分隔的二元制度设计造成了城乡关系失调。改革开放以来，这套刚性的分隔制度虽有了一定的弹性，但其结构远未根本改变。这些制度从整体上建构了城乡二元结构的社会发展格局。从目前来看，户籍制度、劳动就业制度、农村社会保障制度、教育制度和农村土地制度、财政制度等构成了统筹城乡发展的主要制度障碍。[①] 统筹城乡经济社会发展是党中央根据新时期我国经济社会发展的时代特征和主要矛盾，致力于突破城乡二元结构，破解"三农"难题，全面建设小康社会做出的重大战略决策，也是实现我国城乡经济社会全面协调可持续发展的重要举措。为了有效推动我国统筹城乡发展战略，中央于 2007 年 6 月

---

① 王慧娟：《试析统筹城乡发展战略的提出背景和实现途径》，《产业与科技论坛》2008 年第 3 期。

确定重庆、成都为全国城乡统筹综合配套改革试验区，其目的是为全国城乡统筹发展战略实施提供经验或示范。自2007年至今，重庆、成都大胆尝试，先行先试，通过实施一系列制度改革创新的举措，取得了某些阶段性经验和成果，同时，其中也存在一些问题、困难和不足。我们的调查与个案分析，其目的就是对重庆、成都一些好的做法进行总结，并在此基础上进行必要的理论梳理，为本研究的政策分析提供现实依据。

调查内容主要分为两个方面：第一，就重庆、成都主要制度（即户籍、社会保障和土地制度）的改革与运行的总体情况进行调查，主要内容有两个部分：①对现行相关制度的认知；②相关制度改革的方向和路径选择。调查的目的是了解不同群体对统筹城乡综合配套改革的总体认知程度及对今后改革的期望。第二，对农地的管理进行调查，主要内容有四个部分：①土地新政实施后，对于农户而言其收入状况是否受到影响？②农户对于保护耕地的意愿如何？③应该实施怎样的补偿政策保护耕地用途不发生改变？④如何看待农地相关权益的交易问题？选取这两方面内容进行调查并获取第一手信息作为个案研究的客体，一是从总体上把握影响城乡统筹发展的基础性制度安排，二是从关键点的角度分析影响城乡统筹发展的核心制度。

二　样本区域的选取及说明

本研究样本在重庆、成都区域内选取，考虑到区域的代表性和资料的可得性，并且综合考虑了自然地貌特征、政治地位、经济结构和经济发展水平等几个方面，具体区域分别包括重庆市和成都市的相关区县。

（一）重庆区域

重庆位于北纬28°10′~32°13′，东经105°11′~110°11′，地处较为发达的东部地区和资源丰富的西部地区的结合部，东邻湖北、湖南，南靠贵州，西接四川，北连陕西，是西南工商业重镇和水陆交通枢纽。1997年3月14日，第八届全国人民代表大会第五次会议通过了设立重庆直辖市的决议，与北京、天津、上海同为直辖市，辖20个区、19个县。重庆地貌以丘陵和中、低山为主，面积8.23万平方公里。气候属中亚热带湿润季风气候，且山区垂直差异大；土壤主要涉及黄壤、紫色土和水稻土等；植被结构动态包括山地天然、人工群落，并带有天然和人为扰动破碎化的退化群落。直辖至今，由于自然地理环境、交通区位条件以及原有发展基础存在差异，重庆经济发展不平衡。重庆经济发展水平呈明显的圈层分布格局，将市内 39 个区县划分为三大经济圈，即都市发达经济圈、三峡库区生态经济圈和渝西经济走廊。① 2007 年，重庆市被国务院确定为全国统筹城乡综合配套改革试验区。

为了研究不同群体对统筹城乡发展战略实施的认识，对重庆市辖区的集中调研选取了渝中区、江津区、北碚区、丰都县、酉阳县、铜梁县。

渝中区是重庆的"母城"，辖 12 个街道办事处、76 个社区居委会；2012 年，常住人口 64.93 万，日均流动人口约 30 万人次。渝中区是重庆的金融中心、商贸中心、信息中心和文化中心，"魅力山城、天上街市"的都市旅游品牌叫响全国。

江津区位于重庆市西南部，是重庆市重点规划建设的六大区域性中心城市之一，是长江上游重要的航运枢纽和物资集散地，历来是川东地区的粮食产地、鱼米之乡。江津 1992 年撤县建市，2006 年 12 月经国务院批准撤市设区。全区面积 3200 平方公里，人口 150 万，是重庆市建设的"一小时经济圈"内面积最大的区县，辖 23 个镇、3 个街道、1 个新区。

北碚区是重庆主城九区之一，是两江新区的重要组成部分，位于缙云山麓、嘉陵江畔，是重庆独具魅力的都市花园、人文福地、宜居之城、两江新秀。全区面积 755 平方公里，人口 73 万，辖 5 个街道、12 个镇。

丰都县位于重庆市版图中心，全县辖 21 个镇、7 个乡、2 个街道，下设 53 个居民委员会、277 个村民委员会，总人口 84.29 万。丰都是一个典型的移民大县，县城是全市唯一跨江全淹全迁的县城。丰都是个旅游名城，周属巴国，曾建"巴子别都"，东汉和帝永元二年（公元 90 年）建县，以"鬼城"扬名海内外，被誉为东方"神曲之乡"。

酉阳县位于重庆东南边陲，渝、黔、湘、鄂四省（市）边区结合部，面积 5173 平方公里，是重庆市面积最大的区县，发展空间十分广阔。酉阳自治县有 38 个乡镇，户籍总人口达 80.80 万，其中农业人口 72.24 万，非

---

① 肖轶、魏朝富、尹珂：《基于农户调查的土地流转困境分析——以重庆城乡统筹试验区为例》，《农机化研究》2010 年第 7 期。

农业人口 8.56 万。全县由 18 个民族组成，其中土家族 47.66 万人，占总人口的 60%，苗族 19.06 万人，占总人口的 24%，保留着浓郁的民族习俗。

铜梁县位于重庆市西北部，全县面积 1343 平方公里，辖 25 个镇、3 个街道，人口 84 万。

（二）成都区域

成都，位于中国四川省中部，是四川省省会，中国副省级城市之一，是国务院确定的中国西南地区的科技中心、商贸中心、金融中心和交通、通信枢纽，也是四川省政治、经济、文教中心，是国家经济与社会发展计划单列市，国家历史文化名城。地处东经 102°54′~104°53′和北纬 30°05′~31°26′，全市东西长 192 公里，南北宽 166 公里，总面积 12121 平方公里，其中耕地面积 648 万亩。市区建成区面积 395.5 平方公里，占四川省土地面积的 2.6%。土地类型多样，有平原、丘陵和山地，其中平原面积比重大，多达 4971.4 平方公里，约占全市土地总面积的 41%；丘陵面积占 27.6%，山地面积占 32.3%。东北与德阳市、东南与资阳市毗邻，南面与眉山市相连，西南与雅安市、西北与阿坝藏族羌族自治州接壤，属内陆地带。气候属亚热带季风气候，具有春早、夏热、秋凉、冬暖的气候特点。2007 年，成都市被国务院确定为全国统筹城乡综合配套改革试验区。

成都市辖区集中调研选取了都江堰市、龙泉驿区、郫县、金堂县和新津县等 5 个区、市、县。

都江堰市是国际旅游名城，古老的都江堰水利工程被誉为"世界水利文化的鼻祖"；有"青城天下幽"之称的青城山，是中国道教发祥地；青城山、都江堰已成功列入《世界遗产名录》，都江堰市被评为"中国历史文化名城""中国优秀旅游城市"，成为世界著名的旅游胜地。都江堰市是山水园林城市，拥有国家级森林公园、国家级野生动植物自然保护区，市域森林覆盖率达 70%，被评为"国家级生态示范区"；年平均气温 15.2℃，空气质量和水质常年保持国家一级水平，人均寿命 77.1 岁，比全国人均寿命高 5.7 岁，获"天然氧吧""长寿之乡"美誉；都江堰渠首傍城，5 条河穿城而过，灵岩山城区矗立，山水城林堰相融，人与自然和谐，都江堰市获"中国人居环境范例奖""迪拜国际改善居住环境良好范例奖"。

龙泉驿区地处成都平原最东端，因明清两朝均在此设驿站而得名，属成都市辖九区之一，是成都市城市向东发展主体区。全区面积556平方公里，人口60余万，辖4个街道、7个镇、1个乡。区境平原、丘陵、山区兼有，平均海拔520米，绿化覆盖率近40%，属亚热带季风气候，年平均气温16.8℃。2011年区域经济综合实力跃居四川省十强县第2位、全国区县第26位。

郫县地处川西平原腹心地带，位于成都市西北近郊，东靠金牛区，西连都江堰市，北与彭州市和新都区接壤，南与温江区毗邻，是通往世界著名风景名胜区都江堰、青城山、黄龙和九寨沟的必经之路。郫县面积437.5平方公里，辖15个镇（含合作等4个街道办事处）、156个村民委员会、40个社区居委会，境内有藏、回、羌、满等52个少数民族，2011年年末户籍人口达51.4万。

金堂县地处成都平原东北部，县境东邻中江县，西连成都市青白江区、龙泉驿区，南靠乐至县、简阳市，北接广汉市、中江县。县城距成都市中区30公里、广汉市20公里、中江县45公里、成都市青白江区18公里、龙泉驿区36公里。全县总人口86万。全县面积1156平方公里，辖21个乡镇和1个省级工业开发区，金堂是"成都平原经济圈"内的重点发展县和成都市"特色产业发展区"。县城有"天府花园水城"之美誉，曾荣获"中国人居环境范例奖""四川省文明县城""省级园林城市""成都十大魅力城镇"等殊荣，并成功创建国家级生态示范县。

新津县位于四川盆地西部、成都南部，全县面积330平方公里，辖11个镇、1个乡，总人口30.87万。2012年，全县完成地区生产总值169.9亿元，同比增长14.1%；三次产业比例为8.4∶57.6∶34。

三 调查方法和问卷的设计

（一）以问卷调查为主，兼顾访谈调查

实地调查是社会科学研究中最基本的方法，根据其具体形式可以分为问卷调查和访谈调查两种。两种方法各有优缺点。问卷调查速度较快，且可以获得相对丰富的样本量，但是不可能面面俱到。并且考虑到受访人的心理承受度和知识水平的限制，以及问卷设计本身的局限性等，每份问卷设计的调查时间尽量不超过半个小时。访谈调查则有效地弥补了问卷调查的不足，可以通过面对面的交流询问，获得问卷设计中没有考虑到的一些实际情况并且

所获得的数据更为详细准确，但缺点是用时较长且成本比较高。① 因此在实际操作过程中，我们根据调查的内容分别采用问卷调查与个体访谈方法。第一，关于户籍、社会保障和土地制度改革与运行情况的综合调查采取问卷的形式，因为涉及的内容比较广，而且主要是了解被调查对象对综合配套改革中相关制度的认知情况，而这些欲了解的方面可以通过设置选项由被调查对象进行选择了解相关信息。第二，关于农地管理的专项调查，我们采取问卷与面对面访谈的形式进行调研。因为这项调研一方面涉及一些专业问题，另一方面还涉及现实运行中的一些技术设计需要调查员进行口头解释，只有在受访者充分理解的条件下才能获得较为满意的调查结果。另外，因为问卷主要是针对农户的调查，考虑到现阶段农民接受国民教育的程度，问卷中过于学术化的书面语言虽然经过多次反复修改变成通俗易懂的语言，询问方式也经过多次讨论和重新设计改变成农民可以接受的方式，但还是需要调查员在不诱导农民自主判断的情况下加以口头解释，使受访者能够理解和积极配合，从而达到典型研究的目的。

（二）典型调查和抽样调查相结合

典型调查和抽样调查都是社会调查中非全面性调查的常用方法。典型调查的主要特点就是"少而精"，调查的个体少但具有代表性，便于进行深入具体和周密的调查。抽样调查的主要特点是样本量大，但是只能就一个问题的主要部分进行调查并采用管中窥豹的办法，利用统计学的方法对全部研究对象进行估计和判断。典型调查和抽样调查相互结合，既可以掌握全面的情况，又具有典型材料，为分析问题、解决问题提供第一手的珍贵资料。

本研究中，我们采取典型调查与抽样调查相结合的方式进行。一是对村干部进行的调查就属于典型调查。村干部掌握的信息量相对多，而且更多地参与到改革过程中，通过对村干部进行专门的访谈可以获得更具有价值的信息。二是对村组内农户的调查属于抽样调查。每个村的农户数量巨大，不可能进行全面的调查，只能采取抽样调查的方式，获取较大的样本量，为本研究中的统计分析服务。

① 王雨濛：《土地用途管制与耕地保护及补偿机制研究》，华中农业大学博士学位论文，2010。

（三）问卷的设计

问卷设计分为两种：一是关于综合调查的问卷设计；二是关于农地管理的专项问卷设计。

根据综合调查的目的，综合调查问卷设计主要包括四方面内容：①反映对综合配套改革及户籍、社会保障和农地管理等制度创新的认知度；②反映户籍、社会保障和农地管理等主要制度的关系与运行情况；③反映影响户籍、社会保障和农地管理等改革的因素；④反映户籍、社会保障和农地管理等主要制度改革的路径与方向。

关于农地管理专项调查问卷设计，主要包括两方面内容：①农地制度改革与运行的现状；②对农地管理制度创新模式的认知。

四　问卷统计与综合分析

本次重庆、成都问卷调查共发出问卷800份，收回问卷780份，有效问卷725份。其中，在校大中专学生占46.5%（337份）、农民（主要指务农和进城务工人员）占39.4%（286份）、城镇居民占14.1%（102份）（见表5-1）。

表5-1　被调查不同群体比例

单位：%

类别	农民	城镇居民	在校大中专学生
比例	39.4	14.1	46.5

具体分析如下。

（一）农民对主要制度的认识①

1. 深刻影响统筹城乡发展的制度

本问卷列举了户籍、土地、社会保障、就业及住房等选项。调查显示，分别有25.4%和27.1%的被访者认为社会保障和就业制度对统筹城乡发展具有重要影响，这一结果与理论分析比较相符。而认为户籍和土地

---

① 数据见表5-2。

制度产生重要影响的比例只有 15.3% 和 13.6%，这与理论的分析存在较大差距，这种现状可能的解释是：统筹城乡发展还处于初期，户籍与土地的因素还没有充分显露出来。特别是，三类群体对户籍与土地重要性的认识也存在很大分歧，尤其是农民，他们本是二元户籍制度和当前农地管理制度受影响最直接也最深刻的群体，但户籍、土地的重要性并没有引起他们足够的关注。可能的原因，从现象看，一是人口自由流动较频繁（很少考虑迁移）；二是农民对土地的归属或所有权缺乏认识，甚至可以说这反映了现实中的土地所有权的虚拟性问题。同时，这也反映了农民收入不主要靠种植业，而主要来自外出务工的工资性收入的现状。关于住房的影响也符合理论分析，农民进城并定居下来，住房是一个重要的因素。

2. 农民最关心的问题

问卷列举了土地权益实现、自由落户、子女教育、社会保障以及其他等选项，排在前三位的依次是土地权益实现、社会保障和子女教育，这一统计结果符合理论分析。但自由落户就如同前面统计的一样，并没有引起农民的关注，对这一问题，从文化的角度更能做出解释，即中国人对"家"或"根"有一种天然的认同感。对于土地权益问题农民十分重视，占被访者的 37.5%，似乎与前面的统计有出入（上面的数据是 13.6%）。其实不然，前项主要是关于土地所有权主体的认同，存在虚拟性；而土地权益实现是现实的经济问题，工业化和城镇化对农地有着强烈需求，那种由征地所引发的利益分配逐渐引起了农民的重视。

3. 农村土地与农民基本保障的关系

统计数据显示，60% 的被访者认为两者关系密切，21% 的被访者认为关系不密切，19% 的被访者不知道。这一调查结果与同类研究的结论相似。但是，不同人群的回答有很大不同。只有 41.2% 的被访农民认为两者关系密切，而占更高比例的城镇居民和在校大中专学生认为两者关系密切，分别占各自被访人数的 83.3% 和 70%。如何对这种现象进行解释？可能的解释是：①城镇居民仍沿袭着传统的思维分析农村及农民；②城镇居民以及在校大中专学生对农民的现状特别是农民的收入问题不甚了解。

4. 户籍与农民基本保障的关系

综合统计结果符合理论分析，59.5% 的被访者认为关系密切，其他选项的统计（即关系不密切、不知道、其他）与上一项调查结果类似。需要指出的是，农民认为户籍与社会保障关系密切的比例同样低于城镇居民、在校大中专学生。因此，我们可以从提高农民认识水平这一角度进行一些解释或说明。

5. 户籍与农村土地的关系

综合统计数据与分人群统计数据均符合理论分析，将近60%的农民以及60%的在校大中专学生（农村户籍的大学生比例高）被访者认为户籍与农村土地关系密切。这说明要处理好农村土地问题，户籍制度是绕不过的弯。

表 5 - 2　深刻影响统筹城乡发展的制度（最多选三项）

	内容	选项	频数	综合（%）	农民（%）	城镇居民（%）	大中专学生（%）
1	您认为深刻影响统筹城乡发展的制度有哪些？（最多选3项）	A. 户籍	304	15.3	6.5	17.6	21.4
		B. 土地	272	13.6	17.4	11.8	12.5
		C. 就业	541	27.1	32.6	16.6	25
		D. 住房	338	17	15.2	23.5	16.1
		E. 社会保障	507	25.4	23.9	29.4	25
		F. 其他（请说明）	32	1.7	4.3	0	0
2	您认为农民最关心的问题是什么？	A. 土地权益实现	355	37.5	30.8	20	55
		B. 自由落户	68	7.1	7.7	10	5
		C. 子女教育	219	23.2	19.2	50	15
		D. 社会保障	304	32.1	42.3	20	25
		E. 其他（请说明）	0	0			
3	您认为农村土地与农民基本保障的关系是怎样的？	A. 农地承担了农民的基本保障功能	439	60	41.2	83.3	70
		B. 两者不密切	152	21	47.1	16.7	0
		C. 不知道	135	19	11.2	0	30
		D. 其他（请说明）	0	0	0	0	
4	您认为户籍与农民基本保障的关系是怎样的？	A. 两者密不可分	423	59.5	41.2	50	75
		B. 两者不密切	169	23.8	41.2	33.3	5
		C. 不知道	118	16.7	11.8	16.7	20
		D. 其他（请说明）	17	2.4	5.9	0	0
5	您认为户籍与农村土地的关系是怎样的？	A. 两者密不可分	406	55.8	52.9	50	60
		B. 两者不密切	118	16.3	5.9	33.3	20
		C. 不知道	169	23.2	29	16.7	20
		D. 其他（请说明）	34	4.7	11.8	0	0

（二）人口迁移与户籍制度改革①

对这一问题，我们主要设计了四个方面的问题。

1. 对户籍制度的总体认识

（1）当前户籍制度的适应性问题。被访者中仅有4.7%的人认为当前的户籍制度很适合，不需要进行改革，但不同群体的分歧很大，其中城镇居民占绝大多数，达到83.3%，在校大中专学生的比例也有10%，而被访的农村居民几乎为零。有16.2%的被访者认为不适合，需要进行彻底改革，而这一比例的形成主要来自农民的回答。55.8%的被访者认为当前户籍制度比较适合，仅需要进行稍微的改革。23.3%的被访者认为比较不适合，需要进行较大幅度改革。这一组统计数据，基本反映了户籍制度的深层次问题，尤其是反映了农民对当前户籍制度不太认同的态度。

（2）农业户口与城镇户口的比较。综合数据显示，城镇户口优于农村户口，但差距不是很大，差别主要来源于在校大中专学生的认识。

（3）关于迁移问题。32.6%的被访者有过迁移经历，但主要是城镇居民，100%的城镇居民被访者有过迁移经历，农民和在校大中专学生的比例很低。67.4%的被访者没有迁移经历，主要是农民和在校大中专学生，被访的农民占76.5%、在校大中专学生占80%。从这个现象看，我国人口迁移的主力应该是农民和在校大中专学生。这一现象符合理论分析。

2. 对转为城镇户口的认识

（1）愿意转为城镇户口及其原因。62.5%的被访者（农民和在校大中专学生）愿意转为城镇居民。其原因主要集中在三个方面，即：子女教育（28.8%）、享受更多的公共服务（25%）和有更大的发展空间（36.6%）。

（2）不愿意转为城镇户口及其原因。37.5%的被访者（农民和在校大中专学生）不愿意转为城镇居民。其原因主要集中在三个方面，即：基本保障问题（35.4%）、工作问题（31.4%）和不喜欢城市生活（20.8%）。

（3）转为城镇户口后最需要政府解决的问题。问卷提供了7个选项，

---

① 数据见表5-3。

即：农村住房赔偿问题、土地转让费用补偿问题、住房问题、医疗问题、子女教育问题、养老保障问题、城镇融入问题，以及"其他"答项。被访问者（农民和在校大中专学生）比较均匀地涉及7个问题，综合统计显示，除了对城镇融入问题关注度稍微低些外，选择其他6个选项的比例在13%～17%，相对来讲，对农村住房赔偿和住房问题的关注度更高一些。上述统计既符合理论分析，也符合现状。

3. 对转为农业户口的认识

（1）愿意转为农业户口及其原因。26.7%的被访者（城镇居民和在校大中专学生）愿意转为农业户口，其原因主要集中在以下几个方面：自然环境好（40%）、有更多的休闲时间（20%）和各方面压力小（40%）。如果分析城镇居民与在校大中专学生的数据，仍存在一定的差异，城镇居民的愿意因素又主要集中在自然环境好和各方面压力小，而在校大中专学生比较均衡地体现在三个方面。这可以从侧面反映在校大中专学生生活观，如把休闲时间作为自身发展考虑的因素之一。

（2）不愿意转为农业户口及其原因。73.3%的被访者（城镇居民和在校大中专学生）不愿意转为农业户口，其主要原因集中在以下几方面：子女教育问题（28%）、难以与农村居民同等享有农地的权利（20%）、工作问题（40%）和不喜欢农村生活（12%），其中又以子女教育和工作问题更为突出。这一统计与经验观察和理论分析相符。

（3）转为农业户口后最需要政府解决的问题。最需要政府解决的问题集中在以下四个方面：农地所有权的成员资格问题（18.2%）、宅基地的使用权问题（33.3%）、乡村融入问题（21.2%）和社会保障问题（27.3%）。关于这一问题的认识，两类人群不存在较大差异。但从统计数据上也可以看出，被访者对农地所有权成员资格问题不像理论分析的那样占有重要地位。可能的解释是，与当前农民农地所有权的相关权益实现不充分相关。因此，他们更多的是关注转为农业户口后的住房建房和既有社会保障的衔接问题。

4. 对户籍制度改革的认识

（1）放松户籍管制的影响。48.8%的被访者认为放松户籍管制会有大量外地人口涌入城市，其中在校大中专学生更容易受政策影响；18.6%

的被访者认为不会出现外地人口大量涌入城市现象，三类人群的认识差异不大；32.6%的被访者不知道，说明人口迁移是一个非常复杂的问题，受多方面因素的影响。

（2）原有户籍制度需要改革的内容。综合数据显示，被访者将"户籍制度的资助方式"排在第一，占37.8%，其中农民和城镇居民更加关注，在校大中专学生关注度要低一些。这一问题反映了户籍制度背后包含的社会福利问题。排在后面的依次是户籍制度对消费投资的限制（26.7%，可能的解释是户籍制度对城市商品房的消费和投资有较大影响）、户籍的划分规定（22.2%）、户籍迁移的相关规定（13.3%）。但是，从不同人群的数据看，他们的认识存在较大差异，农民将户籍制度的资助方式和户籍迁移的相关规定排在前两位（36.4%和27.3%），在校大中专学生认为户籍的资助方式和户籍迁移的相关规定同等重要（27.3%）。而城镇居民不关心户籍迁移，因为他们愿意迁入农村的比例很低。作为户籍迁移的主力军的农民和在校大中专学生，关心户籍迁移的相关规定合情合理。

（3）中国户籍制度改革的最大障碍。综合数据显示，58.7%的被访者认为影响户籍制度改革的最大障碍是我国经济城乡或地区发展不平衡，32.6%的被访者认为政府相关部门的利益掣肘是最大障碍，还有8.7%的被访者认为管理技术落后是最大障碍。从不同人群的数据统计看，三类人群对这一问题看法几乎一致。从这一调研项目可以得出这样的结论，户籍制度改革的关键是处理好利益分配问题，并非户籍管理的技术问题。这为本课题进行户籍制度改革研究提供了重要的现实依据。

（4）户籍制度改革的方向。问卷预设了3个选项（优化农业产业结构、实施全国统一的人口信息管理体系和居住证制度、改革劳动就业制度）和1个自选项。综合统计数据显示，分别有34.8%、30.4%和34.8的被访者选择了预设的3个选项，几乎不存在差异；从不同人群的数据看，不同人群对3个预设选项看法也基本类似。由此，我们可以这样认为，社会对户籍制度改革的方向还未达成统一的认识。这需要政策制定者进行更深入的研究。

表 5 – 3　人口迁移与户籍制度关系

	内容	选项	频数	综合（％）	农民（％）	城镇居民（％）	大中专学生（％）
6	您对现行的户籍制度对统筹城乡发展的适合度，以及是否需要彻底改革的看法是：	A. 很适合，不需要改革	34	4.7	0	83.3	10
		B. 比较适合，需要稍微进行改革	406	55.8	41.2	0	60
		C. 比较不适合，需要进行较大幅度改革	169	23.3	41.2	16.7	15
		D. 不适合，需要彻底改革	118	16.2	17.6	0	15
7	在您看来，农业户口与城镇户口哪个更好？	A. 农业户口	321	44.3	58.8	50	30
		B. 城镇户口	404	55.7	41.2	50	70
8	您在居住此地之前，有没有迁移经历？	A. 有	236	32.6	23.5	100	20
		B. 没有	489	67.4	76.5	0	80
9	您是否愿意转为城镇户口并居住在城镇？	A. 愿意	338	62.5	47.1		60
		B. 不愿意	203	37.5	52.9		15
10	如果您愿意，您的原因是什么？（最多选3项）	A. 子女教育	253	28.8	31.2		27.8
		B. 享受更多的公共服务	220	25	18.9		27.8
		C. 有更大的发展空间	321	36.6	43.6		33.3
		D. 喜欢城市生活	85	9.6	6.2		11.1
		E. 其他（请说明）	0	0	0		0
11	如果您不愿意，您的原因是什么？（最多选3项）	A. 子女教育问题	85	10.4	5.9		12.9
		B. 基本保障问题	287	35.4	52.9		25.8
		C. 工作问题	254	31.4	35.3		29
		D. 不喜欢城市生活	186	20.8	5.9		32.3
		E. 其他（请说明）	0	0	0		0
12	如果您转为了城镇户口，您最希望政府解决什么问题？（可多选）	A. 农村住房赔偿问题	372	17.2	15.6		19
		B. 土地转让费用补偿问题	321	14.8	9.4		19
		C. 住房问题	355	16.4	21.9		11.1
		D. 医疗问题	321	14.7	12.5		17.5
		E. 子女教育问题	287	13.3	10.9		15.9
		F. 养老保障问题	304	14.1	15.6		12.7
		G. 城镇融入问题	186	8.5	12.5		4.8
		H. 其他（请说明）	0	0	0		0
13	您是否愿意转为农业户口？	A. 愿意	51	26.6		16.7	15
		B. 不愿意	101	73.3		83.3	30
14	如果您愿意，您的原因是什么？（最多选3项）	A. 自然环境好	68	40		50	37.5
		B. 有更多的休闲时间	33	20		0	25
		C. 各方面压力小	68	40		50	37.5
		D. 其他（请说明）	0	0		0	0

续表

	内容	选项	频数	综合（%）	农民（%）	城镇居民（%）	大中专学生（%）
15	如果您不愿意，您的因是什么？（最多选3项）	A. 子女教育问题	118	28		20	33.3
		B. 难以与农村居民同等享有农地的权利	86	20		10	26.7
		C. 工作问题	169	40		50	33.3
		D. 不喜欢农村生活	51	12		20	6.7
		E. 其他（请说明）	0	0		0	0
16	如果您转为了农村户口，您最希望政府解决什么问题？（最多选3项）	A. 农地所有权的成员资格问题	101	18.2		15.4	20
		B. 宅基地的使用权问题	186	33.3		23.1	40
		C. 乡村融入问题	118	21.2		23.1	20
		D. 社会保障问题	152	27.3		38.5	20
		E. 其他（请说明）	0	0		0	0
17	如果放松户籍管制，是否会出现大量外地人口涌入大城市的现象？	A. 会	354	48.8	35.5	33.3	65
		B. 不会	135	18.6	23.5	16.7	15
		C. 不知道	236	32.6	41.2	50	35
18	您认为户籍制度中哪个方面最需要改革？	A. 户籍迁移的相关规定	101	13.3	27.3	0	27.3
		B. 户籍的划分规定	169	22.2	22.7	14.2	18.1
		C. 户籍制度对消费投资的限制	202	26.7	13.6	42.9	27.3
		D. 户籍制度的资助方式	287	37.8	36.4	42.9	27.3
		E. 其他（请说明）	0	0	0	0	0
19	改革中国户籍制度的最大障碍在于：	A. 中国经济城乡或地区发展不平衡	455	58.7	57.9	57.1	60
		B. 政府相关部门的利益掣肘	253	32.6	42.1	42.9	20
		C. 管理技术手段落后	67	8.7	0	0	20
		D. 其他（请说明）	0	0	0	0	0
20	您认为户籍制度改革的方向是：	A. 优化农业产业结构	270	34.8	27.8	37.5	40
		B. 实施全国统一的人口信息管理体系和居住证制度	236	30.4	33.3	37.5	40
		C. 改革劳动就业制度	270	34.8	38.9	25	20
		D. 其他（请说明）	0	0	0	0	0

（三）对当前农村土地管理制度及其改革的总体认识①

1. 当前农村土地管理制度的适应性认识

27.9%的被访者认为当前农村土地管理制度很适合，不需要进行改革，但这一认识的主体主要是农民；46.5%的被访者认为比较适合，认为只需要进行稍微的改革；23.3%的被访问者认为当前农村土地管理制度比较不适合；2.3%的被访问者认为当前农村土地管理制度很不适合，需要进行彻底的改革。上述统计数据出乎我们的意料，与经验观察和理论分析存在很大出入，可能的解释是：就农民而言，农民对农村土地政策和相关土地法规不太了解，这是其一；其二，农村土地集体所有制和家庭承包制的安排在一定程度上保障了农民的土地权益，特别是当前土地主要权益得以实现（如近似于所有权的宅基地使用权与近似于所有权的农地经营权）也基本上得到了农民的认同。就城镇居民和大中专学生而言，他们可能认为他们与农村土地的关系不是那么密切。因此，总体上认为当前农村土地管理制度是比较适合的，不需要进行大幅度的或彻底的改革。

2. 当前农村土地管理制度的主要问题

本题设计的主要目的是在技术层面细化对农村土地管理的认识，通过此问题的调查，修正上面的观点。此题我们提供了 10 个选项，统计显示，当前农村土地管理制度存在的问题是比较多的，其中：16.5%的被访农民行使土地权利得不到保障；15.2%的人认为农村土地流转机制不健全；13.9%的人认为土地市场发育不健全；10.1%的人认为农地应由资源向资产转化；7.6%的人认为农民土地使用权不完整；7%的认为农村集体土地所有权不明确并严重缺位，家庭承包经营体制和土地征用制度不规范；5.7%的人认为国家对农地（仅指农地）实行了严格的控制。应该说，这些问题基本上反映了当前我国农村土地管理制度的现状，同时，这些被反映的问题其认同度也不存在显著差异，这就预示着农村土地管理制度改革是一项非常复杂的工程。

3. 影响农村土地管理制度改革的最大障碍

问卷提供了 4 个选项，53.2%的被访者认为我国经济城乡或地区发展不平衡是影响农村土地管理制度改革的最大障碍；其次是政府相关部门的利

---

① 数据见表 5 - 4。

益掣肘,占被访者的29.8%;管理技术手段落后所占比例较低,仅占被访者的17%。从不同人群的数据看,三类人群关于此问题的认识基本一致。通过此问题的调研,给予我们的启示是,改革是伴随着发展而推进的。在选项中没有出现户籍制度,并非我们的疏忽,而是有意为之。因为本意是想在没有任何提示的情况下,使被访者对其他选项进行选择,并通过这一方式真实了解人们对户籍与土地之间关系的认识。但结果令人遗憾。

4. 对农村土地私有化改革的态度

67.4%的被访者认为农地不能进行私有化改革,赞同的仅有32.6%。但三类人群还是存在差异,城镇居民对农地是否可以私有化存在势均力敌的观点(各占50%),而农民和大中专学生很大程度上不赞同农地私有化。这一统计数据符合经验观察和理论分析。

5. 农村土地管理制度改革的方向

问卷提供了5个选项,43.1%的被访者认为农地管理制度改革的方向是促进农地规模化经营,29.4%的被访者认为是实施城乡同权的土地政策,19.7%的被访者认为是农地产权界定,还有7.8%的被访者认为是加速农村人口转移。三类人群的态度基本一致。统计结果基本上反映了农村土地管理制度的改革目标。经综合分析,其实质就是通过农村土地管理制度改革,使农村土地由资源转化为资产,进而促进农地自由流转。

6. 影响农村土地流动、转换的主要因素

此题的设计目的是寻找影响农地流转的主要因素,并根据统计数据的大小对各要素的影响程度或重要性进行排序。问卷提供了6个选项和"其他"答项,统计数据显示,6个选项按影响程度从大到小的排序为:社会保障(23.1%),缺乏流转、置换机制或平台(19%),农地发展权的保障(17.4%),农地产权界定不清(16.5%),户籍问题(14%),制度约束或滞后(9.9%)以及其他(0)。统计结果基本符合经验观察和理论分析,三类人群的认识也基本一致。另外,调研给我们的启示是:创新农地流转制度,除了土地管理制度本身改革外,还必须进行社会保障制度和户籍制度的联动改革。

7. 关于征地问题

问卷涉及两个问题,一是农地被征收后对被征地农民的负面影响,主要是调研城市化或城镇化对被征地农民的负面影响。问卷提供了6个选项以及"其他"答项，并规定至多选3项。统计数据显示：被征地农民最关心的问题按重要性排序为：农民收入（22.2%）、农村土地权益和农民市民化后的发展（19.4%）、社会保障（18.5%）、新农村建设（11.1%）和农业增收（9.3%）。总体来讲，征地产生的后续问题比较多。二是农村土地转变为建设用地的方式。问卷提供了两个选项和"其他"答项，即国家征地和农地直接进入农地市场。62.8%的被访者认为农地应该通过市场交易转变为建设用地，而仅有37.2%的被访者认为仍由国家征用后转变为建设用地。显然，统计数据显示的结果表明，国家征地方式中存在较多的侵害农民土地权益的因素，农民更希望通过直接的农地交易将农地转变为建设用地。这是制定政策应该考虑的政策选项。

表5-4　对土地制度及其改革的总体认识

	内容	选项	频数	综合（%）	农民（%）	城镇居民（%）	大中专学生（%）
21	您对现行农村土地管理制度对统筹城乡发展的适合度，以及是否需要彻底改革的看法是：	A. 很适合，不需要改革	203	27.9	58.8	16.7	10
		B. 比较适合，需要稍微进行改革	338	46.5	35.3	50	55
		C. 比较不适合，需要进行较大幅度改革	169	23.3	5.9	33.3	35
		D. 不适合，需要彻底改革	17	2.3	0	16.7	0
22	当前农村土地管理制度存在哪些主要问题？（可多选）	A. 农村集体土地所有权主体不明确，严重缺位	287	7	8.5	4.8	14.1
		B. 土地征用制度不规范	287	7	8.5	23.9	14.1
		C. 农村土地流转机制不健全	406	15.2	13.6	14.3	16.7
		D. 农民行使土地权利得不到保障	439	16.5	22	14.3	12.8
		E. 土地市场发育不健全	372	13.9	13.6	19	12.8
		F. 农民土地使用权不完整	203	7.6	6.8	4.8	9
		G. 以家庭承包经营为基础的双层经营体制不完善	186	7	5.1	4.8	9
		H. 国家对农村土地实行严格的控制	152	5.7	8.5	4.8	3.8
		I. 农地由资源向资产转化	269	10.1	13.6	9.5	7.7
		J. 其他（请说明）	0	0	0	0	0

续表

	内容	选项	频数	综合(%)	农民(%)	城镇居民(%)	大中专学生(%)
23	改革农村土地管理制度的最大障碍在于：	A. 中国经济城乡或地区发展不平衡	423	53.2	42.1	37.5	70
		B. 政府相关部门的利益掣肘	237	29.8	42.1	37.5	15
		C. 管理技术手段落后	135	17	15.8	25	15
		D. 其他（请说明）	0	0	0	0	0
24	农村土地能否进行私有化改革，您的态度是：	A. 能	235	32.6	23.5	50	35
		B. 不能	490	67.4	76.5	50	65
25	您认为农村土地管理制度改革的方向是：	A. 农地规模化经营	321	43.1	45.5	33.3	45
		B. 实施城乡同权的土地政策	253	29.4	27.3	22.2	35
		C. 农村土地产权的界定	169	19.7	18.2	33.3	15
		D. 加速农村人口转移	67	7.8	9.1	11.1	5
		E. 其他（请说明）	0	0	0	0	0
26	您认为影响农村土地流动、转换的主要因素有哪些？（不超过5项）	A. 户籍问题	287	14	12.5	6.7	17.2
		B. 社会保障	471	23.1	22.9	13.3	25.9
		C. 农地产权界定不清	337	16.5	18.8	13.3	15.5
		D. 缺乏流转、置换机制或平台	388	19	18.8	26.7	17.2
		E. 农地发展权的保障（溢价分配）	354	17.4	18.8	20	15.5
		F. 制度约束或滞后	202	9.9	8.3	20	8.6
		G. 其他（请说明）	0	0	0	0	0
27	您认为市郊农村快速城市化进程对该辖区农民产生的主要负面影响是什么？（最多选3项）	A. 农民收入	405	22.2	18.2	25	24.5
		B. 农村土地权益	354	19.4	18.2	8.3	22.6
		C. 农业增收	169	9.3	4.5	8.3	13.2
		D. 农民社会保障	338	18.5	18.2	41.7	13.2
		E. 农民市民化后的发展	354	19.4	27.3	8.3	15.1
		F. 新农村建设	202	11.1	9.1	16.7	11.3
		G. 其他（请说明）	0	0	0	0	0
28	您认为今后农地转变为城市建设用地的方式是：	A. 国家征用后转为建设用地	270	37.2	35.3	16.7	45
		B. 直接进入农地市场	455	62.8	64.7	83.3	55
		C. 其他（请说明）	0	0	0	0	0

（四）　对农村社会保障制度及其改革的总体认识①

1. 现行农村社会保障制度的适应性

问卷提供了很适合、比较适合、比较不适合和不适合 4 个选项，53.2% 的被访者认为比较适合。但是，三类人群的认识存在明显的差别，这一高比例主要由城镇居民（50%）和大中专学生（80%）数据支撑；被访农民中约 1/3 的人认为比较适合。30.9% 的被访者认为比较不适合，这一认识主体主要由农民和城镇居民组成，他们态度差别不大。11% 的被访者认为不适合，需要彻底改革，而这一数据全部来自农民的支撑，这是需要重视的意见，因为这是直接利益主体。另外，也有 5.1% 的被访者认为很适合，显然，这一观点不合时宜。

2. 当前农村社会保障制度改革的重点

问卷提供了 7 个选项和"其他"答项，根据被访者的关注度，统计分为两个层次：①生存保障，即建立农村合作医疗制度、农民养老保险制度和农村低保制度，所占比例分别是 21.4%、18.5% 和 13.9%。②基本需求，依次是解决失业农民的就业问题（12.7%）、建立上学尤其是上大学救助制度（12.7%）、解决"五保户"集中供养问题（11.6%）和解决"两女户"的发展生产问题（9.2%）。数据非常客观地描绘了当前农村社会保障制度的现状和今后的改革方向。

3. 建立城乡统一的社会保障制度的重点

问卷提供了 4 个选项以及"其他"答项，46.5% 的被访者认为应该建立公平但差异化的社会保障，30.2% 的被访者认为建立城乡完全相同的社会保障，16.3% 的被访者认为应该消化农地保障功能，仅有 7% 的被访者认为应该继续发挥农地对农民的保障功能。分别从三类人群的统计数据看，三类人群的观点并不存在显著差异，进一步说，社会对建立公平但又存在适当差异的城乡统一的社会保障取得比较一致的认识。

（五）　统筹城乡发展的制度变迁路径和主要内容②

1. 制度变迁路径

问卷列举了每项单独制定、各项联动改革和不知道 3 个选项以及"其

---

① 　数据见表 5 - 5。
② 　数据见表 5 - 6。

表 5 - 5　对农村社会保障制度及其改革的总体认识

	内容	选项	频数	综合(%)	农民(%)	城镇居民(%)	大中专学生(%)
29	您对现行的农村社会保障制度对统筹城乡发展的适合度,以及是否需要彻底改革的看法是:	A. 很适合,不需要改革	34	5.1	5.9	0	5
		B. 比较适合,需要稍微进行改革	350	53.2	35.3	50	80
		C. 比较不适合,需要进行较大幅度改革	202	30.9	35.3	50	15
		D. 不适合,需要彻底改革	72	11	23.5	0	0
30	您认为当前农村社会保障的重点应该是什么?(可选择多个项目)	A. 普遍建立农村低保制度	405	13.9	17.2	8.3	12.9
		B. 建立农民养老保险制度	540	18.5	21.9	20.8	15.3
		C. 建立农村合作医疗制度	624	21.4	20.3	25	21.2
		D. 解决"五保户"集中供养问题	337	11.6	9.4	8.3	14.1
		E. 解决失地农民就业问题	371	12.7	10.9	16.7	12.9
		F. 解决"两女户"发展生产问题	270	9.2	6.3	4.2	12.9
		G. 建立上学尤其是上大学救助制度	371	12.7	14.1	16.7	10.6
		H. 其他(请说明)	0	0	0	0	0
31	建立城乡统一的社会保障制度的重点是:	A. 城乡完全相同的社会保障	219	30.2	23.5	0	45
		B. 公平但差异化的社会保障	337	46.5	41.2	83.3	40
		C. 淡化农地保障功能	118	16.3	29.4	0	10
		D. 继续发挥农地对农民的保障功能	50	7	5.9	16.7	5
		E. 其他(请说明)	0	0	0	0	0

他"答项,79.1%的被访问者认为应该联动改革,14%的被访者认为每项制度仍应单独制定,4.7%被访问者选择了不知道,2.3%的被访者选择了"其他"答项,但没有给予回答(主要来自少数农民问卷)。分人群数据显示,三类人群的认识基本一致。通过数据可以看出,社会对以往部门主义的制度形成路径存在较多看法,认为应该摒弃,认为统筹城乡发展涉及多部门和多领域,其制度形成需综合考虑、统筹安排。

2. 政府和民众在制度改革中的作用和地位

问卷提供了由政府决定、民众可以不参与,政府主导、民众参与共同制定,民众主导、政府参与和完全由民众决定 4 个选项以及"其他"答项。

48.9%的被访者选择政府主导、民众参与共同制定的制度形成方式，40%的被访者选择了民众主导、政府参与的制度形成方式。这两个选项的数据虽然存在一些差距，但仍比较接近，最重要的是，它们的和达到了88.9%。因此，这两种观点显然具有很强的代表性。但是，这也给予我们另一种启示，那就是统筹城乡发展的制度安排不能由政府一方来决定，其比例仅有11.1%，应该采取多方共同讨论后形成制度的制度变迁方式。在实践中，到底是政府主导还是民众主导，要视具体情况而定，但总体上讲，我国正处于转型的重大时期，应该采用政府主导、民众参与共同制定制度的方式。

表5－6　对我国统筹城乡发展制度变迁路径与内容的总体认识

	内容	选项	频数	综合（%）	农民（%）	城镇居民（%）	大中专学生（%）
32	您认为统筹城乡发展的制度体系形成的途径是什么？	A. 每项单独制定	101	14	5.9	0	25
		B. 各项联动改革	573	79.1	82.4	83.3	75
		C. 不知道	34	4.7	5.9	16.7	0
		D. 其他（请说明）	16	2.3	5.9		
33	您认为政府和民众在制度改革中扮演的角色应该是	A. 由政府决定、民众可以不参与	84	11.1	0	0	25
		B. 政府主导、民众参与共同制定	371	48.9	47.4	50	50
		C. 民众主导、政府参与	303	40	52.6	50	25
		D. 完全由民众决定	0	0	0	0	0
		E. 其他（请说明）	0	0	0	0	0
34	您认为进行户籍、社会保障和土地管理联动改革的措施有哪些？（最多选5项）	A. 成立国家级领导机构	287	9.6	5.9	4.5	13.5
		B. 建立激励与补偿机制	489	16.2	16.2	13.6	16.6
		C. 明确农村土地的所有权主体	337	11.1	10.3	13.6	11.2
		D. 明确农村土地（各项权能）的资产性质	354	11.7	11.8	13.6	11.2
		E. 建立城乡平等的户籍管理制度	472	15.6	14.7	22.7	14.6
		F. 建立城乡平等的公共福利政策	422	14	16.2	13.6	12.4
		G. 建立农村土地资产化动作平台	337	11.1	13.2	4.5	11.2
		H. 允许城镇居民落户农村并享有农村土地各项权能	320	10.7	11.8	13.6	9
		I. 其他（请说明）	0	0	0	0	0

3. 统筹城乡发展中户籍、社会保障和土地管理联动改革的措施

问卷提供了 8 个选项以及"其他"答项，并要求至多选其中 5 项。但是从统计数据看，各项的选择比例差异不大，依次是：建立激励与补偿机制（16.2%）、建立城乡平等的户籍管理制度（15.6%）、建立城乡平等的公共福利政策（14%），其他选项的比例均在 11% 左右。从中也不难看出统筹城乡发展中制度改革的复杂性和工作的艰巨性。

五　调研结论

通过使用问卷调查方式并对所采集的数据进行分析后可以得出这样的结论。

（1）当前全国各地特别是重庆和成都在统筹城乡发展中所取得的成效是明显的，我们可以肯定地说，当前实施的统筹城乡发展战略是我国实现全面建成小康社会的必由之路。

（2）统筹城乡发展战略是一项长期而复杂的工程，其中制度创新是前提，而在制度改革方面，首先要选择与人民特别是农民息息相关的制度进行改革，这些制度具有纯公共产品的性质，如户籍制度、社会保障制度、土地制度等。

（3）不同群体对同一制度具有不同的观点和态度，但不管怎样，统筹城乡发展中的制度改革一定要充分重视农民的意见。

（4）制度变迁路径一定要突破部门主义，要把它放在"统筹"的视域（即联动的视角）中进行统一安排，这样才能最大限度地避免制度冲突和制度作用的损耗。

（5）关于制度改革中政府与民众的作用。从统筹城乡发展战略极其庞大的系统工程性质看，诸如前文所说的具有纯公共产品性质的制度，这些制度的改革与创新应该由政府主导、民众积极参与来共同完成。

第二节　重庆户籍、社会保障和土地管理制度
改革的主要内容与启示

重庆是典型的城乡二元结构，城乡差距大，区域发展不平衡，资源节

约和环境保护任务繁重，集合和叠加了我国东部现象与西部现象，具有我国很多地区尤其是中西部省区相似的基本特点，是我国基本国情的一个缩影。同时，重庆作为直辖市，又具有中等省份的构架和欠发达省份的特征，择其进行统筹城乡综合配套改革试点，不仅有利于完善新兴直辖市的体制，也有利于探索省级构架下的城乡统筹之路。在重庆进行统筹城乡综合配套改革试点，对全国特别是中西部地区统筹城乡发展具有典型意义。

一 重庆市户籍、社会保障和农地管理制度改革与运行情况

在上节，我们已经对重庆区域相关人群就统筹城乡发展中的主要制度的认知问题进行了统计分析，这是从宏观层面理解重庆统筹城乡发展中制度建设的主要内容和方向。通过到重庆相关区域进一步搜集资料和进行个别访谈，我们更进一步了解了重庆统筹城乡发展中的制度改革及其实践。

（一）户籍制度改革：过程与特点

1. 户改过程

2007 年 6 月，重庆获批成为全国统筹城乡综合配套改革试验区，从此开始探索城乡二元户籍制度改革。同年，在重庆多个地区开展城乡户籍改革试点，其中在江北区和九龙坡区取得了一定的成效。随后经过一年多的集中调研，于 2010 年 7 月 12 日由重庆市政府第 75 次常务会议审议并通过了《重庆市人民政府关于统筹城乡户籍制度改革的意见》及《重庆市户籍制度改革配套方案》。2010 年 7 月 25 日，重庆市政府发布重庆户籍制度改革的 4 份文件，[①] 并于 8 月 15 日在 40 个区县全面启动户籍制度改革，户籍制度改革进入破冰之旅。之后，为解决土地过渡期相关问题，于 2010 年 9 月 11 日发布《重庆市人民政府办公厅关于推进重庆市户籍制度改革有关问题的通知》（渝办发〔2010〕269 号）；为进一步解决户籍制度改革的养老保险问题，于 9 月 29 日发布《关于重庆市农村居民转为城镇居民

---

① 《重庆市人民政府关于统筹城乡户籍制度改革的意见》（渝府发〔2010〕78 号）、《重庆市统筹城乡户籍制度改革社会保障实施办法（试行）》（渝府发〔2010〕202 号）、《重庆市户籍制度改革农村土地退出与利用办法（试行）》（渝府发〔2010〕203 号）和《重庆市统筹城乡户籍制度改革农村居民转户实施办法（试行）》（渝办发〔2010〕204 号）。

参加基本养老保险有关问题的处理意见》（渝人社发〔2010〕182号）。[①]

2. 户改的内容与特点

自2007年开始至今，重庆市出台的一系列关于户籍制度改革的决议或意见等，已经形成了一个完整的、新的户籍管理运行体系和机制，其内容非常全面，可以说基本达到了中央确定其为试验区的目的——发挥示范作用，因此，关于重庆户籍制度改革的内容本书不再另行展开，在相关网站上均可查询。

考察重庆户籍制度改革的内容，认真分析其所实施的相关文件（通知或意见等）我们发现，重庆市户籍制度改革其实是一个除户籍制度本身之外还包括与之密切相关的社会保障、农地管理、就业、教育等多个领域的综合改革或联动改革。

重庆城镇户籍人口比重较低，推进户籍制度改革有利于集聚城市人口，加快推进户籍制度改革，真正破解农民工进城"落地生根"问题已成为实现城乡统筹的关键。2010年8月重庆正式出台了《重庆市人民政府关于统筹城乡户籍制度改革的意见》（渝府发〔2010〕78号），户籍改革在重庆正式全面启动。

（1）分阶段、分群体、分区域实施和布局。一是分阶段实施。重庆户籍制度改革分两个阶段推进：2010～2011年，即第一阶段，重庆重点推进有条件的农民工转为城镇居民，解决户籍历史遗留问题，新增城镇居民330万人，非农业户籍人口比重由29%上升到37%。计划2012～2020年，即第二阶段，每年转移80万～90万人，到2020年新增城镇居民700万人，非农业户籍人口比重提升至60%，主城区集聚城镇居民1000万人，区县集聚城镇居民600万人，小城镇集聚城镇居民300万人，形成自由互通、权益公平、城乡一体的户籍制度体系。二是分群体实施。户籍制度改革首先在有条件的群体中实施，重点解决两类群体的户籍问题，涉及338.8万人。第一类是有条件的农民工及新生代农民工，包括在主城区务工经商5年以上、在远郊区县城务工经商3年以上的农民工，农村户籍的

---

① 唐亮：《统筹城乡背景下的重庆户籍制度改革研究》，重庆工商大学硕士学位论文，2012。

大中专学生，农村退役士兵3个群体，约294.1万人。第二类是历史遗留户籍问题，包括已用地未转非人员、大中型水利水电工程建设失地未转非人员、城中村未转非人员、农村集中供养五保对象等四大群体，约44.7万人。解决好这两类群体的户籍问题，既满足了已在城镇长期生活的有条件农民工的转户需求，又解决了因城市化用地产生的户籍遗留问题，为深入推进户籍制度改革奠定了基础。[①] 三是分区域布局。重庆户籍制度改革实行分区域布局，按照宽严有度、分级承接原则，适度放宽主城区、进一步放开区县城、全面放开乡镇落户条件。通过规范设定准入标准，促进人口在主城区、区县城、小城镇三级城镇体系合理分布，使户籍转移呈现梯次渐进、分布合理的良性发展态势。[②]

（2）坚持综合配套。为了保证这些目标的顺利完成，重庆市政府制定了一系列配套机制，简称为"3＋5"综合配套政策体系。

①"3年过渡"是指对农村居民转户后承包地、宅基地的处置，设定了3年过渡期，允许转户农民最长3年内继续保留宅基地、承包地的使用权及收益权。

②"3项保留"是指农村居民转户后，保留林地使用权，继续享受计划生育政策、农村各项补贴。

③"5项纳入"是指农村居民转户后，可享受城镇的就业、社保、住房、教育、医疗政策，实现转户进城后"五件衣服"一步到位，与城镇居民享受同等待遇，真正体现"劳有所得、老有所养、住有所居、学有所教、病有所医"。

（3）明确重点。重庆户改以实现农民工进城为突破口，改革以农民自愿为基础，设定合理的职业、收入、住房等门槛，避免农民盲目进城。重庆规定：重庆籍农民凡在主城区务工经商5年以上或购买商品房，或投资兴办实业3年累计纳税10万元以上或一年纳税5万元以上的，均可自愿申请入户；在远郊区县城务工经商3年以上，或购买商品住房，或投资兴办实业3年累计纳税5万元以上或一年纳税2万元以上的，均可自愿申

---

① 殷守革、孙华、毛江东：《二元户籍条件下农民社会保障机制研究——基于重庆户籍改革的思考》，《中共山西省直机关党校学报》2012年第1期。
② 详见《重庆市人民政府关于统筹城乡户籍制度改革的意见》（渝府发〔2010〕78号）。

请入户。在乡镇入户方面，农民可本着自愿原则就近就地转为城镇居民，实现全面放开。

3. 户改成效

重庆市统筹城乡户籍制度改革自 2010 年 8 月全面启动以来，坚持以推动符合条件的农民工特别是新生代农民工转户进城为突破口，相继纳入市委"十大民生工程""共富十二条"予以重点推进。经过全市上下的共同努力，到 2011 年 12 月底，重庆市新增城镇居民（即农转非转户）数量符合预期。

截至 2011 年 12 月 31 日，[①] 全市累计农转城 3218899 人，整户转移 823105 户，平均每天转户 6387 人，在区域分布、群体分布等方面与改革预期基本相符。

一是区域分布较为合理。从"一圈两翼"分布情况看，在 1 小时经济圈转户 163.4 万人（占 50.8%），渝东北地区转户 103.5 万人（占 32.1%），渝东南地区转户 55.0 万人（占 17.1%）；从三级城镇分布情况看，转户人员在主城居住 88.5 万人（占 27.5%），在区县城居住 86.3 万人（占 26.8%），在乡镇居住 147.1 万人（占 45.7%）。

二是以农民工及新生代为转户主体。有条件的农民工群体及新生代转户 201.8 万人，占转户总数的 62.7%。其中，农民工 148.8 万人，占 46.2%；新生代 53.0 万人，占 16.5%。已转户人员中农村劳动力年龄段人口 208.3 万人，占转户总数的 64.7%。

三是城镇化率得到更加真实的反映。重庆市全市户籍人口城镇化率为 37.8%，实现了 2011 年前达到 37% 的户改第一阶段目标。1997 年直辖之初，重庆市户籍人口城镇化率为 19.5%，到 2010 年 8 月户改启动前夕上升到 29.2%，13 年多时间仅上升 9.7 个百分点。户籍制度改革一年多以

---

① 2012 年 9 月 27 日，重庆市农民工户籍制度改革工作培训会召开，重庆市农民工户籍制度改革累计转户 345 万余人、整户转移 88.84 万户，其中，2012 年 1~9 月转户 23.56 万人、整户转移 6.52 万户。截至 2012 年 9 月，重庆市共受理 57660 户宅基地及附属设施用地退出申请，已对 31893 户 12892 亩兑付价款 11.88 亿元。245 万名转户居民参加了各类养老保险，305 万人参加了医保，15.3 万人享受到城市最低生活保障，43068 户转户居民和农民工申请到公租房，占配租总数的 41.4%，http://tcb.jiangjin.gov.cn，2012 年 10 月 12 日。

来，重庆市户籍人口城镇化率上升了 8.6 个百分点。户籍人口城镇化率更加真实地反映了重庆市城市化的现实。[①]

（二）农村居民的社会保障制度改革：背景、特点与成效

1. 背景

社会保障是户籍制度改革的重要内容之一。为了贯彻落实好"78 号文件"，让广大农村居民转为城镇居民后，能够享有与城镇居民同等的社会保障待遇，重庆市人力资源和社会保障局、市民政局经过深入调研论证，通过制度创新和调整完善，整合各种社会保障资源，拟定了《重庆市统筹城乡户籍制度改革社会保障实施办法（试行）》，经市政府常务会议审议通过后，市政府办公厅以渝办发〔2010〕202 号文件印发施行。

2. 内容与特点

建立城乡全覆盖的养老保险制度，为城乡居民提供同等程度的社会保障是体现城乡公平的重要方面。根据国务院《关于开展新型农村社会养老保险试点的指导意见》（国发〔2009〕32 号），重庆自 2009 年 7 月 1 日开始进行城乡居民社会养老保险制度的试点。重庆城乡居民社会养老保险按照"保基本、全覆盖、有弹性、能转移、可持续"的基本原则，个人（家庭）、集体、政府合理分担责任，权利与义务相对应；政府主导和居民自愿相结合，引导居民普遍参保。[②]

从实践上看，重庆市农村社会保障制度设计体现了如下特色。

（1）城乡一体。试点之初，重庆市就将农村居民和城镇没有养老保障的老年人、低收入灵活就业人员等纳入同一制度统筹考虑，提前两年实现了城乡制度一体化和全覆盖。

（2）市级统筹。制度设计时，重庆市就一步到位实现了基金的市级统筹，统一了全市城乡居民养老保险政策规定、业务标准、操作流程和管理软件。

（3）提高标准。重庆市城乡居民养老保险基础养老金标准起步就定为 80 元，比国家补助标准 55 元高出 25 元。同时，对独生子女父母和 70

---

① 资料来源：重庆户改办，发布日期：2012 年 1 月 6 日，新闻来源：人民网重庆视窗。

② 李敬、张阳艳、熊德平：《制度创新与统筹城乡发展——来自重庆统筹城乡综合配套改革试验区的经验》，《农业经济问题》2012 年第 6 期。

周岁以上老人，每人每月各增发 10 元养老金。领取养老金的老人去世后，按本人 12 个月养老金标准发放一次性死亡补助金。

（4）鼓励缴费。为参保缴费人员设立了 100～900 元 5 个缴费档次，拉开缴费差距，以适应不同收入人员的参保需求。政府每年给予参保人员 30 元缴费补贴，对重度残疾人，由政府帮助代缴 40 元。对 60 周岁以上的老年人，除不缴费可直接领取基础养老金外，还允许其在每月 40 元、60 元、90 元 3 个标准中选择其中一档一次性趸缴，并另计发个人账户养老金，两项待遇之和可达 120 元至 170 元。

（5）强化管理。一是狠抓经办管理。建立了村社受理、乡镇办理、区县处理、市级集中管理的四级经办服务体系。群众"足不出村"，只需提供一张身份证、一个户口簿，填写一份申报表就能完成参保手续。将城乡居民养老和医疗保险合并纳入市级数据库集中管理，实现数据大集中，信息资源四级共享。二是强化经费保障。重庆市各级政府将试点工作所需经费纳入财政预算安排，部分区县还建立了与工作成效挂钩的经费保障机制，采取政府购买服务方式，充分发挥基层村社干部、大学生村官的作用，"养事不养人"，既节约了行政成本，又确保了试点工作的顺利推进。[①]

3. 制度成效

（1）养老保险方面。截至 2011 年 11 月底，共有 179.79 万名转户居民参加了各类养老保险，应参保人员参保比例为 78.3%。其中，22.62 万名各类建设用地失地农民申请参加被征地农转非人员养老保险，11.87 万名老年人开始按月领取养老金，每月至少 500 元；1961 名转户居民申请参加退地农转城人员养老保险，921 名老年人开始按月领取养老金，每月至少 500 元。

（2）医疗保险方面。截至 2011 年 11 月底，共有 259.23 万人参加了各类医疗保险，参保比例为 89.94%。

（3）就业方面。截至 2011 年 12 月底，全市开展转户居民就业创业

---

① 喻保轩：《重庆市提前实现城乡居民社保制度全覆盖》，《重庆日报》2012 年 10 月 15 日。

培训 13656 人次，推荐就业 29965 人；积极扶持转户居民自主创业，为自主创业转户居民发放小额担保贷款 4644 万元。

（4）住房方面。在已进行的四次公租房摇号中，有 31465 户转户居民和农民工成功申请到公租房，占配租总数的 38.26%。

（5）教育方面。转户居民子女享受与城市居民子女同等待遇，由区县教育行政部门纳入划片就近入学安排，享受平等接受义务教育的权利。帮助 27.6 万名农民工解决了子女入学问题。①

（三）农村土地制度改革：过程与特点

1. 过程

创新"地票"交易与土地流转模式，全面进行土地制度改革。健全农村土地管理制度、优化城乡土地资源配置，是解放农村生产力、统筹城乡发展的关键。

2008 年重庆成立农村土地交易所，开展"地票"交易。"地票"制度以"先补后占"替代"先占后补"的用地模式，可以更好地实现耕地保护目标，实现农村集体建设用地与城市建设用地远距离、大范围的转换，有利于城乡统一的土地市场建立。自 2008 年 12 月 4 日重庆农村土地交易所成立以来，到 2011 年 12 月交易"地票"8.9 万亩，交易金额 148 亿元。"地票"制度提高了农民财产收入，农民可获得 85% 的"地票"价款收益，按目前的价格，农民每亩土地最低可获得 9.6 万元收入，比在传统模式下宅基地使用权流转获得的收益多出数倍。2007 年重庆出台《关于加快农村土地流转促进规模经营发展的意见》（〔2007〕250 号），引导发展转包、转让、出租、入股等流转方式，土地流转面积 390 万亩，规模经营比例达 17%；2009 年农村承包地流转面积 580 万亩，占承包地总面积的 30%，土地规模经营面积达到 458 万亩，土地规模集中度达到 23%；2010 年，重庆继续深化统筹城乡土地制度改革，建立耕地保护基金制度，确保城乡土地资源的优化配置。②

---

① 资料来源：重庆户改办，发布日期：2012 年 1 月 6 日，新闻来源：人民网重庆视窗。
② 李敬、张阳艳、熊德平：《制度创新与统筹城乡发展——来自重庆统筹城乡综合配套改革试验区的经验》，《农业经济问题》2012 年第 6 期。

2. 土改亮点

（1）设立农村土地交易所。2008 年年底重庆设立农村土地交易所，这是重庆辖区农民土地"实物"资产权利和土地指标资产权利集中流转的交易平台。农村土地交易所设立的目的在于优化土地资源配置，盘活存量、用好增量、控制总量，切实保障农民权益，推动农村土地规范流转，促进新农村建设和农业产业化。

（2）"地票"交易制度。重庆市城镇化发展进程加速推进，对农村新增建设用地的"需求"极度旺盛，但基于我国最严厉的耕地保护制度，城市扩展的用地需求与难以逾越的耕地保护红线形成一个刚性矛盾。另外，宅基地闲置、浪费的现象与宅基地隐形流转的现象并存。为解决此矛盾，重庆创新农村非农土地流转模式，根据土地本身特有性质，建立了"地票"交易制度。"地票"交易基本实现了农村集体建设用地和城市建设用地指标在重庆市市域内远距离、大范围置换，以创新农村建设用地使用和管理制度为突破口，以城乡建设用地指标流转的形式，有效化解了城镇化进程中用地的刚性需求与耕地保护刚性红线的矛盾，既有效增加了耕地，又增加了土地利用总体规划约束下的城镇建设用地指标，逐渐催生了统一的建设用地市场，有效化解了城乡二元用地矛盾。

（3）农民土地使用权退出机制。农民土地使用权退出是重庆实施"农转城"工程，统筹城乡户籍制度改革的核心内容。主要由 4 个文件构成，[①] 即"1 + 3"政策体系，具体来讲，重庆对农民转户进城设计了一套完整的政策实施机制，概括起来就是上文所讲的"335"，即 3 年过渡、3 项保留和 5 项纳入。

3. 土改成效[②]

（1）理论意义。重庆土改的三种主要做法具有重要的理论意义，即

---

① 包括《重庆市人民政府关于统筹城乡户籍制度改革的意见》（渝府发〔2010〕78 号）、《重庆市统筹城乡户籍制度改革社会保障实施办法（试行）》（渝办发〔2010〕202 号）、《重庆市户籍制度改革农村土地退出与利用办法（试行）》（渝办发〔2010〕203 号）及《重庆市统筹城乡户籍制度改革农村居民转户实施办法（试行）》（渝办发〔2010〕204 号）。

② 资料来源：重庆户改办，发布日期：2012 年 1 月 6 日。

推动农村土地资产化进程（探索与实践）。通过土地权利的上市交易、"地票"交易、土地使用权退出机制，凸显农村土地作为资产的属性，在土地权利流转中提高农村土地的增值收益，能够达到城市资源反哺农村、促进农村要素市场建设、提高农民财产性收入等效果。

（2）实践意义。

①实现保护耕地和优化配置土地资源。三种做法很好地实现了保护土地特别是耕地，切实保障农用地特别是耕地面积不减少、质量不降低。同时，在总面积不增加的前提下，优化土地资源配置，实现城乡建设用地优化布局，提高集约利用水平。

②为财政增收开辟了新的渠道。土地流转过程必然伴随着相应的税费收入。虽然当前的农村土地流转还不够活跃，但从长远看，农村土地流转市场前景广阔。当农村土地流转市场进一步成熟后，交易额必将越来越大，必会给国家创造大量税费收入。

③激活农村土地要素市场。土地交易所成立后，通过开展远距离、大范围的土地资源优化配置，使固化的土地资源转化为可以流动的资本，这必然带动农村要素市场的发育，有力地促进资本、产权、技术等其他要素市场建设。

④以土地增值收益反哺"三农"。一是提高农民财产性收入，使农民得到实惠，推进农民市民化的转变；二是为农业和农村发展提供了资金支持。

⑤助推户籍制度和社会保障制度改革。

二　重庆市户籍、社会保障和土地管理制度改革中存在的问题、原因与启示

总体来讲，5年来重庆户籍、社会保障和土地管理综合改革基本实现了政府的预期目标。建立了比较完备的政策体系，政策执行也比较到位。这一系列政策文件，立足统筹城乡发展和保护农民（工）权益，始终坚持自愿原则，始终坚持转户居民平等享受各种权益，基本实现了政策、群体、措施全覆盖，真正体现了综合配套，有效促进了城乡协调发展。但是，重庆市户籍、社会保障和土地管理制度等相关改革还处在一个初级阶段，需要进一步深化。

（一）问题

1. 户籍制度改革中存在的问题

重庆户籍制度改革虽然采取了相应的配套措施，提出了可操作性强、见效快的实施方案，但改革毕竟是一个制度演进过程，短时间内难以实现制度需求与制度供给的完全对接。

第一，配套改革相对滞后。重庆户改的主要目标即大量的人口迁移，这就涉及城市各个管理系统的综合承受能力，最重要的是财政承受力和城市的接纳能力。在重庆现行的财政实力下，大量的人口流入对主城区的接纳能力产生巨大压力，人口激增导致的交通拥堵、教育资源紧张、社会治安管理和社会保障压力等问题，都会给主城区带来严峻的挑战。所以，配套改革相对滞后，相关法律法规尚不健全，就很难消化激增人口，不但难以实现城乡统筹，而且会影响正常的城市化进程。

第二，失地农民得不到相应保障。在户改前，进城农民工尚有一丝回旋的余地，即若不能在城市立足，还可回家种地。但户改增加了农民进城务工的风险。按重庆现行改革方案和法规，进城农民工必须在"非农户口"和"农村土地"之间做选择，虽然设置了3年过渡期，但3年过渡期满后不退出土地，必须返回农村户口。但目前对退地农户的土地补偿微乎其微。由于各项配套改革措施尚不健全，农民失去农村的"三件衣服"后，得到的城市的"五件衣服"实在太单薄。

第三，户籍身份壁垒消除，其他壁垒依然存在。户籍改革，表面上农民成了"城市人"，看似降低了农民工的入城标准，实际上却是提高了进城门槛。主要表现在进城后高昂的房价和低微的收入，使农民工对城市房屋望而却步，也难以融入城市；此外，入城后，子女入学、日常生活开支增加，也让他们难以承受。门槛提高还表现在就业上。多数用人单位在设置用工条件时，都以文化程度为准入限制，而进城农民大都是低学历人员，这也使得他们只能从事简单的体力劳动，学历、文凭、技术是多数农民工难以跨越的门槛。[1]

---

① 韩斌会：《重庆户籍制度改革的思考》，《农村经济与科技》2012年第8期。

2. 社会保障制度改革中存在的问题

（1）地方财政支付压力较大，不利于农村社会保障的可持续发展。2011 年重庆市实现城乡居民养老保险全覆盖，领取待遇人员急剧增长，达到 338 万人，比上年增加了 73 万人，预计需要资金 35 亿元，比上年增加 11.5 亿元。另外，由于保障资金不足，保障水平还处在较低水平上。

（2）政策衔接和统筹层次不够，不利于未来更高水平的统筹管理。重庆采取的是针对不同群体制定不同政策的方式，如与农民相关的养老保险就有城乡居民社会养老保险、农民工养老保险、被征地农民养老保险等，这是一种"打补丁"式的制度设计。尽管这样的制度安排在当前有其合理性，但缺乏更高层面的统一规划和统筹设计。

（3）基层社保服务网络和能力建设投入仍显不足，难以满足日益增长的基层需求。重庆市目前农村社保制度建设和扩面工作进展迅速，但基层社保服务能力建设没有及时跟进，部分地区基层社保服务网点人员配备和信息化水平明显滞后，难以满足农村群众日益增长的社保服务需求。如重庆潼南县双江镇社保所仅有在编工作人员 3 人，所辖 21 个村和社区仅各配备了 1 名兼职社保工作人员，却承担了全镇 5 万余名城乡居民的低保、养老、医疗等全部社保服务职责。

3. 土地管理制度改革中存在的不足

重庆目前土地改革虽然取得了一些成效，也有很多亮点，但土地交易、流转的规模还是很小，农地还无法实现自由流转。我们认为，重庆土地制度改革中以下几个根本性问题还未实现根本性改革：①仍没有解决农村土地产权界定不清晰问题；②没有从理论研究和法律安排上解决农地的属性问题。由以上两个方面引起以下几个问题：一是农地抵押的合法性问题；二是"地票"交易中如何保护农民土地增值收益分配权益问题；三是农民土地退出的时机、形式以及土地权益保障问题。

（二）原因分析与启示

（1）理论准备不足。改革需要正确的理论做指导，否则改革就会迷失方向。统筹城乡发展不仅是一项极其复杂的系统工程，而且也是一次重大的利益调整过程，因此，需要有成熟的理论思考。重庆等在 2007 年被确定为统筹城乡综合配套改革试验区时还有许多重要的理论问题和政策支持没有得到解决，如制度变革中政府和民众的作用和地位、户籍制度改革应达到什么样的目标、如何构建城乡统一的社会保障制度、农村土地的财产权利实现等从中央到地方还未形成统一的认识。这样的研究现状严重滞后于制度变迁的现实需求，因而在实践探索中出现这样或那样的问题也不足为怪。可见，当前的改革还需要继续深化相关理论研究，对一些核心的理论问题从中央到地方要形成基本一致的认识。

（2）法制准备不足。法制建设对于统筹城乡发展具有十分重要的现实意义，因为统筹城乡发展战略的实施是城乡利益的大调整过程，需要有法律进行协调并保障其实施。具体地讲，体现在三个方面：一是改革措施需要得到法律的正当性肯定；二是化解城乡统筹矛盾纠纷，保证城乡统筹健康有序进行；三是促进司法领域的城乡平等保护。但是，直到2007年重庆和成都被国家确立为全国统筹城乡综合配套改革试验区时，国家和地方都没有出台指导改革的相关法律，可以讲，统筹城乡发展综合配套改革的法律准备是不足的。这一现象对于重庆来说体现在两个方面：一是地方立法缺乏法律依据；二是地方与国家相关法律发生冲突，如2011年，重庆曾试图对三权抵押、农村金融改革进行立法，但上报全国人大时被否定。理由很简单，这和法律有冲突。可见，从中央到地方相关立法工作迫在眉睫。

（3）就户籍制度改革而言，没有从根本上消除户籍的歧视性，没有消除农业户籍和非农业户籍的区别。可见，户籍制度改革不仅是"农转非"或"农转城"的问题，更深层的问题应该是解决户籍制度的功能问题，在此基础上才能彻底消除户籍制度的城乡差别。

（4）就社会保障制度改革而言，一是财政支持跟不上，这与重庆现阶段的经济发展水平、财政收入水平不高紧密相关；二是与社会保障资金的形成机制不足有关；三是社会保障中仍存在城乡差别的观念。可见，建立城乡统一的社会保障制度的重点是在大力发展经济的同时进行财政体制改革，以及创新保障资金的形成机制。

（5）就土地制度改革而言，一是土地产权配置还很不清晰；二是土地没有实现由资源向资产属性的转化。由于土地制度改革中上述两个根本性的问题没有得到很好的解决，所以土地财产权也没有得到充分的重视。

财产权（产权）即自由权，可见，农地显然无法实现真正的自由流动。这一改革中存在的问题给予我们的启示是，土地制度改革首先是界定农地产权，并以此为基础解决农地的财产权利问题。

（6）制度内容与改革实践主要体现了"农转非"，而对"城转农"的制度安排（尤其是城市居民怎样才能获取集体成员资格并享有权益）几乎没有，因而可以说，重庆的统筹城乡发展更多地体现了人口和农地要素的单方向流动。这一改革中存在的现象值得我们进一步思考。

第三节　成都户籍、社会保障和土地管理制度改革的主要内容与启示

中央设立成都市统筹城乡综合配套改革试验区，其主要目的在于逐步建立较为成熟的社会主义市场经济体制，基本形成强化经济发展动力、缩小城乡区域差距、实现社会公平正义、确保资源环境永续利用和建设社会主义新农村的理论架构、政策设计，以及经济社会和谐发展的综合模式，走出一条适合中西部地区的发展道路。

成都的探索对全国其他地区统筹城乡（一体化）改革发展有一定的启示和借鉴意义。

一　成都市户籍、社会保障和农村土地管理制度改革与运行情况

近年来，成都为深入贯彻落实科学发展观，紧紧抓住全国统筹城乡综合配套改革试验区建设机遇，坚持统筹城乡发展战略，切实把发展为了人民、发展依靠人民、发展成果由人民共享贯穿经济社会发展各领域、各环节，初步形成城乡经济社会发展一体化新格局，促进城乡群众共创共享改革发展成果。

（一）户籍制度改革：过程与特点

1. 户改过程

根据地区实际，成都通过循序渐进的方式推进户籍制度改革，将实现城乡统筹和公共服务均等化作为户籍制度改革的目标。成都户籍制度的改革沿着"破除户籍制度背后的附加制度，破解户籍背后的利益分

割"的思路,以城乡统筹推动附加制度改革,进而促进户籍改革。2003年以来,成都先后实行了5次户籍政策调整:①2003年,成都取消入户指标限制,以条件准入制代替"入城指标";②2004年,打破沿袭50年的二元户籍登记制度,取消"农业户口"和"非农业户口"性质划分,统一登记为"居民户口";③2006年,率先实现本市农民租住统一规划修建的房屋可入户;④2008年,实现本市农民租住私人住房可入户,打破由货币筑起的阻碍农民进城镇的壁垒;⑤2010年,正式出台《关于全域成都城乡统一户籍实现居民自由迁移的意见》(成委发〔2010〕23号),拟对"城乡自由迁移""统一的户籍管理制度""统一的住房保障制度"等进行突破,到2012年实现成都全域内城乡统一户籍。2010年出台的这一《意见》在成都户籍政策调整的历史上显然具有里程碑意义。①

2. 内容与特点

从成都已经推出的各项具体政策来看,成都户籍制度改革主要是针对成都市域范围内现有户籍居民开展的一项改革,对成都市域内的外来人口涉及较少。成都市户籍制度改革主要包括以下内容。

(1)实行居住地登记制度。成都户籍制度改革文件中提出建立户口在居住地登记、随居民流动自由迁移的统一户籍管理制度,实现居民户口登记地与实际居住地一致,并且建立以身份证号码为标识,集居住、婚育、就业、社会保险等一系列人口相关基本信息于一体的人口信息管理系统。通过改革,户籍成为居住登记管理的一种手段,城乡居民可以根据合法固定住所证明进行户口登记,户口登记时不但购房可以落户,而且租房同样可以落户。这样农村居民可以通过在城镇购房或者租房的方式落户城镇,同样城镇居民也可以迁移到农村。户口也随着居民的居住地变动而变动,实现了居住和户口登记一元化管理的目标。

(2)统一了部分城乡公共服务政策。成都户籍制度改革文件中提出建立城乡统一的就业失业登记管理制度,统一失业保险待遇标准,并提出统一中等职业学校学生资助政策,对就读中等职业学校的本市所有户籍学

———————————

① 胡燕:《基于户籍制度改革的"成都样本"思考》,《西北人口》2011年第6期。

生统一助学标准。要求各区县将城乡居民符合住房保障条件的家庭统一纳入城乡住房保障体系。要求各区县首先统一城乡"三无"人员供养标准,对有条件的区县,建立城乡统一的低保标准;对暂不具备条件的区县,要求在 2015 年之前实现统一城乡低保标准。在社会保险方面,进行了较大的改进,将已有的非城镇户籍从业人员综合社会保险并入城镇职工社会保险。

(3)统一了部分城乡管理措施。成都市户籍制度改革文件在计划生育、义务兵家庭优待和退役安置、政治权利等方面提出统一管理措施。在计划生育方面,实现独生子女父母奖励政策城乡全覆盖;要求各区县实现统一城乡义务兵家庭优待政策,入伍前没有土地承包经营权和林地使用权的退役士兵享受同等安置政策;并提出城乡居民在户籍所在地享有平等的政治权利和民主管理权利,平等享有选举权、被选举权和民主管理权利。①

成都市户籍制度改革的主要特点体现在如下几个方面。

一是围绕统筹城乡发展的大局,以城乡一体化为目标推进户籍制度改革。深化户籍制度改革是统筹城乡经济社会发展、深入推进城乡一体化的重要举措,紧密结合统筹城乡发展的工作部署逐步推进和展开,消除城郊农民进城向城镇居民转变的障碍。

二是注重社会管理各方面改革发展的相互联系和综合配套,推进社会管理的制度创新。成都把改革户籍制度同创新城乡社会管理结合起来,在改革户籍制度的同时,实施农村产权制度的改革,促进生产要素的城乡自由流动,以城乡基本公共服务均衡化为目标,增加农村公共服务供给,解决好农村的文化教育、医疗卫生、社会保障以及农民务工就业等问题,同时探索农村村级治理、基层社区建设的新路。

三是户籍制度改革从实际出发,稳步推进。成都市从实际的可能性出发,在既定的权限和管辖范围内实施改革。同时也充分考虑城市资源环境的承受能力和公共服务状况,以及城市管理手段和水平的适应程度,既积

---

① 马福云:《中国户籍制度改革的困境及其求解——以成都户籍制度改革为例》,《北京科技大学学报》(社会科学版)2011 年第 3 期。

极而为，又稳步推进。①

3. 改革成效

（1）基本建立户籍居住一元化管理机制，实现城乡自由迁移。从制度上"建立户口在居住地登记、随居民流动自由迁移的统一户籍管理制度，实现户口登记地与实际居住地一致"。

（2）充分保障农民权益，农民可带产权进城。农民进城不以牺牲宅基地、承包地等财产权为代价，农民可以带产权进城，就业、社保不影响这些权利的行使；原住农民也享受政府提供的等质等量的公共服务和社会保障等。农民不再是一种身份的象征，而是一种职业的体现。

（3）实现统一户籍背景下的公共服务均等化。此次改革破除了这种长期附着在城乡户籍差异上的权利不平等，实现统一户籍背景下享有平等的社保、教育、住房、就业等基本公共服务和社会福利，在本质上突破城乡二元结构，促进城乡一体化。②

（二）农村社会保障制度改革：内容与成效

2003 年以来，成都市在推进城乡统筹"四位一体"科学发展总体战略中，围绕保障全民"老有所养，病有所医"目标，按照"先按人员身份分类建立社会保险制度，实现城乡全覆盖，然后逐步消除社会保险制度碎片，实现城乡一体化"的思路，着力构建"制度构架城乡统筹、待遇标准城乡衔接、经办操作城乡一致"的统筹城乡社会保险体系，经过 8 年的探索，基本形成了城乡群众共创共享的社会保险机制。

1. 内容

2003 年，成都市按照"低费率、广覆盖、保基本，权利与义务对等"的思路，出台了《成都市非城镇户籍从业人员综合社会保险暂行办法》（政府发〔2003〕7 号），先行先试，为农民工量身定做了综合社会保险（以下简称综保），参保农民工享受工伤补偿、住院医疗费报销、老年补贴三项社保待遇，其中工伤补偿、住院医疗费报销与城镇职工同等。近年

---

① 重庆市社会管理创新课题组：《户籍管理制度改革的成都实践》，中国乡村发现网，2011，第 10 页。

② 李红兵、严蓉、赵静、杨从尧：《成都统筹城乡户籍制度改革研究》，《学理论》2012 年第 13 期。

来，成都市在推进统筹城乡社会保险过程中，适时调整农民工综保政策，到 2008 年 5 月，在不增加用人单位和农民工个人缴费负担的基础上，综保待遇又增加了门诊个人账户、失业补贴、生育补贴，实现了"一项缴费、六项待遇"。成都市的农民工综保，既解决了农民工最基本的社会保障问题和年老以后的后顾之忧，又保护了农民工的社会保障权益，受到用人单位和农民工的认同，对解决农民工参保难题，促进统筹城乡发展起到了积极作用。2010 年 11 月，成都市出台《关于全域成都城乡统一户籍实现居民自由迁移的意见》（成委发〔2010〕23 号），提出彻底破除城乡居民身份差异，推进户籍、居住一元化管理，充分保障城乡居民平等享受各项基本公共服务和参与社会管理的权利，到 2012 年实现成都全域城乡统一户籍，农民工身份将成为历史。①

2. 改革成效

（1）统筹城乡社会保险体系全面形成。成都市在全国率先建立起分别由城镇职工和城乡居民养老保险、城镇职工和城乡居民医疗保险两大制度构成，缴费和待遇标准多层次，社保关系市域内无障碍转接的基本养老和基本医疗保险两大体系，荣获第三届建设成都杰出贡献奖。在全国率先实现社会保险应用数据全市大集中，城镇职工基本养老保险省级统筹，工伤、失业、生育保险市级统筹，城乡基本医疗保险市级统筹和全域结算。

（2）城乡社会保险参保覆盖面日益扩大。2012 年，城乡居民社会养老保险和基本医疗保险参保率分别达 90.79% 和 98.37%，城镇企业退休人员月人均养老金 1868 元，城乡居民月人均养老金 283 元，被征地农民月人均养老金 1082 元，城镇职工和城乡居民基本医疗保险政策范围内的住院医疗费用支付比例分别达 85.3% 和 73.5%，失业保险金标准提高到每人每月 672 元和 735 元。②

①城乡居民养老保险实现全覆盖，全市 60 岁以上城乡居民实现人人享有养老保障；城镇职工基本养老保险与城乡居民基本养老保险两大制度

---

① 王德平、王健平：《城乡社保并轨的"全域成都"》，《中国人力资源社会保障》2011 年第 6 期。

② 黄泽君：《成都：社会保障民生树下的幸福生活——成都人力资源和社会保障事业发展改革启示录》，《四川日报》2013 年 3 月 6 日。

间实现无障碍相互转接；社保业务数字化经办模式基本形成，全市规模以上持续参保缴费企业网上经办率达70％。

②医疗保险制度改革持续深化，按病种付费、人头付费和总额控制等付费方式改革取得新进展；在全国率先建立起医保谈判机制，被市政府评为2012年创新项目，受到国家医改办和人社部肯定。

③基本医疗保险门诊特殊疾病政策不断完善，新增44项中医诊疗项目纳入基本医疗保险统筹基金支付范围，医疗保险质量和医保基金使用效率有效提高。

④全市5.56万名企业退休人员没有医疗保障的历史遗留问题得到彻底解决。

（三）农村土地制度改革：内容与成效

自2007年6月成都市被国家批准为统筹城乡综合配套改革试验区以来，在国土资源部和四川省政府的大力支持下，成都市对土地管理制度进行了更加深入的探索和改革。

1. 土改内容

农村土地管理制度改革是统筹城乡发展的关键环节，成都在城乡统筹实践中，探索到一条既满足城市化用地需要又防止征地引发利益冲突的新路。具体做法主要有以下五个方面。

（1）发放"耕地保护基金"。成都率先于全国建立起由市、县两级财政支持的耕地保护金制度，用于提高耕地生产能力，动员农民保护耕地，为城市化和农村土地资源的大规模流动设立一道保护耕地的"防护墙"。耕地保护基金由市、县两级财政各按50％的比例共同筹集，专项用于承担保护耕地义务的农户养老。

（2）"全面确权"。2008年1月成都就计划启动农村产权改革，其中最重要的工作是确权。土地确权主要有以下类型。①耕地。发放耕地保护基金，需要对耕地进行确权。②成都自2003年就开始大力推行"三个集中"，即工业向园区集中，耕地向适度规模经营集中，农民向城镇和新农村居住区集中。改革涉及大量农户的搬迁、集中居住，以及农户宅基地的复垦和位置的变动，也要求把农民宅基地、房屋等财产权利的历史和现状全盘摸透。③集体建设用地。成都对于宅基地以外的乡村企业、公益事业以及其他集体用地，在明确每个村庄集体用地的总量后，扣除已确定的农户宅基地面积，再分类确认这些集体建设用地的使用权。④农用地。成都市先确认承包土地的经营权，暂缓自留地、开荒地、未利用地的确权。待承包地确权完成后，再按照"应确尽确"的原则，进行其他农用地的确权工作。

（3）实行"城乡建设用地增减挂钩"政策。国土资源部于2004年出台了"城乡建设用地增减挂钩"政策，鼓励地方把农村利用不充分的建设用地恢复为耕地，再把由此产生的建设用地指标用于城镇建设。成都市由于此项政策贯彻得力，成为国土资源部首批土地挂钩试点地区之一。此后，成都进一步将挂钩项目与旨在实现耕地占补平衡的土地整理项目整合起来，在全域范围内开展了国土综合整治，使建设用地置换在城乡统筹中发挥更大作用。

（4）首创"联建"政策。"联建"政策的出台是汶川地震后的农村重建对农村土地管理提出的新要求。在现有土地政策下，农户拥有集体建设用地使用权，却无法像国有土地那样自由流转，不能合法享受城市化带来的土地收益。即使发生了事实上的流转，受让方也无从获得集体建设用地使用权证，得不到政府的合法承认与保护，难有稳定的预期和行为。这种"同地不同权"的状况，严重损害了农民的财产权，也限制了社会资金投入农村建设。"联建"政策，即合法拥有宅基地使用权的农户，与有意向的社会投资方缔约，在确保先为灾损农户修建住房的前提下，允许投资方在集体建设用地上从事符合规划的投资、建设和经营活动，并获得颁证确权。"联建"政策大大推动了成都灾后重建。据不完全统计，成都4个重灾县（市、区）共有联建项目1500余项，涉及农户3000余户，流转建设用地1000多亩，引入社会资金高达数十亿元。"联建"政策开拓了一条农户与社会资本相结合建设灾后新农村的通道。

（5）首创集体建设用地"招、拍、挂"制度。2008年10月，成都锦江区用出让国有土地的方式，挂牌出让两宗集体建设用地。这两宗使用期限为40年的商业用地，以每亩80万元价格，由一家民营公司竞得，并获得"集体建设用地使用证"。这是自1987年中国法律允许实行国有土地使用权"招、拍、挂"制度以来，首次通过公开竞价实现的集体建设用地转让。农民及村组以农锦公司股东身份，按章程规定分享土地出让收益。"锦江模式"便于规模化集中建设用地实现土地级差收益的最大化，同时使收益分配相对均衡。

（6）搭建土地交易平台。保障集体建设用地在更大范围内规范流转，为实现集体土地和国有土地"同地同权"创造了条件。2008年10月，成都依托原成都联合产权交易所成立了农村产权交易所，成为全国首家农村产权综合性市场平台。2010年7月，成都市国土资源局、房管局、林业和园林管理局以及市农委下属机构分别按50%、25%、12.5%和12.5%的比例出资，按有限责任公司法律架构，成立了"成都市农村产权交易所"。[①]

2. 土改成效

成都的土地制度改革实践具有多方面的意义。通过调动农民主动性，形成了一套保护耕地的新机制；通过农地确权，保障农民的财产权利，增加农民的财产性收入，为缩小城乡居民之间的权利和收入差距打下基础。

截至目前，成都已完成挂钩项目35个，正在实施的达120个，累计投入达200亿元，新建居民聚居点536个，促进6.8万户21.7万人集中居住。尤为值得一提的是，挂钩项目还为汶川大地震灾后重建筹集了88亿元资金，大大加快了重建工作进度。在成都的挂钩政策实践中，建设用地挂钩半径从最初村庄整理的村内使用建新地块，逐步扩展到跨村的集镇建新用地乃至跨镇的城市建新用地，进一步实现了跨县挂钩。不仅拓展了农户选择的弹性空间，更好地满足了他们多元化的需求，而且还解决了进城务工经商农户融入城市的后顾之忧，促进了农村人口向城市的集聚。截至目前，成都通过市场交易平台，共拍卖出26216.8亩建设用地指标和10000亩耕地占补平衡指标，成交金额总计40.2895亿元。成都通过建立可靠的交易平台，走出了一条"政府提供服务，市场配置资源"的土地利用之路。[②]

---

① 《成都土地制度改革的经验与启示》，2011年10月，www.jconline.cn。
② 北京大学国家发展研究院课题组周其仁等：《成都统筹城乡发展综合配套改革专题研究之四——土地制度改革的成都路径》，2011年1月，http://www.sina.com.cn。

二　成都户籍、社会保障和土地管理制度改革中存在的问题与原因

(一) 户籍制度改革中存在的问题及原因分析

1. 城乡基本公共服务均等化的改革目标远远没有完成，根本原因在于地区之间经济社会发展不平衡

尽管通过城乡一体化战略的努力，成都城乡之间发展不平衡的状况有所改变，城乡之间的差距也在不断缩小，但是城乡之间差距仍然比较大，而这种差距不会因为一纸户籍的改变就能够马上消除，城乡之间差距的存在导致户籍统一之后城乡之间基本公共服务均等化的目标短期内还难以实现。

2. 在公共服务供给机制中，社会力量尚未得到有效利用，市场机制还有发展空间

相对于全市城乡居民不断增长的公共服务需求，社会组织数量仍然偏少，服务供给能力很弱。尤其是农村社区自治组织，普遍存在经费紧张、人员非专业化等问题，难以有效提供更多、更好的公共服务。还有，社会组织与志愿者仍然缺乏足够的政策支持，专业人才缺乏，结构也不合理，而社区志愿服务尚处于起步阶段。大多数社会组织规模有限，自我发展能力薄弱，在公共服务供给方面很难承担起主要的责任。

3. 成都户籍制度改革对解决外来人员的入户问题还没有明确的政策

《关于全域成都城乡统一户籍实现居民自由迁徙的意见》对如何妥善解决外来人口融入成都市的问题缺乏前瞻性的考虑，没有做出明确的规定。其原因相当复杂，有思想认识的原因，有技术层面的原因，有行政区划方面的原因，还有财政经费方面的原因，等等。

4. 户籍制度改革将面临资金压力问题

户籍改革要求政府动用更多的公共财政资源，对成都居民持续性地提供大规模的基础性公共产品，尤其是在教育、住房保障、医疗等方面，这必然会大大增加成都的财政压力。[①]

---

① 崔庆五:《关于成都户籍制度改革模式的几点思考》,《人口与经济》2012 年第 2 期。

（二）社会保障制度改革中存在的问题与原因

成都城乡统筹的社会保障制度改革还存在三方面的不足：一是保障水平偏低，还不能完全应对生存保障风险；二是进城农民仍面临身份转换、社保衔接问题；三是与户籍制度改革相关，对外籍人员的社会保障缺乏明确规定。分析原因，政府财力不足和缺乏相应筹资机制是当前成都统筹城乡社会保障制度改革中存在问题的主要因素。

（三）土地管理制度改革中存在的问题

成都土地制度改革实践包含着一个清晰的逻辑，就是从"确权"走向全面的"还权赋能"，通过农村资源的合理流转来实现农民的更高收入。不过，改革不可能一蹴而就。转型期间，"土地财政"仍然是地方政府重要的财力基础，征地仍然是城市化过程中配置土地的主要途径，政府承担不同角色与职能之间的冲突仍难以完全避免，这是其一。其二，农地发展权没有充分体现，即土地增值收益分配制度缺失。其三，农民土地财产权利制度没有形成，农地产权交易仍受很大限制。

三　启示

成都统筹城乡户籍、社会保障和土地管理制度改革具有重要的启示意义。

（1）坚强领导是关键。成都市委、市政府始终把保障农民各项权益、促进城乡充分就业、实现城乡社保制度全覆盖作为民生工程列入议事日程，纳入一级目标管理，实施推进城乡充分就业、全民社会保障、建立和谐劳动关系和统筹城乡劳动保障公共服务"四大工程"。

（2）制度联动改革是基础。成都市自被确定为统筹城乡综合配套改革试验区后，通过近6年的时间，以制度建设为起点，基本上形成统筹城乡发展的制度框架，成为推动成都城乡一体化建设的根本保证。

（3）维护群众切身利益是根本。民生问题作为推进统筹城乡户籍、社会保障、土地制度改革的立足点、着眼点，通过不断调整完善政策，让广大群众享受到了统筹城乡发展带来的福祉。

在统筹城乡发展中，农民是最大的群体，成都市在工作推动上坚持农民自主，加大政策宣传力度，让农民群众及时了解推进的各项政策和做法，确保农民对各项政策的知晓权；充分尊重农民的意愿，发挥村民自治和议事会的作用，在运行模式上实行"阳光操作"。可以说，成都充分尊重农民选择、保护农民利益的做法是其改革成功推进的根本保证。

（4）就户籍制度改革而言，成都户籍制度改革在区域内破除了户籍管理对城乡居民自由迁移的束缚，建立起户籍、居住一元化管理机制，保证户籍、人口管理统一性；同时，改变了基于户籍性质的权利差异，实现了户籍权利的平等化，使得城乡居民、流动人口都可以享有基本公共服务和社会福利。尤其是成都户籍制度改革在深化农村产权制度改革，实行农地确权的基础上，保障了农民的土地使用权益不因居住地的迁移、职业的改变而受到侵害，这些做法对本课题研究中的户籍制度改革提供了四点启示：[①] 一是缩小户籍权利差距可以促进城乡人口自由迁移。二是户籍制度改革应该循序渐进，不可能一蹴而就；户籍制度改革应该因地制宜，分类指导。三是应以户籍制度改革为切入点建立城乡均等的公共服务保障体系和进行彻底的土地管理市场化改革。四是户籍制度改革应与促进农村发展并进，需要多部门配合，整体推进。

（5）就社会保障制度改革而言，一是多渠道、多方式筹集资金，这是构建统筹城乡的社会保障制度的基础。二是完善政策体系。8 年来，成都市先后出台了一批促进城乡充分就业、促进农民集中居住区就业、促进进城务工农村劳动者向城镇居民转变等地方性规章和规范性文件，形成了新的积极就业政策和社保扶持政策体系。这样才能充分发挥制度效应。三是逐步实现城乡基本公共服务均等化。

（6）就土地管理制度改革而言，一是要深刻认识到以土地财产权利为核心的农村产权制度改革的重大意义；二是要做好农地"确权"工作，"确权"是土地流转的前提与基础；三是城乡建设用地增减挂钩试验对于农村土地资产化运作具有普遍意义；四是农地的发展权应该得到充分重视，它是农民土地财产权利实现的重要内容；五是国家征地应是农地非农化的一种辅助形式，国家征地手段的运用应该限定在唯有公益性用地时才动用。

虽然成都城乡一体化的改革与实践取得重大成就，从制度上讲，基本

---

① 马福云：《成都户籍制度改革的探索与启示》，《行政管理改革》2011 年第 10 期。

形成一体化的雏形，形成人口在城乡之间自由迁移和农地等生产要素在城乡间自由流动的制度体系，但是，我们从调查中发现，成都仍存在有些制度安排脱离实际而且推进过快等问题。因此，成都城乡一体化的进程与政策目标存在较大差距。

第四节　小结

本章主要对当前我国统筹城乡综合配套改革试验区重庆、成都的改革与实践进行了分析，两地的先行先试为我国其他地区的统筹城乡发展的改革提供了宝贵经验。由于两地经济社会条件不同，改革总体目标设置存在差异（重庆是城乡协调发展；成都是城乡一体化发展），因此，两地制度改革路径和政策实施也略有不同。但是，两地的制度改革与实践存在许多共同点，从大的方面讲，以下三点对本课题的政策研究具有重要的启示意义。

1. 凸显政府在制度变迁中的主导作用

通过分析成都、重庆两地制度变迁过程发现，两地政府在制度变迁中发挥了主导作用，这种主导作用体现在：一是政府设置了制度变迁的基本准则，确定了制度改革路线，使制度的演进可以在一个相对稳定的环境下进行，避免出现大的波动；二是政府以制度供给者的身份，通过法律、法规、政策等手段实施，短时期内解决了制度短缺问题，快速提供变迁过程中所需要的制度安排，降低了制度安排成本；三是政府有选择地放松制度准入条件，促进诱致性制度变迁的发生，并提高其规范化和制度化水平。

但受政府（统治者）的偏好和有限理性、意识形态刚性、官僚政治、集团利益冲突和社会科学知识的局限性等影响，它也存在自身无法克服的缺点。例如，政府主导的制度变迁很难适用于所有地方和所有领域；政府在制度变迁中拥有过大的权力，容易导致制度寻租现象的产生；基层政府在推行政策时方法、手段简单，造成了一些不必要的矛盾；等等。这些都值得我们重视。

2. 制度变革是一项系统工程，着重联动进行

成都、重庆的改革与实践表明，综合配套改革是个系统工程，涵盖经

济、政治、文化和社会各个方面。多领域展开改革，全方位密切配合与协同推进主要制度变革，成为两市各级党委、政府制度变革的中心工作，这有效地发挥了制度结构效应，使改革呈现全面性和系统性的特征。

但是，政策安排仍主要体现了单向的特征，关于推动城镇居民进入农村社区的政策安排一直很少，没有体现统筹城乡发展中城乡人口或要素互动的本质，从这一点可以说，两地统筹城乡发展中的制度建设还需要进一步深入下去，其他地区在构建统筹城乡发展制度体系时也应该注意这一问题。

3. 制度改革始终坚持把广大人民群众的利益放在首位

始终把改善民生作为制度改革的出发点、落脚点和核心目标，成都、重庆统筹城乡综合配套改革的推进使人民群众得到了更多实惠。成都、重庆户籍、社会保障和土地管理制度联动改革，立足于让利于民、还权于民，维护好城乡居民的切身利益，让群众在改革与发展中增加收入、改善生活、得到实惠，赢得了城乡居民的肯定与支持。

第六章　发达国家的户籍、社会保障、
土地管理等制度安排与启示
——以美、英、德、日四国为例

在本章，我们选取了美国、英国、德国和日本四国作为分析国际经验的案例，重点分析了四国现阶段的人口管理制度、社会保障制度和土地管理制度，分析认为，如果从社会公平、促进人口自由迁移和统筹城乡发展的角度讲，这几个国家的一些经验值得我们借鉴。

第一节　美、英、德、日等国统筹城乡发展的
人口管理制度与启示

户籍制度是一个国家了解、掌握该国人口资料并对其进行相应管理的基本制度，虽然由于各国在历史、人文、地理环境等方面的差异，户籍制度在不同的国家之间也存在诸如管理方式、管理程度、制度内容等方面的不同，但是，世界上其他国家在户籍方面的先进方法、成功经验值得我们借鉴。

一　美国的人口管理制度

（一）美国人口管理制度的主要内容

美国作为发达的资本主义国家，十分重视人口登记管理，但没有实行严格的户口管理制度，其人口管理主要包括三方面内容。①人口登记和管理。在美国，较系统的人口登记制度是"出生死亡登记大纲"。在

美国，由于几乎所有的婴儿都是在医院出生的，因此，父母和接生医院有义务进行婴儿出生登记，登记项目相当详尽。出生登记的材料统统存入计算机网络，成为证明个人身份的最准确和最具法律效力的原始材料，随时可以在各地查找和调用。此外，还有系统的婚姻、迁移、死亡、就业与失业登记。① 自 20 世纪 80 年代开始美国加强了对出生人口和常住人口的管理，开始要求每个公民从出生时就必须注册一个社会保障号。那是每个美国公民的标志，无论是上学、就业还是开立银行账户、申请信用卡和汽车驾驶执照，甚至用水、用电、使用电话都离不开这个号码。② 人口迁移和管理。美国公民享有充分的迁移和迁居的自由，他们将个人的纳税地点作为迁移登记依据，但是这种自由并不是无限制的，迁移或定居某地受制于如下条件：迁移人口生活状态必须符合该城市卫生及相关法律规定，一般是有稳定的生活来源，拥有固定的住所并且达到一定面积，并且达到一定的居住年限。如果不具备上述条件，将会被有关部门出面予以制裁。② ③人口调查和统计。为了消除居民某些不必要的顾虑，人口普查资料严格保密。居民填报的各项资料，只作为统计之用。③

（二）特点

一是居住地管理。迁移登记是以个人纳税地点为依据的。把实现公民的发展与纳税人资格联系起来，即一个人及其子女能否获得在当地的发展权，不在于他有没有当地户籍，而在于他有没有向当地政府纳税。

二是平等性。美国公民平时持护照或社会保障号进行迁移和工作，享有充分的迁移自由，充分体现了权利与贡献的对等原则。

三是限制性自由迁移。美国公民的迁移或定居也不是完全自由的，迁移人口必须满足迁入城市的相关条件，如有稳定的生活来源，拥有固定的住所并且达到一定面积，并且达到一定的居住年限。

---

① 江立华：《中外户籍登记与管理制度的比较——兼谈我国户籍制度改革的方向》，《廊坊师范学院学报》2002 年第 1 期。

② 黄亚琪：《国外户籍制度》，《观察与思考》2005 年第 22 期。

③ 李铮：《论迁移自由与我国户籍制度改革》，河南大学硕士学位论文，2010。

二 日本的人口管理制度

日本明治维新以前在社会各方面都深受中华文化的影响，户籍制度也具有明显的世袭性、等级性特点。明治维新后，日本大力发展资本主义经济，在户籍制度上也开始与世界接轨，与西方发达资本主义国家接轨，实行人口居住和迁移自由的政策。

（一）日本人口管理的主要内容

从户籍制度的基本功能角度分析，日本的户籍制度或人口管理政策安排主要包括两个方面。①人口登记和管理。日本于 1947 年通过新的《户籍法》，《户籍法》规定，以家庭为单位编制户口簿册，户口簿分正副本，正本存入当地政府，副本存入法院。户籍管理机关和个人按法律规定登记、填报和订正有关户籍变更事项。但户口簿一般只有办理婚姻、新生儿出生和死亡、继承人确定、遗产继承等手续时使用，日常地址的确认，迁入、迁出，交纳地方税，选举注册登记和领取国民健康保险等都用"住民票"办理，而不是户口簿。"住民票"是用来确认居民的常住地的，只要满足了一定的居住年限并拥有固定职业则可申请登记，没有复杂的手续，办理的费用也极为低廉。① ②人口迁移管理。日本实行的是"户口随人走"的制度，日本最常用的户籍文本称为"住民票"，它以每个人的居住地为基础设立，标有此人的姓名、出生年月日、性别、与户主的关系等。日本的"住民票"是完全随着住址移动的。日本实行的户籍制度便于人口流动，无论走到哪里，人们都有自己的合法身份，都可以落地生根。②

上述两个方面内容与美国的人口管理没有很大区别，但是，日本户籍登记中还有自己一些特点。一是实行"变动性登记"制度。主要指国民自己向登记事务掌管者（市街村长）提出有关的登记申请书，掌管者将其申请内容转记于登记注册卡上，并记载被登记者今后各方面的变化情况。在这种变动过程中，始终都以审查申请的内容真实、正确为前提，正是因为有了这种审查，"变动性登记"比起"固定性登记"（美国、加拿

---

① 江立华：《中外户籍登记与管理制度的比较——兼谈我国户籍制度改革的方向》，《廊坊师范学院学报》2002 年第 1 期。

② 黄亚琪：《国外户籍制度》，《观察与思考》2005 年第 22 期。

大）更具正确性和信赖度。二是实行"依人编制"制度。是指在每个国民出生后立即为其设立登记卡，将其从出生到死亡的每一次重要的有关身份事项及事件都顺次地记载下来。采用"依人编制"式，可通过卡片了解每个人身份的变化情况及现状。如登记卡上没有记载某人已离婚，则表明该人的婚姻关系至今存在。与这种"依人编制"式相对的是"依事编制"式，即将出生登记、婚姻登记、死亡登记等有关某人身份的事项及事件均进行分门别类的编制。美国及加拿大采用的是"依事编制"式。三是实行"家庭卡片"式管理。是指在每个人的卡片上记载其家庭成员。通过这样的卡片，任何国民的夫妇关系、父母关系、子女间的关系都一目了然。根据日本的户籍制度，因结婚新立户而产生户籍变更时，这种变更在新旧户籍上要有记载。①

（二）特点

一是平等性。日本虽然对外来人口实行"住民票"，但"住民票"并不是身份地位的象征，对于整个社会而言，每个公民的地位都是平等无差别的。

二是日本实行居住地人口管理。"户籍随人走"的管理制度是日本人口迁移的基本管理制度形式。和美国类似，日本在户籍管理上对人口的自由迁移也没有严格的限制，它采取的是"户籍随人走"制度，减少人为的两地歧视。

三是注意身份管理。日本采取"依人编制"式和"家庭卡片"式的结合，很好地起到了登记身份和公证的作用。身份管理是日本进行社会治安管理的一种工具，注重身份管理是日本社会治安好的一个主要原因。

三　德国的人口管理制度

德国的人口或曰民事登记系统采取分散的行政管理方式，如联邦政府的《居民身份证法》就明文规定，由市、县政府户籍登记局负责居民户籍事务，如户籍登记、置业许可、社区治安、结婚登记和死亡登记等。

---

①　孙顺：《日本户籍制度的今与昔》，《中国信息报》2010 年 9 月 8 日。

德国户籍管理与美国、日本一样实行的是居住地人口管理和人口自由迁移政策。除此之外，德国人口管理制度还体现出如下特色。①分散的二级行政管理方式。联邦政府在20世纪50年代颁布了《户籍管理法》，80年代初作了一些修改，1987年又颁布了《居民身份证法》，使中央政府的户籍法规更加完善。各州也在不违背联邦户籍法规的前提下，制定自己的户籍登记法并进行户籍管理。②管理务实简便。居民户籍无论从城市迁往农村，还是从乡村迁到城市，只要在迁入地有可供居住的房屋，就可以凭借房产证或房屋租赁证明，先到原户籍所在地办理迁出注销手续，领取注销卡，再到现住地户籍登记机构填写户籍申报登记表，直接由业务专员审核、登记注册，输进计算机建档，无须缴纳任何费用。③突出强调公民在户籍登记中的义务。德国有关户籍管理的法律规定，公民有进行户籍登记、为户籍登记机构提供个人资料的义务，对不申报登记户籍或超过时限申报登记户籍的，要追究其法律责任，并处以50~150马克的罚款。④户籍管理程序化。德国所有负责户籍登记的机构都是运用计算机进行户籍登记、人口信息和人口统计的管理，并在全国联网，实现了人口信息与社会活动共享。[1]

四　英国的人口管理制度

英国与德国一样，人口登记或曰民事登记系统采取分散的行政管理方式，国家不设中央登记中心，而是在民政区划一级建立地方登记处，进行地区民事信息的登记和管理工作；各地区与国家政府一起做出提供数据的安排，并由国家内政部或统计局来汇总全国的民事登记信息。[2]

实际上，1948年以前，英国户籍制度仍带有很强的歧视性，以1948年制定出台《国民救助法》为标志，英国的户籍制度正式退出历史舞台。

英国的人口管理与美国、日本、德国一样，以社会平等为基点，实行居住地人口管理和人口自由迁移政策。

---

[1]　李烈：《德国小城镇户籍制度管理办法》，《福建改革》1998年第8期。

[2]　接栋正：《国外民事登记制度及其对我国户籍制度改革的启示》，华东师范大学博士学位论文，2009。

五 启示

通过对美国、日本、德国、英国户籍管理的简要分析,结合我国国情,我们认为,对我国户籍制度改革有以下启示意义。

(1)加快立法进程,推动户籍制度改革纳入法制化轨道。我国关于户籍管理的规定多以文件的形式(如意见、通知)发布,在本质上不具有法律效力,只是对户籍管理工作提供指导。也正是因为没有一部权威的户籍法律法规对当前不断高涨的户籍改革大潮进行指导,才使得各地对户籍改革理解不同、步调不一,阻碍了全局性户籍改革的有序进行。因此尽快修订《户口登记条例》并出台《户籍法》,是深化户籍制度改革的法律基础。有关部门要尽快启动起草《户籍法》的相关工作,将近年来国务院出台的一系列户籍制度改革政策和各地探索的成功经验尽早用法律的形式固定下来,实现户籍制度法制化、规范化。

(2)坚持以去除附着在户籍制度上的歧视性为目标,促进公平。要使户籍制度真正保持价值中立,和社会待遇脱钩,逐步削弱其对流动的限制和作为分配依据的功能,实现平等的经济机制。①

(3)促进城乡统筹发展。加速城乡统筹发展,加快人口、资本、市场的集聚,实现共赢;推行劳动力、人才自由流动模式,实现经济的全面发展,创建安定的社会大环境;以城市为中心带动农村经济发展,注重农村教育文化普及,为发展提供人力资源;加强基础设施建设投资,健全就业信息网,完善社会服务体系。②

(4)建立实现人口自由迁移的制度体系。迁移自由是公民的一项基本权利,被包括美、英、德、日在内的当今世界上大多数国家所承认。一是建立居住地人口登记和管理制度;二是建立城乡一体化的社会保障和公共服务供给制度;三是实行"事后转移"制度,即公民改变居住地之前无须报请批准,公民的转移不受人为因素的影响,只要是有居住条件的迁

① 高剑清、姚彩霞:《美国的人口登记制度对我国的启示》,《党政干部参考》2010年第10期。
② 陈成文、孙中民:《二元还是一元:中国户籍制度改革的模式选择——国际经验及其启示》,《湖南师范大学社会科学学报》2005年第2期。

入者，随时可以向当地的户籍管理部门申报常住人口登记。①

（5）出台有条件的人口自由迁移政策。国外的迁移自由也是相对的，居民的迁移和定居依然会受到相关法律的约束。在号称"自由世界"的美国迁入或定居某城市，都必须符合该城市卫生及相关法律规定，一般为拥有固定的住所或一定的住房面积，以及稳定的经济来源，并达到一定的居住年限。否则，有关部门将出面予以法律制裁。所以，不受任何约束的自由迁移在现代社会不被允许。这给我们的启示是：在我国现有情况下人口自由流动或迁移应该采取条件准入制度，这不仅是国际经验，而且事实上也更有利于促进人口在城乡间的合理迁移。

第二节　美、英、德、日等国统筹城乡发展的社会保障制度与启示

20世纪60年代国外尤其是发达国家基本上已经建立起城乡一体化的现代社会保障制度，了解总结他国多年的实践和经验对我国建立城乡一体化的社会保障制度具有很好的借鉴与启示意义。

一　美国城乡统一的社会保障

虽然美国社会保障制度建立较晚，却是一个成熟的社会保障型国家，但其社会保障制度又区别于欧洲高福利性国家。美国与大多数西方国家一样，农村社会保障滞后于城市，1935年实施其《社会保障法案》时，并没有将农民纳入社会保障体系，直至1990年才全面建立起农民年金保障制度。美国的农村社会保障法律制度呈多元化特征。由于美国农村人口占总人口中的比例一直很低（维持在10%以下），农业产值占国内生产总值的比重1990年只有2%，城乡差距并不明显，城乡二元经济结构并不突出，因此，美国的社会保障制度基本上是覆盖全面的统一的社会保障制度，没有明显的农村社会保障制度和城市社会保障制度之分。美国成熟的社会保障制度形成是以20世纪30年代国会通过《社会保障法案》为标志。

---

① 李铮：《论迁移自由与我国户籍制度改革》，河南大学硕士学位论文，2010。

（一）美国的社会保障制度内容

美国的社会保障由社会救济、社会福利和社会保险三部分组成。一是由联邦或州政府出资并管理的社会救济和社会福利项目，主要覆盖对象是低于社会贫困线的低收入者、丧失劳动能力的人，以及这些家庭中的未成年人和照顾他们的母亲。福利内容有现金补贴、食品券、住房补贴、医疗补贴等。二是由政府立法强制实施、全体劳动者参加并共担费用的社会保险项目。主要有养老、医疗、失业、残疾、工伤与职业病保险等项目，实施对象是所有劳动者和退休人员。政府只对这些项目提供基本保障，并在主要项目上体现了一定的社会共济和再分配原则，这些项目的实施不分区域或行业，以利于劳动力流动和平等发展。三是由各种基金组织委托商业保险公司等金融机构经办的私人团体年金、医疗保险和个人储蓄。

美国的医疗保险体系非常复杂，也极具美国特色。其运作方式不仅在国内经常引起巨大的争议，而且在国际上也备受关注。美国的医疗保险形成医药支付四方——第三者（私营保险公司支付）、政府、患者、慈善机构，形成多方支付方式。以1999年后为例，按上述顺序医疗保障出资比例分别为32%、43%、22%和3%。

美国是采用个人缴纳、企业缴纳、资金增值和政府拨款多种途径来筹集社会保障资金的。最主要的方式是政府以强制性的税收形式向企业和个人征收。政府将征收的社会保障税中的一定比例计入个人账户，作为一个独立的基金与财政分开。若支出不足，则由联邦、州和地方政府以财政拨款来进行补贴。[①]

美国社会保障旨在保障基本生活水平，强调社会保障实施于需要社会帮助的弱势群体，各类人员享受保障的差别较大。这种程度不高的社会保障制度，在避免福利大锅饭方面具有显著成效。正因为如此，国家财政用于社会保障的支出较少，美国社会保险基金来源于政府、企业与劳动者三方，个人和企业缴费为主；社会保障制度强调权利和义务以及收益和缴费的结合，即社会保障的受益者首先应该是缴费者。[②]

[①]　牛振平、钟家玉：《美国的社会保障制度建设给我国的启示》，《重庆与世界》2011年第11期。

[②]　张楠：《美国社会保障制度对中国的启示》，《理论观察》2009年第1期。

（二）美国城乡统一的社会保障特点

（1）联邦财政支出是社会保障支出的最大项目。联邦政府用于社会保障、向穷人提供收入支持、为老年人提供健康保险以及向其他有资格获得联邦健康援助的个人提供支持的资金合计占到了联邦支出的一半。

（2）社会保障的项目很多。在美国，有 300 多个社会保障项目，覆盖社会的多个群体，涉及范围很广。仅从联邦政府财政支出项目看，属于社会保障项目支出的大致包括以下五类，即社会保险、收入保障、医疗照顾、退伍军人保障与服务以及社区和区域开发。

（3）有较稳定的资金来源。美国的社会保障资金有稳定可靠的收入来源。美国从 1935 年开始征收社会保险工薪税（有的国家也称为社会保障税、工资税），为实施社会保险制度筹集资金。同时，有些社保项目资金来源于一般性财政收入，如医疗保险中的补充性医疗保险（SMI）大约 3/4 就来源于一般性财政收入。

（4）向穷人和弱者倾斜。美国的社会保障项目很多，尤其是针对穷人和弱者的社会保障更为完善，对穷人的救济支出大多直接涉及穷人无法承受而又对社会经济发展有重要影响的方面，如穷人的医疗、住房，贫困家庭的孩子的营养、教育等方面。

（5）统一与多层次的社会保障管理体制。一是美国的社会保障总体上由政府依法统一管理安排。二是其管理具有层次性，以州和地方政府管理为主，联邦政府予以支持并尽可能把管理权限下放到地方。以地方为主的分层管理方式能够提高社会保障的时效性。但同时这种管理方式也容易导致社会保障在各地发展的不均衡。[①]

二　英国城乡统一的社会保障

（一）英国社会保障制度的历史沿革

英国是世界上最早建立社会保障制度的国家之一，其社会保障制度是世界上历史最悠久、最发达的社会保障制度之一，也是最完整的社会保障

---

① 曾宪影：《公共财政视角下中国农村社会保障问题研究》，南京农业大学博士论文，2011。

制度之一。这一制度既高度集权、统一，又较为复杂，覆盖了所有人群。英国社会保障制度最早可追溯到 1601 年《伊丽莎白济贫法》，贫民救济是英国社会保障制度的初始形态。20 世纪初到第二次世界大战前是英国现代社会保障制度的奠基时期，逐步由以教会为主的贫民施舍变为政府全方位的社会保障体系。二战后到 20 世纪 70 年代，是英国社会保障制度全面发展时期。1948 年颁布《国民救济法》，并设立社会保障基金，建立了西欧第一个"福利国家"。各种社会保障措施形成一个巨大的网络，覆盖了全社会公民基本生活需求的各方面，已基本形成了一套"从摇篮到坟墓"的社会保障制度。70 年代后期，英国经过战后最严重的两次经济危机的打击，经济停滞不前，迫使英国政府对社会保障制度进行重大改革调整。70 年代末，工党政府已开始对社会保障制度进行改革。80 年代中期开始进行的社会保障全面改革的内容有：养老制度改革；养老津贴发放原则及标准的改革；住房制度中的津贴标准改革和推行公房私有化；国民医疗保险制度中的市场化经营；教育方面的助学金制度改革和削减教育经费；严格失业救济中申请条件，限制失业津贴低于平均工资；社会救济中取消原有的额外津贴，改为设立收入资助项目等。英国近 20 年来在调整改革社会保障制度上主要是从养老、失业、就业、医疗、教育、住房等方面着手进行的，重点是养老和失业就业方面的改革。[①]

（二）英国社会保障体系的内容

1. 社会保障内容

英国的社会保障制度以社会保险制度为核心，包括国民健康服务、社会救济制度和社会补助制度等。①国民保险。国民保险是英国现行社会保障制度的主体部分，包括退休年金、失业津贴、疾病津贴、工伤津贴等。《国民保险法》规定了一个由多种津贴和补助金组成的综合性社会保险制度，它是由政府举办，根据立法，由劳动者、雇主、社区或政府等多方共同筹资，帮助国民避免在遇到工伤、死亡、疾病、年老、失业、生育等风险时收入中断、减少和丧失，以保障其基本生活需求的制度。②社会救助。社会救助是对于遭遇不可抗拒的天灾人祸、身心障碍、鳏寡孤独以至

---

① 臧忠生：《聚焦英国社会保障制度》（中），《中国劳动保障报》2002 年第 2 期。

丧失劳动自救能力以及低于社会最低生活水准的社会成员，政府向其提供一定的物质救助。在英国，这方面的社会救助工作是由政府有关部门和社会志愿者组织共同承担的。社会救助直接取代了原来的《济贫法》的济贫职能，构成英国现代社会保障制度的重要组成部分。① ③社会福利。英国向国民提供的社会福利的种类较多，涉及住宅、公共卫生、环保、基础教育、公共设施等各个领域。④社会优抚。对于在军队服役中受伤或死亡的军人和在战时商船队和民防中受伤或死亡的平民，英国政府提供战争抚恤金和服役养老金等，一方面以保证其一定的生活水平，另一方面也有褒扬、优抚和抚恤的性质。如一个全部丧失生活能力的士兵每周发给 38 英镑的基本养老金，其妻子、儿女还可另发津贴。② ⑤国民保健服务。这是英国社会保障制度的重要组成部分，建立于 1948 年，是一种国家经办、由中央政府直接控制的医疗服务体系。⑥个人社会服务。是指政府有关部门和社会志愿者对具有特殊困难的居民提供的各种福利设施和服务。⑦专项津贴。这是英国社会保障制度的一个重要补充，包括儿童津贴、住房津贴、工伤津贴、家庭津贴等项目。③

2. 社会保障资金的来源

现代社会保障制度的资金来源主要有个人和雇主缴费、一般税收、投资收益、捐赠。个人和雇主缴费、捐赠是社会力量的体现；一般税收是国家功能的显示；而投资收益既包括基金的市场所得，也包括按市场价格取得的服务收入，因而是市场机制发挥作用的结果。在资金来源方面，国家、市场、社会的作用存在明显的差异。④

3. 英国社会保障制度改革与内容

长期以来，英国实施全民社会保障制度，这对社会公平稳定和缓解经济危机有着良好的促进作用。但是在 20 世纪末期随着经济发展速度的日益下降，高失业率导致失业救济费用不断上涨，福利增长快于经济增长，

---

① 朱滴：《现代英国社会保障制度及其启示》，《商业文化》（学术版）2008 年第 4 期。
② 田夫：《英国社会保障制度纵览》，《国外社会科学情况》1995 年第 3 期。
③ 朱滴：《现代英国社会保障制度及其启示》，《商业文化》（学术版）2008 年第 4 期。
④ 董溯战：《英国社会保障制度中的国家、市场与社会作用之比较分析》，《宁夏社会科学》2003 年第 6 期。

以及人口老龄化使依赖社会保障收入的人口增加，从而导致财政危机。全民社会保障制度成为政府的一个沉重负担，也影响了在全球化过程中国家经济的发展。为此，英国在社会保障上进行了适度的改革以缓解经济发展放缓所带来的经济压力。

英国社会保障制度改革措施主要包括以下内容。①养老保险制度改革。一是设立国家第二养老金。为了解决"低收入者无资格参加个人养老金计划、职业养老金计划"问题，政府推出了国家第二养老金计划。该计划是一种统一费用的定额养老金，根据此计划，退休后可获得的养老金将是他在 SERPS 计划中可能获得养老金的两倍。二是推出低管理成本的存托养老金计划。推出此计划的原因在于个人养老金计划的管理成本很高，低收入阶层即使加入个人养老金计划也常常无利可图。其方式为个人定期拿出收入的一部分存入养老金账户，计划提供商负责运营管理。成员达到退休年龄后，用积累的基金购买养老年金。②失业保险改革。一是调整工作时间长度，灵活安排劳动时间和就业时间；二是减少企业的失业保险支出；三是开展职业培训以提高劳动者的素质。③医疗保险改革。一是重建医疗市场的运行机制，改善经费投放方式，允许地方政府向效益好的私人医院拨款，鼓励国立医院与私立医院竞争；二是建立医疗质量评价制度；三是完善初级医疗服务制度；四是提高政府医疗机构的门诊处方费；提高患者的药费和牙科治疗中个人负担的费用等。④就业政策改革。政府采取措施增加对单亲家庭的补助，减少住房补贴中的欺诈行为，同时政府出台了最低生活水平保障制度。英国的社会保障制度改革的显著特点是改变了传统的福利国家的观念，使居民认为国家的稳定和发展最终是依靠工作来解决，而不是依靠社会救济。在改革的过程中弱化普遍性原则，加强选择性。在平等和效率的权衡上，努力提高效率。同时，从宏观上来说，社会保障的改革使社会实际失业率趋近于经济发展中可能存在的自然失业率，使得社会的经济产出接近其潜在能力。①

（三）英国社会保障制度的特点

英国的社会保障制度是迄今世界上历史最悠久、发展最完整的社会保

---

① 王佩玲：《试析英国社会保障制度改革》，《世界经济情况》2006 年第 20 期。

障制度之一。英国社会保障制度的重要特征之一就是全民保障、全面保障。对于英国居民个人而言，其一生都要与社会保障制度发生各种或多或少的关系。对英国政府来说，经过多年的发展改革，已具备了一整套极其复杂完善的社会保障体系。英国社会保障制度具有如下特点。

（1）统一立法，统一管理。英国社会保障制度以国家《社会保障法》为准绳，社会保障项目由国家设立与确定。在国家统一立法下，由中央政府所属的社会保障部负责集中统一管理，从而对社会保障各项福利的有效实施起到保证作用。①

（2）强调社会保障的平等性和普遍性。英国社会保障的内容几乎涉及个人与家庭经济生活的一切方面。从怀孕、生儿育女到儿童成长、教育再到工作、离婚、患病、退休、失业等都有相应的社会保障。每一个英国人生下来就有一个社会保障号码。凡收入达到规定水平者均应交纳国民保险费，凡符合条件者均可享受相应的社会保障权益。甚至居住在英国的外国人也可以缴纳国民保险费和享受某些社会保障权益。

（3）现收现付与个人账户制。所谓现收现付，即：一方面，从现有社会成员中收缴国民保险费；另一方面，将这些保险费收入用于现有社会成员的社会保障费（如各种津贴、补助金等）支出。英国人每人都有一个社会保障号码和账户，账户上记录着每个人的基本情况，包括人口和缴费情况。但该账户上所反映的个人缴费等情况，本质上是这个人能否享受社会保障权益的资格凭证，并不意味着这个人日后的退休金或失业救济等要从该账户的缴费（包括本人及其雇主的缴费）收入中支付，更不存在账户出现赤字或结余如何处理的问题。

（4）社会保障的实施管理由行政机构和民间志愿团体结合进行。英国成立了社会保障部，具体管理全国社会保障的实施。它是英国政府中规模最大的一个部，全面负责国民保险费的缴纳、管理和各种津贴与补助金的发放，由分布全国各地的500多个办事机构具体实行，而且还有相当数量的民间志愿团体和宗教慈善组织协助官方机构做一些工作。②

---

① 孙健夫、张士军：《英国社会保障制度对我国的启示：借鉴与创新》，《甘肃社会科学》2002 年第 5 期。

② 田夫：《英国社会保障制度纵览》，《国外社会科学情况》1995 年第 3 期。

在社会保障管理中，英国强调国家责任，以政府为主导。社会保障事业统一由政府管理，收缴与发放采取分开的原则。英国于二战后确立了政府主导的全国卫生服务体系，为其公民提供了几乎是免费的医疗卫生服务。在医疗和养老这两个主要社会保障项目上采用普遍福利和国家救助模式，在工伤、失业方面主要采用社会保险方式，这些方式都由国家强制实施，都体现了国家责任。

三 德国农村社会保障制度

与世界上其他发达国家相比，德国农村社会保障政策独具特色。从指导思想上看，主张预防为主、责任分担；从内容上看，具有完整性和独立性；从功能上看，社会功能和经济功能二者兼顾；从执行上看，立法强制、管理自治、政府监督；从运作上看，充分考虑农业的特殊性以及农业发展的政策性。[1]

（一）德国农村社会保障内容

1. 农村社会养老保险制度

从 1996 年 7 月 1 日起，德国已婚者获得的老年养老金最高额度达到每月 1226 马克。农民养老保障旨在谋求农业结构政策的目标，例如提供老年养老金的依据始终是农业企业主把他的企业转让给他的继承人，使他的继承人可以继续经营农业企业。在保障对象方面，根据《农村社会保障法》的规定，原则上所有农民都有义务参加养老保险，法定投保人为农场主及其配偶和共同劳作的家属。在资金来源方面，德国的农村养老保险实行现收现付模式，资金部分来源于投保人交纳的保险费，但很大一部分来源于联邦资金（联邦政府的补贴），保险费数额则是以法律的形式确定下来的。在提供养老金的条件方面，农民要得到养老金必须具备三个条件：首先是年龄条件，男女分别年满 65 岁和 60 岁；其次，必须交满 180个月（15 年）的保险费；最后，要求农民按规定交费外还必须在 50 岁以后开始通过继承、出售或长期租让等方式转移他的农业企业，包括土地、农具等，脱离农业劳动成为农业退休者。

---

① 韦红：《德国农村社会保障政策的特点与启示》，《新视野》2007 年第 3 期。

2. 农村医疗保险制度

德国在 1972 年建立了农民医疗保险，这不仅提供了一项社会保障，同时也降低了农业企业的经济风险，因为在此之前家庭成员的一场重病会很快地危及农业企业的生存。在保障对象方面，根据《自我雇用农场主法定医疗保险》的规定，农民医疗保险的受保险人是农民、共同劳动超过 15 年的家庭成员和终老财产者。妻子、子女和其他有赡养权者参加农民医疗保险，在一定条件下免交保险费，自耕农（自雇农场主）及其家属、退休农场主首次被纳入强制疾病保险。在资金筹措方面，德国采用共同承担经济责任的原则，即农民按照自己的经济能力缴纳一定的医疗保险税款，政府予以一定补助。农民只能在农民医疗保险机构参加医疗保险，而不能像法定医疗保险那样受保险人可以自由选择保险机构，但农民医疗保险待遇与法定医疗保险待遇原则上没有区别。

3. 失业保险制度

在农业领域，由农业职业特征所决定，德国没有设立失业保险制度，而是设立了在农业企业结构发生变化并进行调整时给予援助的制度，即促进停业的农业企业制度。在 1996 年 12 月 31 日以前提前歇业的农业企业的农民，在 1996 年 12 月 31 日这个规定日期年满 55 岁或者年满 53 岁而丧失劳动能力者，可以获得企业停业养老金。年纪较大的农业雇员和共同劳动的家庭成员在一定的条件下可以获得调整补贴，如果在这个日期由于企业停业而使他们失去劳动岗位的话，企业停业养老金和调整补贴最长提供至权利人可以获得《农民老年保障法》规定的 65 岁的老年养老金的时候。[①]

（二）德国农村社会保障的资金来源

德国的社会保障资金来源主要有以下几个方面：个人和雇主缴费、一般税收、投资收益、捐赠。个人和雇主缴费、捐赠是社会力量的体现；一般税收是国家功能的体现；而投资收益既包括基金市场上的所得，也包括按市场价格取得的那部分服务收益，是市场机制发挥作用

---

① 徐嘉辉、郭翔宇：《德国农村社会保障制度及其借鉴》，《商业研究》2009 年第 6 期。

的结果。①

德国农村养老保障体制实行现收现付的模式，基金部分来源于农民缴纳的养老保险费，共同劳动的家庭成员的保险费是规定缴费额的一半，由所在企业的农场主承担；大部分来源于联邦资金（联邦政府的补贴）。该制度实行统一保险费原则，所有参保人缴费相同。之所以实行等额缴费，主要是考虑到农业企业的经营具有不稳定性和不可度量性。② 国家主导农村社会保障制度的建构和运行；农民个人是履行缴纳社会保障费用义务的主体，他们负担的费用占总费用的 1/3 之后才享有农村社会保障的各种权益；国家给予农民必要的财政支持，注入一部分社会保障资金，以使农民都能享受到社会保障。这样的责任分配避免了政府承担过重的社会保障资金支出，因此德国没有出现北欧高福利性国家那样的沉重财政压力。同时，高水平的社会保障也没有对农民的工作热情造成过大影响。③

（三）德国农村社会养老保障制度的特点

德国农村社会养老保障制度经过多年的改革与完善，在维护德国社会的稳定、经济的繁荣、农民切身利益等方面发挥了巨大的作用。德国农村社会养老保障制度主要有以下特点。

（1）内容具有完整性和独立性。德国现行养老保险体系是按职业工种设立的，它由两大系统（雇员养老保险体系和独立经营者养老保险体系）和 6 个子系统（工人、职员和煤矿工人属于雇员养老保险体系，而手工业者、农民和自由职业者则属于独立经营者养老保险体系）构成。它与福利国家一元化社会保障体系不同，它把农民从其他行业人员队伍中剥离出来，设立专门的、相对独立的农民养老保障系统，使养老保障计划更具针对性，顾及不同人群的特殊需要。

（2）运行中充分考虑农业的特殊性。由于农业具有较大的风险性和

---

① 王川、邢謉玲、陈涛：《德国社会保障制度现状以及对我国的启示》，《行政与法》2008年第 1 期。

② 闫翠兰、张术环：《德国农村社会养老保障制度及其借鉴意义》，《世界农业》2010 年第 12 期。

③ 徐嘉辉、郭翔宇：《德国农村社会保障制度及其借鉴》，《商业研究》2009 年第 6 期。

不确定性，德国农民养老保险费用的筹措不与农业收入相挂钩。在德国，普通的法定社会保险费的缴纳往往是与缴费者的收入相联系的。德国农民养老保障实行"统一保险费"原则，不考虑农民经营企业大小，统一缴纳相同的保险费，因而，农民领取的养老金数额也是相同的。

尽管德国的农村社会保障项目比较齐全，但政府并不是对所有项目都给予同等程度的援助。在德国看来，养老和医疗保险是与人力资源、经济发展联系在一起的，所以给予了特别的重视和援助。特别是农村养老保险作为促进农业经济结构转型的一种手段，政府对其补贴力度最大。

（3）立法完善，管理严格。在德国，每一个农村社会养老保障项目都是通过立法而建立，并按相应的法律规定进行管理和运营，做到了有法可依、有章可循。如 1957 年制定了《农民老年援助法》，1995 年颁布《农业社会改革法》。在农业事故保险方面，早在 1886 年 5 月，德国颁布《关于农业企业中被雇佣人员工伤事故保险法》，为农场主及在农场工作的其他人员提供风险保障。1986 年，制定《事故保险法》，1997 年修订后的《事故保险法》生效。在农村疾病保险方面，1972 年，德国开始实施农村医疗保险政策，制定《自雇农场主法定医疗保健法》等。① 建立在法律基础上的农村社会养老保障制度具有强制性，一经通过，全社会就必须遵守执行。

（4）兼顾社会功能和经济功能。德国的农村社会养老保障制度不仅具有保障老年农民切身利益的社会功能，同时还具有促进产业结构调整、提高农业生产率等经济功能。为配合产业结构的调整，德国将农场主的退休年龄从 65 岁降到 55 岁，以便将农场交给富有创新精神的年青一代。同时《德国养老保障法》规定，养老金的给付是以移交农业企业为先决条件的，因此德国的农业企业就能够及早地移交给年轻人，这有利于促进农业的技术化、知识化和效率化，使农业经济的发展更适应现代科学与技术的变革。②

---

① 张敬思：《论德国农村社会保障法律制度及其对我国的启示》，《河南社会科学》2010 年第 6 期。

② 闫翠兰、张术环：《德国农村社会养老保障制度及其借鉴意义》，《世界农业》2010 年第 12 期。

四　日本农村社会保障制度

（一）日本农村社会保障的主要内容

日本农村社会保障萌芽于20世纪30年代初，起源于医疗保险，经过80余年的发展，已经建立起覆盖农村地区的比较成熟和完善的农村社会保障体系。

二战后，日本的农村社会保障主要围绕生活救济展开。首先，制定了《生活保护法》，依照《生活保护法》，对核定被资助者的最低生活费标准给予补助（包括8种补助，即基础生活、住宅、教育、医疗、分娩、就业、丧葬、护理等），重点保障农民的生存权，并逐步建立起覆盖全体国民的"最低生活费"保障体系。20世纪80年代后期，日本的社会福利保障制度着眼于"帮助个人自立"和"尊重个人需求"，强调社会福利保障制度要真正保证人人享有尊严，人人都能够享受正常的社会生活。日本在农村建立了多层次的养老保险制度，主要分为三个层次，即国民年金制度、国民养老金基金制度、农民养老金基金制度，以满足不同层次农民的需要。同时，还为老年人、残疾人、保险者遗属设立了"老龄基础养老金""残疾人基础养老金""遗属基础养老金"。总之，日本社会保障制度的发展经历了由初期的保障生存权逐渐过渡到"尊重个性，尊重个人的自我选择权和自我决定权"的社会保障权。①

1. 社会保险

社会保险是社会保障中的主要内容，包括：（1）国民健康保险。国民健康保险由国家和地方政府直接管理，保险对象包括农民、个体手工业者、自由职业者、不能享受"雇员健康保险"的退休人员，以及包括上述人员直系亲属在内的抚养家属等，即主要是没有固定职业与稳定收入的群体。它适用于日本所有地区此类身份的市町村居民，通常又称"地区保险"。②（2）国民养老保险。包括：①基础养老金制度。最初主要面向

①　黄雄：《日本农村社会保障制度的特色及其启示》，《亚太经济》2011年第3期。
②　杨眉：《日本农村社会保障体系建立及启示》，《贵州师范大学学报》（社会科学版）2012年第5期。

农民和个体经营者等无固定职业和收入者，之后的改革将国民养老金作为全体国民共同加入的基础养老金。②国民养老金基金制度。该制度于1991年开始实行，它向不满足于第一层（基础养老金）的人提供更高层次的养老保险。③农民养老金基金制度。日本政府在1970年制定了《农民养老金基金法》。该制度作为农民参加国民养老保险的重要补充，具有自愿性和条件性。（3）护理保险。护理保险制度是日本为顺应社会老龄化的发展趋势而建立的新的保险制度，于2000年4月正式颁布实施。日本护理保险制度的运营主体是被保险人所居住的市町村政府，国家和都道府县以及医疗保险机构和养老保险机构作为协作者同时参与。

2. 农村公共援助

日本依据《生活保护法》建立起了覆盖全体国民的"最低生活费"保障体系。《生活保护法》保障公民的最低生活水平，对低于最低生活保障标准的部分给予差额补助。提供的救助主要有生活救助、教育救助、住宅救助、医疗费补助、生育救助、丧葬救助等。其运营主体是各都道府县及市町村，业务实施机构为当地的"福社（保健）事务所"，所需的经费由国家、都道府县、市町村共同负担。从1989年开始，负担比例为国库负担3/4，都道府县与市町村负担其余的1/4，这是覆盖全体国民的最低生活费保障体系。

3. 农村的老人社会福利

1986年，在修改《老人保健法》的同时，提出创建老人保健设施的设想，并于1988年开始在全国普及。1989年制定的《发展老人保健福利事业10年战略规划》（又称《黄金计划》）要求以市町村地方政权为主体，建设居家服务网络，对居家老人提供家庭访问、护理等服务；扩充老人福利设施，如增加特别养护老人院的容纳量、山村地区积极发展老人福利综合服务中心；设置长寿福利社会基金；等等。通过这一系列措施，大部分地区的农村基本普及了设施完备、条件优越的养老院等保健设施，边远农村的养老保健设施也有较大改善。①

---

① 李巧莎、贾美枝：《日本农村社会保障制度的演变及其启示》，《日本问题研究》2008年第2期。

4. 农业灾害救助制度

农业灾害保险也是日本农村社会保障体系中特殊而重要的组成部分。日本农业保险是日本政府为了应对给农业带来的自然灾害，用以保障农业再生产的经营稳定，使之适应国民经济的高速发展而采取的一种重要的支持形式。日本政府采取了民间非营利团体经营、政府补贴和再保险相扶持的模式，组成中央政府农林水产省、都道府县农业共济组合联合会、市町村农业共济组合三级联动的农业共济保险体系。① 农业保险基金由农民投保保费和政府补贴各占50%组成，由农协相关部门"农业保险合作社"负责运营管理；农户直接与当地的基层农业保险合作社联系，办理投保、索赔等事项。农业保险这一救灾制度和组织模式对稳定农业生产起了一定作用。

（二）日本农村社会保障的特点

日本的农村社会保障制度经过多年的完善，形成了自己的特点。总结这些特点，找出可以借鉴的经验，对于建设我国农村社会保障制度有重要的借鉴意义。

1. 覆盖范围广

覆盖最全面的国民养老保险是基础养老保险，农民也被纳入这一保险中。在此基础上又设立了专门的农民补充养老保险。这种双层的养老保险不仅覆盖了全体农民，也有利于各种人群之间的衔接，同时提高了农村养老保险基金的管理效率。日本的农村医疗保险在全国范围内实行，1961年就进入了全民医疗的时代，具有覆盖面广、参保人数多的特点。农村医疗保险给付除了医疗费、饮食费、高额医疗疗养费、特定医疗疗养费等费用外，还包括生育养育补助费、丧葬费在内的其他一些费用。这种广泛覆盖、全面保障的农村医疗保险使得农民的就医负担大大减轻，不必"有病不治"或担心"因病返贫"，因为参加保险的每个人都有受益的机会。

2. 在资金筹措上，国库支持占有较大比重

从日本农村社会保障项目的资金来源看，中央政府和地方政府的国库补助占了重要地位。中央政府和地方政府在资金投入比例上也是相当大

---

① 杨眉：《日本农村社会保障体系建立及启示》，《贵州师范大学学报》（社会科学版）2012年第5期。

的。例如，国民健康保险，国库补助保险费的50%；护理保险，国家负担25%；农村公共援助，国家补助75%；农村福祉（老人保健），国家财政负担23%。

3. 注重伦理引导和家庭养老，保障项目完善具体

随着经济的发展和社会人口结构的变化，日本不断调整本国的政策，以达到制度的持续运行之目的。首先，倡导社会伦理，倡导企业的社会保障责任。如日本于2000年推出了"护理保险"，国家、地方政府、企业、40岁以上的人共同付费支持老年人护理所需的设施、服务等。其次，日本文化注重家庭的传统影响。日本在解决养老问题上重视老年人的精神生活，注重老年人的社会贡献，重视家庭养老的功能，实行家庭养老和社会养老并举的方针。日本政府还通过扩大家庭服务，培养家庭护理员，建立保健医疗和社区服务体系，缓解老龄化社会的医疗费用压力。①

4. 社会保障管理采用集中与分散相结合的模式

日本把共性较强的社保项目集中起来统一管理，而特殊性较强的社保项目单列，分散到相关部门各自管理。在日本，社会保障事业由厚生劳动省、大藏省和文部省主管，其具体运营则由其下属机构或公共法人组织来承担。

五　启示

美国、英国、德国、日本的统筹社会保障制度安排与实践，对我国建立城乡一体化的社会保障具有以下启示意义。

1. 先城市、后农村的城乡一体化社会保障发展是一条基本路径

四国的城乡一体化社会保障发展的路径基本上是先城市、后农村，在工业化发展到一定程度、有能力反哺扶持农村的时候，政府及时出台了农村社会保障体系的相应法律法规，并积极引导民间机构或基层互助组织参与到农村社会保障事业中来，共同推动农村社会保障事业的发展，并逐步实现社会保障制度的城乡一体化、国民平等。

2. 合理界定政府、社会及农民个人在农村社会保障中的作用

一是要发挥政府的主导作用，建立适合中国国情的农村社会保障制度。

---

① 赵语：《浅析日本农村社会保障制度及其借鉴意义》，《现代商业》2009年第18期。

新型的农村社会保障制度中政府应该发挥重要作用，无论是在政策支持上还是在资金补助上，都应加大政府的支持力度。新时期政府应当在政策的制定和执行上给予农村地区更多的社会保障，重视对非农业人口的社会保障。

二是要充分发挥民间组织的积极作用，社会保障管理走社会化路子。让民间组织发挥好宣传、动员、推广以及资金募集的作用，合理规划好民间组织和政府组织之间的关系。

3. 实现社会保障的法制化

美国、英国、德国、日本等国非常重视社会保障制度的法制建设，形成了一整套法律规范，使各项社保有法可依。我国在农村社会保障制度建设过程中，除了要发挥政府的重要作用外，还要用法律作为社会保障制度内容的坚强后盾，因为以法律的形式规范农村社会保障制度的建立，这样才能改变我国一直依靠各级政府的政策、文件进行引导，经常随着国家政治、经济等情况的变化而变化的现象。只有在法律上得以确认，政策才具有稳定性，实施的结果才能有保证。

4. 实现社会保障的适度化

社会保障要与经济发展水平相适应，既不能超前也不能滞后，社会保障超前发展会制约经济的发展，而滞后发展又不能保障全社会整体水平的提高。因此，要实现社会保障的适度化发展。这是美国、英国、德国、日本社会保障体系建设的重要经验。因此，我国也要实现社会保障的适度化发展，坚持因地制宜与自愿原则，避免农村社会保障制度的"一刀切"；要避免强迫农民参加各种社会保险的做法，坚持自愿原则，在有条件的地区通过试点取得经验后逐步推广，以确保农村社会保障工作的健康进行。

5. 提高社会保障支出在财政总支出中的比重

提供社会保障这种公共产品是市场经济中政府财政的重要职能。从美国的财政支出来看，当前美国的社会保障支出占中央财政支出的比重为25%左右，社会保障已成为联邦政府最大的单项支出项目。而我国即使到目前，社会保障支出占我国财政支出比重仅12%，远低于美国，更低于高福利性国家30% ~ 50%的比例，即使是一些中等收入国家比例也在20%以上。由此可见，我国社会保障支出在财政支出中的比重明显偏低。我国社会保障支出比重过低，从财政支出结构上来说是不合理的，有待拓展和优化财政支出的空间。

6. 建立多层次、全覆盖的社会保障体系

建立多层次的社会保障体系，扩大社会保障覆盖面，尽量做到应保尽保。社会保障要真正发挥调节收入差距的作用，必须覆盖全社会的每一个成员。"多层次"是指通过国家立法建立起能够维持人民最低生活水平的基本保障，然后以地方行业更为具体和深入的强制性补充保险作为补充，并鼓励商业保险的发展，为有经济实力的需求者提供更高质量的保险。

7. 制度安排中体现效率公平公正与人文关怀

德国一系列农村社会保障制度的实施，使其成为"人人皆保障"的社会国家。根据我国现有经济发展水平，现阶段仍需要采取土地保障和社会保障相结合的方式，同时要分层次、分阶段地提供不同的制度安排，扶持农民参保。制度应能体现人文关怀，应在细微之处见真情。在养老保障制度方面，如建立过渡性养老救助制度，发现有老人无人赡养或赡养不力时，应立即启动过渡性救助程序，对老人进行良好照顾，并联系其子女进行赡养。在新型农村合作医疗制度方面，应当合理规划设置乡镇卫生院，实行医药分离制度，最大限度地降低医疗成本。[①]

8. 理顺体制、明确职责，确保农村社会保障工作落到实处

要学习借鉴日本地方自治体在基层统一设置"福祉—保健事务所"专门负责协调管理农村居民各项保障工作的做法，抓紧理顺我国农村社会保障的部门管理体制，明确机构职能与落实队伍，不断提高人员素质与管理水平，以确保我国农村社会保障工作健康稳定发展。

第三节　美、英、德、日等国统筹城乡发展的土地制度与启示

一　美国统筹城乡发展中的土地制度

美国在人口增长、城市化进程加快以及经济迅速发展的同时，也掠夺

---

① 王川、邢譓玲、陈涛：《德国社会保障制度现状以及对我国的启示》，《行政与法》2008年第1期。

了大面积的优良农地资源。而由农地流失带来的一系列问题，如经济、社会和生态环境等方面的问题也十分凸显，对于此种情况，美国联邦政府以及各州开始采取一系列的政策措施来防止优质农地的流失。美国通过实行土地规划利用，在总体布局上限定了土地开发利用的方式，在一定程度上有效地保护了优质农地，在此基础上推行一定的农地保护政策。在实践过程中，实施土地发展权制度，除此之外，立法保护、公众参与农地资源的保护以及大力宣传生态环境保护对于土地资源的保护起到了很重要的作用，使得美国在经济发展、城市化进程加快的同时农地资源以及生态环境也得到有效的保护，这对于我国解决城镇化过程中生态环境污染等一系列问题有着很重要的借鉴意义。

（一）美国土地制度的主要内容

美国土地政策内容可以细分为土地利用规划、土地用途管制、农地保障以及土地流转（土地发展权转移）这几个方面。

1. 土地利用规划

美国在独立战争后一直到1787年《土地法》的实施，其间西部国有土地私有化进程开始全面启动，直至20世纪30年代方告一段落。19世纪60年代以后，联邦政府的土地政策开始有了较大的转变，其特点是以销售为主转向以赠与为主。联邦政府的主旨是通过市场途径实施国有土地私有化，进而带动西部的全面开发。

西部土地私有化之后，西部土地资源流动性加大，土地交易、土地投机越发严重。随着美国国家经济发展、人口增长、城市化的发展，侵占土地尤其是优质农地的现象日趋严重，出现了许多问题，比如生态环境破坏等。为此，美国联邦以及各州开始采取政策和措施来保护优质农地，合理开发利用土地资源，在此背景下美国出台了一系列保护优质农地的措施。其中，土地规划是一项重要措施，而且是最基本的措施，占据领导地位，把握着土地发展的大方向。

美国的土地利用规划体系的内容包括三大类，共六个层次。三大类指的是总体规划、特别规划和区划。总体规划指的是每个州根据州的宪法，在州的任何一个城市或者郡都要有一个长期的、综合的总体规划。特别规划指的是在总体规划被批准开始执行后，根据情况，就其中的一个小区或者小范围有时会制定特别规划。区划指的是把城市划分成区域。它主要是对土地的使用和对在这块土地上的建筑物进行必要的控制。[①] 六个层次指的是国家级、区域级、州级、亚区域级、县级和市级。其中，国家级指的是国家的土地利用总体规划编制。专项规划如国家高速公路网规划、全国自然保护区规划已经编制。区域级指跨州的土地利用规划。州一级规划主要控制州内土地利用，制定政策对土地资源进行开发和保护。亚区域级包括一个州范围内几个县，一般按自然界限来规定范围，如加州的旧金山湾地区规划。亚区域规划也编制专项规划，如水质规划。县级是美国土地规划中的一个重要的层次，它对全县的土地利用（除公有地外）在数量和空间布置上起到控制作用，一般由地方政府编制。市级为县范围内市、镇的土地利用规划。[②]

2. 土地用途管制制度

美国在总体上规划好土地利用的布局之后，为了更好地利用土地资源，避免土地资源的浪费，更进一步地对土地用途进行了限制。土地用途管制表现在土地利用规划的具体细则方面，土地用途管制限制了土地开发的利用方式、强度，等等。美国土地用途管制可分为两大类：一类是以控制土地使用密度与容积为核心的土地用途管制；另一类是以控制城市规模和保护农地为核心的土地用途管制。美国土地用途管制起源于民法的地权限制，是在地权限制难以尽收合理利用土地之效时而采取的一种法律手段，其基本内涵是土地所有权和土地使用权的行使不能给社会公共利益和他人利益造成危害。[③] 从殖民地时期至今，美国的土地用途管制制度经历了由零散、片面到系统、全面的转变，在优化土地资源配置上发挥的作用日渐明显。[④]

在美国，不同阶段的土地用途管制有不同的内容。20世纪30年代中期，连续几年干旱，土壤和水土保持是其主要任务。20世纪50年代前期

①　付英：《美国土地资源的严格保护和有效使用》，《山东国土资源》2006年第2期。
②　唐红波、娄文龙：《美国土地利用规划研究及其对我国的启示》，《浙江国土资源》2005年第5期。
③　魏莉华：《美国土地用途管制制度及其借鉴》，《中国土地科学》1998年第3期。
④　陆冠尧、潘科：《国外及台湾地区土地用途管制制度研究比较》，《广东土地科学》2005年第2期。

主要是土地使用的容积和密度管制。从 20 世纪 50 年代后期至今，主要内容则是控制城市规模和加强农地保护。①

3. 农地保障制度

美国联邦政府及州政府采取了一系列的措施来控制城市规模，防止优质农地向城市流转。早在 20 世纪 30 年代，美国政府就制定了《水土保持和国内生产配给法》。50 年代中期，联邦政府加大了对耕地的保护。60 年代已开始关注农地流转问题。70 年代优质农地受到了足够的重视。70 年代中期美国农业部恢复设立了"土地利用委员会"。土地利用委员会的主要职能就是致力于用综合的政策工具来保护优质农地。进入 80 年代，美国联邦政府制定了《农地保护政策法》，1996 年美国通过的《联邦农业发展与改革法》的重要内容之一就是修订有关环境保护条款，其中对农业影响最大的是备用地保护计划。②

美国的农地保护措施有很多种，具体措施包括法律手段、经济手段、用途管制以及鼓励公众参与等。在立法上制定了很多相应的法案，比如说《农地保护政策法案》《加州土地保护法》等，这些法案从规划、税收等多个角度规范着美国农地非农化行为。从经济手段方面来看，这是保护农地最直接最有效的方法，通过经济杠杆来调控土地的安排，调动了农地所有者保护农地的积极性。土地用途管制通过一些行政手段（比如警察权）来执行。除了上述几项措施外还有一项也很有效，就是积极引导公众参与到农地保护当中来。

4. 土地发展权转移制度

美国的土地发展权转移制度也是一项很重要的举措。美国的土地发展权转移制度是在土地分区（用途管制）制度没有有效地控制住农地大量流失和城市对农地大量蚕食的情况下于 20 世纪 60 年代仿照英国的做法设置的。③ 美国的土地发展权通过两种制度运作：一是土地发展权转移；二是土地发展权征购。在土地发展权转移制度的运作方面，运作起初要划定土地发展权转让区和土地发展权受让区。土地发展权转让区通常是农业用

---

① 付英：《美国土地资源的严格保护和有效使用》，《山东国土资源》2006 年第 2 期。
② 张安录：《美国农地保护的政策措施》，《世界农业》2000 年第 1 期。
③ 刘国臻：《论美国的土地发展权制度及其对我国的启示》，《法学评论》2007 年第 3 期。

地、自然环境脆弱的地区等。被划定为土地发展权转让区的土地所有者有两种选择：一是保留土地发展权，只按原规划规定对土地进行使用；二是转让土地发展权，获得经济补偿。转让土地发展权后的土地所有者可以继续耕种，但不能改变用途。土地发展受让区是根据规划可进一步进行土地开发的区域，通常是城市中心地带。划定了转让区和受让区后，政府就要确定土地发展权的价值。土地发展权的价值是该土地包含土地发展权在内的全部价值与不包含土地发展权在内的土地价值之差，具体确定有一个通用的计算公式。通用的计算公式把土地发展权转换成土地发展权受让区一定的建筑密度。土地发展权转移制度使土地发展权转让区土地得到保护的同时，也使土地所有者得到一定的经济补偿。[①]

（二）美国土地政策的特点

1. 土地政策执行的行政性突出

行政手段方面即行使警察权。另外一个执行手段就是"强征税费"。美国社会制度相对完善，政策执行效果突出，这就为政策的落实奠定了很好的基础。

2. 土地规划体系的分散性

美国基本上没有制定统一的国家级土地利用规划，各州一般也没有具体详细的土地利用规划，也不强求各级政府制定土地利用规划，但联邦政府通过相关法律、政策影响各级地方的土地利用及其规划。[②]

3. 公众参与的民主性

美国十分重视决策的民主化。对于国土资源的重大管理计划和制度、法规，一般都征求社会各界的意见，并根据社会各界的反馈意见进行适度修改，以求得民众的支持。这个政策极具现实意义，发动广大群众一起参与土地政策的制定。[③]

[①]　陈名村、孙颖：《美国土地发展权制度对我国的借鉴意义》，《决策与信息》2008 年第 8期。

[②]　秦明周：《美国的土地利用规划与保护的特色》，《中国农业资源与区划》2001 年第 6期。

[③]　龙丹：《美国土地管理制度及其对我国的启示》，载《生态文明中的土地问题研究》，中国会议，2008。

4. 法律保障性

美国土地政策各个方面内容都具有完善的法律保障，联邦政府主要通过制定相关的法律法规、政策来约束、引导、影响地方的土地利用、农地保障、规划管理、土地流转等。[①]

5. 突出生态保护

美国民众对生态环境的保护意识特别强烈，也设立了很多公立以及私人的环境保护机构，国家设有自然资源保护局（NRCS），内务部有国家公园局（NPS）。美国政府一方面通过各种宣传，增强公众的环境意识、资源危机意识及社会福利意识；另一方面又通过各种经济手段，如补贴、财政刺激等鼓励公众参与农地保护活动。[②] 各地还有相应的服务机构，它们大力宣传生态环境破坏所带来的不可恢复的伤害以此来动员民众保护好生态环境。

6. 土地管理多层次、分级别管理

美国的土地管理内容多且详细，涉及面比较广，多层次、分级别。这个特点尤其体现在土地规划方面，在制定具体土地利用规划的时候，联邦政府不是土地规划的主管者，联邦政府将决定权赋予州政府，州政府又转交给下一级的市政府，这样一来，各地根据自己的实际情况来制定具体的土地利用规划。

二　英国统筹城乡发展中的土地制度

（一）英国土地政策的主要内容

英国的土地政策演变分为三个阶段：第一阶段是 1942 年《斯科特报告》颁布之前，该阶段为土地开发期，许多关于土地资源保护的政策还停留在理论层面。第二阶段从 20 世纪 40 年代到 20 世纪 80 年代，为觉醒保护期。第三阶段从 20 世纪 80 年代至今，为可持续管理期。[③]

---

① 李茂：《美国土地利用规划特点及其对我国的借鉴意义》，《国土资源情报》2009 年第 3 期。
② 张安录：《美国农地保护的政策措施》，《世界农业》2000 年第 1 期。
③ 龙花楼、胡智超、邹健：《英国乡村发展政策演变及启示》，《地理研究》2010 年第 8 期。

1. 土地利用规划

英国于 1909 年建立了土地规划制度，1947 年作了进一步修改，形成了完善的土地利用规划制度。规划的目的是调控土地近期需求与长远需求，促进社会经济的可持续发展。

英国土地利用规划体系由国家级规划、区域性规划、郡级规划、区级规划所组成。此外，英国的土地规划机构分为三级。[1] 在政策制定后还需要后续的维护管理，英国的土地规划实施主要是通过规划许可来实现。除去在一般层面的规划之外，土地利用规划环境影响评价就是其中一个很有特色的政策。环境影响评价在 20 世纪 70 年代以后在全球迅速普及和发展，成为各国重要的环境管理手段。20 世纪 90 年代，英国地方政府在土地利用规划的环境影响评价方面发展比较快，在具体程序上也有了成熟的做法。[2]

2. 土地管理体制

在进行土地规划之后，对土地的管理作出更为细致的规定，使得土地规划在执行上有了强有力的保障。毕竟土地规划相对属于宏观层面上的，土地规划指导土地用途的具体分配，通过土地管理进一步完成了土地规划的目标。可以这么说，建立土地管理体制是执行和完成土地规划所必经的阶段，土地利用规划和土地管理体制二者相辅相成。

英国是典型的土地私有制国家，90% 左右的土地为私人所有，土地所有者对土地享有永久业权。同时英国又是世界上最早通过规划立法限制土地开发的国家。英国在中央一级没有统一的土地管理机构，而是实行土地分类管理，并由下级机构履行土地管理的职能。

在英国，政府干预土地使用不仅仅表现在制定城市土地开发规划管理制度上，同时还表现在土地所有权方面。1947 年《城乡规划法》所包含的一个重要内容就是土地开发权归政府所有。[3] 英国 1947 年的《城乡规划法》规定所有土地的发展权均归国家所有，任何人欲开发土地，均须申请并取得开发许可，以获得土地发展权，即更高强度或更高价值的使用

---

① 唐红波、唐红超：《中英土地利用规划比较》，《国土资源》2004 年第 8 期。
② 金群、陈婕、李幼平：《土地利用规划环境影响评价方法之国际比较分析》，载《生态文明中的土地问题研究》，中国会议，2008。
③ 李光宗：《英国政府如何干预土地政策》，《学习时报》2009 年 9 月 8 日。

权；土地所有者或土地开发者，必须就因获得开发许可而取得的发展价值缴纳发展价值税。此后，英国又在 1951 年、1953 年、1954 年、1959 年、1963 年对该法进行了多次修改和补充，并制定了大量相关法规，形成了较为完整的规划立法体系。《城乡规划法》的主要内容就是由地方规划当局制定弹性发展规划，任何类型的开发活动都必须得到地方规划当局的同意。英国的土地用途管制制度的核心是土地开发许可制度。[1]

3. 农地保障制度

英国在城市化过程中对耕地的保护工作可分为两个阶段。第一阶段：在二战以前，对耕地基本不予保护，工业化、城市化所需要的农产品主要依赖国外。第二阶段：二战以后，随着农业和工业的发展，英国开始重视农地的保障工作。[2]

英国人多地少，第二次世界大战后期，为了扭转农业发展的衰落局面，于 1947 年实施了战后第一个《农业法》。20 世纪 60 年代以后，英国政府对农业和农地保护相当重视，特别是在此后的十几年间多次颁布了鼓励、确保农业发展的法令。从 20 世纪 80 年代开始，英国在保护农用地的生产能力、保障国家食物安全方面的努力有所减弱。地方官员开始关注农地的环境价值和乡村景观的保护。农地保护的目标也由食物生产转向提高农村环境质量和发展农村经济。与此同时，英国政府对于城市规划政策的关心日益增加，政策实施的目标亦致力于在保护乡村景观的同时，促进城市结构的合理化，有效提供城市基础设施。[3]

4. 土地发展权转移制度

英国是世界上最早建立土地发展权转移制度的国家。1947 年英国建立土地发展权转移制度，解决土地增价和补偿问题。英国土地发展权转移制度产生了巨大影响，受到高度评价。

英国设立土地发展权的目的在于建立一种对土地开发进行有效控制的机制。1942 年公布了《阿斯瓦特报告》，其中的许多成果和建议对英国土地征收制度方面改革起了关键作用，比如说实行土地发展权国有化。1947

---

[1] 唐顺彦、杨忠学：《英国和日本土地用途管制》，《中国国土资源报》2001 年 1 月 19 日。

[2] 乌裕尔：《英国的土地管制和耕地保护》，《经济日报》（农村版）2006 年 10 月 23 日。

[3] 王宇洲：《英国：规划保护农地灵活多样》，《中国社会报》2007 年 4 月 23 日。

年，英国在《城乡规划法》中首次提出土地发展权的概念。

土地发展权，主要是指农地变更为建筑用地使用或由粗放的建筑用地使用变更为高度集约式的建筑用地使用。通常由低度的直接生产用地变更为高度的间接生产用地，都需要先经过缜密的都市建设发展规划，并有各种必要的公共设施的配置。英国在 1947 年的《城乡规划法》通过施行后，即实行土地发展权国有化。英国模式中的土地发展权归国家所有。在实行所谓土地开发许可制之后，衍生了土地发展权可转移的观念。因此，创立了一种有关土地发展权转移制度。英国所创制的土地发展权转移制度是由公有的发展权转变为私人的发展权。土地所有权人如果想开发其土地，必须向政府主管机关申请开发许可。政府授予开发许可之前，土地所有权人必须缴纳土地开发税。借助开发税的征收，可将因开发许可所增加的开发价值全部征收归公。[①]

5. 英国的土地流转制度

英国对土地流转有一些制度性的规定。在土地流转制度与所有权的关系方面，英国的全部土地都归国王或国家所有，一般居民没有土地的所有权。国王将土地分给功臣和国民，他们拥有的是土地保有权。英国真正的土地权利为不同形式的土地保有权。英国土地所有权制度虽然简单，却很完整。其基本原则是：以利用定归属，重视保护土地的动态利用，其保护土地权益的次序为租用保有权、自由保有权、土地所有权，即侧重保护土地使用者的权益，这样做的目的是提高土地的使用效率和经济效益，实现土地的持续利用。在土地流转制度与国家的关系方面，英国的土地开发权国有化将土地开发的权力牢牢掌握在了政府手中。在土地开发权国有化的规定下，英国通过强制购买的方式可以将土地收归国有，这与我国的征地制度较为类似。除此之外，农民权利的保护和利益的补偿机制在英国土地流转当中也考虑得相当周全。英国对农民权利的保护主要是侧重于对失地农民的利益补偿。英国的土地补偿及收益分配机制是相当规范和完善的。[②] 英国农地流转机制的立法、程序实施等方面都在不断完善。

---

①　刘明明：《土地发展权的域外考察及其带来的启示》，《行政与法》2008 年第 10 期。

②　史志强：《国外土地流转制度的比较和借鉴》，《东南学术》2009 年第 2 期。

英国的农村土地流转制度可以归纳为以自营农场经营为基础的土地规模经营。在过去相当长的时期内，英国农业采取的是租佃制的经营形式，政府也逐步通过立法、财政补贴等方式，限制地主权利，发展自营农场，促进农业规模经营，逐步由原来的租佃式农场转变为自营农场。[①]

（二）英国土地政策特点

1. 土地政策制定的灵活性

英国土地政策的制定在机构的决策方面具有很大的灵活性，比如在土地管理方面，英国在中央一级没有统一的土地管理机构，而是实行土地分类管理，并由下级机构履行土地管理的职能，这就对英国土地管理效率的要求很高。从弹性的角度来说，土地分类管理更具有灵活性的特点。

2. 完整的立法体系

英国与其他西方发达国家类似，在行政干预的同时给予法律保障，欧美国家法律至上，英国的土地政策法案的制定同样是这个道理。英国土地政策在得到它所需要的法理支持之后便上升为国家意志，其中最著名的就是1947年的《土地规划法》，经过几次修订完善，在英国土地规划中起到了主导作用。

3. 政策的制定关注公平

相比美国而言，英国土地发展权转移制度设计更关注公平。为解决城市重建和土地开发所带来的土地征收问题，1942年1月，英国设立阿斯瓦特委员会，该委员会于1942年9月提出了在补偿和土地增价方面具有重要理论体系的报告——《阿斯瓦特报告》。1947年《城乡规划法》规定一切私有土地将来的发展权（也即变更土地使用类别之权）移转归国家所有，由国家独占，对所有人是公平的，可以防止因无土地或土地的多少及区位的差异造成不公平。

4. 环境保护是特色

发达国家在经过一段时间的发展后更加重视对环境的保护，英国的环境影响评价在其中也担当了很重要的角色。英国在环境保护方面推出的一

---

① 吴玲、周思山、周冲：《发达国家农村土地流转制度对我国的启示》，《宿州学院学报》2012年第1期。

系列政策措施的最终目的是实现社会的可持续发展，给自己子孙留一个干净舒适的外部环境。

三　德国统筹城乡发展中的土地制度

（一）　土地制度主要内容

1. 土地利用规划制度

德国的土地利用坚持保证规划优先原则和科学用地分类方法是其最显著的特色，形成一种发展导向型的土地利用规划体系。德国土地利用规划目标是统筹分配各业用地，由各级各部门之间相互协调，既能反映各行各业的用地需求，又能结合不同空间的活动和需求，综合考虑社会、经济和生态各方面的效益。土地利用规划内容分为项目规划和实施计划两种：联邦政府制定项目规划，地方政府完成项目的实施计划。土地利用规划机构纵向和横向相结合。纵向为从上向下，联邦—州—地区—城镇一条线，各级政府又有其相应的土地利用立法和规划部门；横向机构是指行业之间，如农业、工业、交通运输、环境规划、水资源管理等各部门有各自的总体规划和活动范围，制定规划过程中各部门的规划互有重叠。土地利用规划的实际编制是一个动态的过程，各步骤之间相互关联、重复互动、互为依存，制定规划时根据实际情况，有时几个步骤相互结合穿插进行。

德国的城乡土地规划很有特色，即城乡等值化试验。城乡等值化试验是德国农村发展的普遍模式，从20世纪60年代起，德国在巴伐利亚进行城乡等值化试验，又被称为"巴伐利亚试验"。该计划倡导"城乡等值化"理念，通过土地整理、村庄革新等方式，实现了"与城市生活不同类但等值"的目的，使农村经济与城市经济得以平衡发展，从而明显减缓了农村人口向大城市的涌入。①

2. 土地管理制度

德国的土地管理包括以下内容。①土地立法。为维护土地所有者的权益，先后颁布了《土地买卖、租赁法》《土地转让法》《农用地评价法》；

---

① 陆光顺、黄跃东:《借鉴德国经验探讨我国农村土地利用规划》，载福建省土地学会《"科学合理用地，推进海西建设"——福建省土地学会2006年学术年会论文集》，2007，第5页。

为确定土地权属，颁布了《州地籍法》；为保护土地资源及合理利用土地，颁布了《自然保护法》《保护森林与发展林业法》《土地整理法》《区域整治法》《矿业土地复垦法》《肥料法》《建筑法》等。②地籍管理。早在19世纪，为了征用土地税，联邦德国便开始了地籍管理工作。随着租赁、买卖土地，土地继承等问题的出现，需要加强地籍管理工作。21世纪初，出现了土地登记簿。1934年颁布了为农田税收服务的全国统一的《农用地评价法》。《地籍管理法》规定，地方法院和地籍机关分别负责土地权属登记和地籍管理。③土地整理。联邦德国的土地整理是农业结构政策的组成部分，是区域整治在农业方面的目标与手段。联邦德国农户不仅平均规模小，而且大多数农户的地块极其分散，插花分布也十分严重。土地整理政策实施主要是为改善长期以来小农户占优势的农业结构。① 目前，土地整理已不是立足于短期的、单纯的地块合并、调整和村庄的改造，而是着眼于整个整理区域内久远的生态环境的保护。在整理过程中，做到保存、保护现有的有利的景观，又充分利用现代的科学技术和手段创造出新的景观，促进环境生态群体的平衡，使土地整理工作做到经济效益、社会效益和环境效益相统一。④区域整治。德国分别于1965年和1976年颁布了《区域整治法》，1965年《区域整治法》着重于发展经济，1976年《区域整治法》着重于环境保护。区域整治是一项综合性工作，同时带有社会福利性质。当区域整治规划得到认定和批准之后，可以得到联邦政府和州政府的资助。②

3. 农地产权保护制度

德国十分重视对农村土地产权的管理工作，形成了一整套有关土地产权保护与管理方面的有益的制度体系。

德国土地绝大部分属于私有，也有一部分实行公有（如国家、州、市镇所有）。除法律另有规定外，土地所有者对该土地（包括地上和地下）享有占有、使用、收益、处分等权利，可以自由交易。但出于农地的特殊性和农业发展的需要，德国对农地所有权的自由交易实行严格限制。为此，

① 方西屏：《联邦德国的土地交易》，《中国土地科学》1994年第1期。
② 罗必武：《联邦德国的土地管理》，《世界农业》1985年第10期。

德国十分重视对农地产权的保护和管理，东、西德国统一后，对东德的公有农地实行私有化改造，建立了统一的农地产权保护和管理制度。①农地产权交易的特殊管理。1918年以来，德国就对农地自由交易实行控制并延续至今。《土地交易法》规定，出让农地所有权，应经地方农业局许可，对可能导致土地分散经营或者细碎、出让价格与土地价值严重背离、改变农地用途的不得批准出让。②农地的田亩重整。解决了农地地块分散、细碎，不便于机械化作业问题。从1953年开始至今，实施了田亩重整计划。田亩重整计划由参与该计划的农地所有者组成共同体，在国家支持下，通过田亩重整程序，对不同所有者的农地进行互换、重新登记，并加以平整改造，使之连片成方，适合于机械化耕作，促进了农业集约化和规模化。③加强对农地租赁管理。为防止改变农地用途，实现农地的可持续利用，保护租赁双方当事人的合法权益，加强农地租赁管理，德国通过立法（《民法典》和1986年联邦德国颁布实施《农地用益租赁交易法》）对农地租赁进行严格管理。④构建完善的农地纠纷解决机制。德国有着完善的土地纠纷解决机制。在德国，有专门负责处理土地纠纷的调解人与部门，调解人由专业人士或者是调解双方都认同的人员来担任，若调解不能解决，可以向农业法院起诉，诉讼程序在《农业纠纷诉讼程序法》中有明确说明，对于农业法院的调解结果不认同的可以到州中等法院上诉。①

（二）德国统筹城乡发展的土地制度的特点

1. 土地规划具有很高的权威性、科学性、稳定性及公众参与性

土地规划是德国土地制度的核心内容，体现出四个特点。一是权威性。德国虽然只有一部统一的《联邦建筑法》指导土地利用规划，但各州则依据《联邦建筑法》的规定，制定符合本州实际情况的土地利用规划作为州所辖各城市建设规划的依据。它们赋予土地利用规划一定的法律地位，使土地利用规划具有很高的权威性。土地利用规划一旦在议会审议通过，各项建设必须严格遵循，修改必须通过法定的程序进行。二是科学性。德国各州的土地利用规划的编制，必须符合《联邦建筑法》的总体

---

① 吴玲、周思山、周冲：《发达国家农村土地流转制度对我国的启示》，《宿州学院学报》2012年第1期。

要求、符合本州土地保护和利用的实际以及要与相邻州、相邻城市的风格相协调。三是稳定性。德国各州土地利用规划的年限一般是 15～20 年，在编制规划时，规划必须在预测一个城市的发展趋向（包括综合考虑经济、人口增长因素，确定交通、供电、供热、供水、公用事业发展需占用的土地等各种因素）的基础上形成。如确需改变，仍然需交给市民讨论，然后再通过议会审定修改。① 四是强调土地规划的公众参与。德国为规划修编制定了一套标准化的规划程序，包括法规的咨询及联邦法要求的两个公共参与阶段。两个阶段的公众参与充分照顾了广大市民和其他各个单位团体的意见，便于将规划制定好。②

2. 严格的土地管理

在德国，虽然理论上讲土地所有者的权利是无限的，对所占有的土地可以自由出售、出租、抵押、转让等，但实际上绝对自由是不存在的，为了社会公共利益和保护他人的合法权益，在承认土地所有者合法权益的同时，通过立法程序对其权利加以限制，要求每个公民遵循法律规定，服从国家需要。一是就农业用地而言，联邦德国法律规定，严禁农用耕地的产权转让方向以及经营方向的变更。二是就土地整理而言，整理区内的地产主在进行土地交易时需要申请土地整理主管部门审查批准，审查中如确认该地产交易不会影响土地整理规划方案的实施方可允许交易。交易时买卖双方必须到登记局申请注册，土地整理部门在整理期间为大型项目工程用地或为村镇改造及整理中的公共设施用地而进行土地交易时，不需公证。三是就建设用地而言，在德国，土地交易后的用途必须服从规划的需要。四是就租地造屋权而言，承租人在"租地造屋权"的承租期间，可将其权利作为财产进行买卖、转让、抵押，但这里卖的是"租地造屋权"，因此在卖时必须征得出租人的同意。承租人在抵押时也必须经出租人同意。③

---

① 陈明鉴:《德国土地利用规划的成功点》，《中国土地》1998 年第 11 期。
② 邱鹏飞、雍эб玮、郝思特·绍尔:《德国土地利用规划中的两阶段公众参与》，载中国土地学会《21 世纪中国土地科学与经济社会发展——中国土地学会 2003 年学术年会论文集》，2003，第 3 页。
③ 方西屏:《联邦德国的土地交易》，《中国土地科学》1994 年第 1 期。

3. 重视农村土地权益的保护

在土地流转过程中对农民的权利进行保护，保证土地流转双方利益分配的公平是土地流转的核心内容。德国通过实施"城乡等值化"政策，实现了农村与城市生活虽不同但等值的目的，最大程度地保护了农村土地的权益，同时使农村经济与城市经济得以平衡发展。

四　日本统筹城乡发展中的土地制度

（一）日本土地制度的主要内容

日本土地制度主要有土地利用规划、土地用途管制、耕地保护和土地发展权等内容。

1. 土地利用规划制度

日本国土利用的基本方针是："国土在目前和将来由于是国民的有限资源，鉴于生活、生产各项活动的共同基础，让公共福利优先，要继续对自然环境予以保护，关心地域的自然、社会经济和文化条件。以确保健康，文化性质的生活环境和要求国土均衡发展作为基本思想。"[1] 根据这一基本思想，日本构建了一个完整的土地利用规划体系，由国土综合开发规划、国土利用规划、利用基本规划和城市规划等构成。[2] 日本将"土地利用规划"称为"土地利用计划"，其核心制度是 1974 年制定的《国土利用计划法》。《国土利用计划法》由 5 个主要部分组成：①制订国土利用计划；②制订土地利用基本计划；③管制区域内土地利用的限制；④全国土地交易申报劝告制度；⑤关于闲置土地的措施。[3]

日本国土综合开发规划是在国家经济计划、公共投资计划等计划的指导下，综合开发、利用、保护国土资源，合理调整产业布局，提高社会福利的综合性规划。国土综合开发规划又分为全国国土综合开发规划、大都市圈整治建设规划、地方开发促进规划和特定地域发展规划。国土利用规

---

[1] 尹功成：《日本国土的土地利用概述》，《地理学与国土研究》1989 年第 1 期。

[2] 孙强、蔡运龙：《日本耕地保护与土地管理的历史经验及其对中国的启示》，《北京大学学报》（自然科学版）2008 年第 2 期。吴殿廷、虞孝感、查良松等：《日本的国土规划与城乡建设》，《地理报》2006 年第 7 期。

[3] 李波：《发达国家的土地利用规划制度及借鉴意义》，《中国城市经济》2011 年第 1期。

划是从土地资源开发、利用、保护的角度，确定国土利用的基本方针、用地数量、布局方向和实施措施的纲要性规划。国土利用规划自上而下分为全国国土利用规划、都道府县国土利用规划和市町村国土利用规划。土地利用基本规划是以国土利用规划为依据，进一步划分都市、农业、森林、自然公园、自然保护等区域，并规定各地域土地利用调整事项的具体土地利用规划。各地域内再进一步制定土地利用的详细规划，如城市地域内进一步制定城市规划，农业地域内进一步制定农业规划等。① 日本的城市土地利用是建立在土地私有制和自由市场经济基础上的，依法律和行政手段实现对城市土地利用宏观的直接调控、微观的间接调控。

日本土地规划中起主导作用的是国土利用规划，发挥着全局的作用。日本国土利用规划是根据国土利用方向制定的一种起行政指导作用的规划。对土地利用空间布局进行具体安排则由土地利用基本规划和部门土地利用规划来完成。表面上看，国土利用规划似乎是国土综合开发规划的专项规划，事实上从历次国土利用规划的编制时间看，都早于国土综合开发规划。国土利用规划与国土综合开发规划是同为国土厅规划调整局编制的两种平行的规划，二者是相互协调的关系。不仅如此，由于国土综合开发规划必须考虑土地资源的制约作用，由此国土利用规划成为制定国土综合开发规划的基础。另外，国土利用规划可直接制约全国经济发展规划和地区开发规划，因此，国土利用规划是全国最根本的规划。

2. 土地用途管制制度

鉴于国土国情，日本对土地用途进行了特别严格的管制。日本对土地用途的管制主要通过一系列法律手段来实现。日本政府于 1919 年颁布了《城市规划法》和《市街地建筑物法》，从而确定了日本的土地用途管制制度。其后，日本政府又于 1952 年颁布了《农地法》，1969 年颁布了《新城市规划法》，1970 年颁布了《建筑标准法》，对土地用途管制制度作了更为详细的规定。日本的土地用途分区管制建立在科学的土地用途区

---

① 李静：《日本、韩国土地规划制度比较与借鉴》，载朱奉圭《土地经济学》，权光南译，法律出版社，1991。

域规划的基础上，首先，该规划的基础资料是通过认真调查而来，不仅内容全面，而且可靠性强；其次，土地用途区域划分需将不同用途区域的特性和各块土地的具体情况结合综合考虑；最后，该规划的审批十分严格，既要接受有关专家的反复论证，又要听取市民的意见，还要经过各种法定审批程序后才能公布。

日本全国的土地分为都市区域、农业区域、森林区域、自然公园区域和自然保护区域。日本的土地用途管制制度包括四大部分。①农地管制制度。通过《农业振兴区域整备法》（1969 年）和《农地法》（1952 年）对农业区域中的农地加以特殊的管制。②城市土地利用规划制度。根据《城市规划法》（1968 年），日本对城市土地规划进行科学规划和管制，有计划有步骤地发展城市，形成了合理的大、中、小等的城市布局。③林地保护制度。主要是将森林保护区域分类，即"国家公园"、"准国家公园"及"县级国家公园"，进行属性界定（国家所有）并进行严格保护。④空闲土地的管制。为了提高土地利用强度，日本建立了空闲地制度，对空闲地的认定作了具体规定，以使土地得到积极而灵活的利用。①

3. 农地保护制度

日本农地制度面临的课题是确保优良耕地，有效利用农地，扩大经营规模，农地集约化、经营集团化和法人化。解决这些问题的法律依据是农地政策相关法律制度：《农业协同组合法》（1947 年）、《土地改良法》（1949 年）、《农地法》（1952 年）、《城市规划法》（1968 年）、《农业振兴地域整备法》（1969 年）和《农业经营基盘强化促进法》（1980 年）。2009 年农地制度改革内容主要是最大限度地有效利用农地。2010 年日本政府制定了粮食、农业、农村基本规划，基本规划中农地政策改革的目标是保障农地面积不再减少。另外，日本通过《生产绿地法》，利用税收杠杆对都市规划区内的农用地进行有效保护，鼓励都市农业发展。②

4. 农地流转制度

日本经历了战后经济的高速增长后，由于工业化、城市化发展占用了

---

① 陈利根：《国外（地区）土地用途管制特点及对我国的启示》，《现代经济探讨》2002 年第 3 期。

② 梁书民：《日本的土地制度与农业政策及启示》，《农业经济问题》2011 年第 9 期。

大量的农业用地，农地总面积不断减少。在此背景下，大量的农村青壮年劳动力、知识程度较高的农民离开农村，从而造成农业生产者高龄化，后继乏人，农地抛荒现象严重。基于这种形势，日本的农地政策重点发生了变化，突破了土地占有和使用方面的限额，以土地的经营使用权转移为中心内容，鼓励土地的租借、流转和集中，以达到扩大农地经营规模，改善农地的规模结构和经营结构，提高农地的使用效率，实现高效、稳定的农业经营的目的。围绕这一目标，日本政府制定了一系列的政策，[①] 其中，建立了一套严格的土地交易管理制度。在该制度体系中，最重要的是土地交易审批制度（如区域审批、价格审批、使用目的审查等），用以直接控制某些地区的地价水平及土地使用目的。

土地征收是日本土地所有权转移的一种重要方式，其目的在于社会公共利益的实现，手段是剥夺私人土地所有权。因此，日本的土地征收体现了两方面的内容：一方面是在剥夺私人土地所有权的同时保护私人土地权益；另一方面是保障社会公共利益的顺利实现。更准确地说，私人土地所有权与土地征收互为表里，两者相互依存，共同服务于社会经济发展这一总体目标。

总之，日本通过土地使用权的交易和为了公共利益的土地所有权征收，公平合理地实现农地的财产权利。

（二）日本土地制度的主要特点

日本统筹城乡发展中的土地制度安排具有如下特点。

一是重视国土规划，建立了完整的国土规划管理体系。日本国土规划法制体系非常完善，国土资源管理都是从制定法律开始的，以法律约束和指导管理工作。各种规划体系完善，职责分明、高度统一，具有高度的指令性和强烈的干预性，强力抑制土地投机行为，注重农地保护和土地可持续利用。[②]

二是建立了严格的土地管制和农地保护政策。日本农地法律涉及同农

---

① 闫兴侠、戴媛媛：《日本农地制度的变迁对我国农地制度改革的启示》，《经济师》2010年第10期。

② 李波：《发达国家的土地利用规划制度及借鉴意义》，《中国城市经济》2011年第1期。

用土地相关的各个方面，总共达70余部，各法律之间相互引证形成一个相互协调的有机整体。完善的农地法律体系使日本的农地保护、农地流转、农地转用等管理有法可依。

三是突出农地流转的经营权流转。虽然日本是一个土地私有制国家，但为了保护农用地及促进农业的现代化发展，日本对农地流转强调的是经营权流转，这样既保障了农地所有权的稳定性，又有效地促进了农地的集中和规划集中，也极大程度地实现了农地财产权利，有力地促进了人口的自由迁移。

四是重视农地财产权利的实现。日本通过有效保护农地使用权流转、严格管制土地征收等政策，有效地实现了农地的财产权利。

五　美国、英国、德国、日本等统筹城乡发展中土地制度安排对我国的启示

1. 加强农村土地利用规划

一是国家要统筹全国城乡土地的利用规划，并做好相关规划的衔接。二是地方政府结合本区域特征，因地制宜地设计规划。三是加强规划管理，确保规划的科学性与统一性。美国、英国等国的实践表明，科学规划是保护耕地合理利用和节约用地的关键。四是注重土地开发利用方面的研究和政策制定。把土地利用规划与空间规划、国土区域规划、城市规划等融为一体，成为各种规划的核心以及各种规划的落脚点。五是土地利用规划要与关注生态环境保护、自然资源的保护和合理利用相结合，重视农业用地的保护，重视人的价值，关注效率与公平、健康与安全，体现以人为本的思想。六是土地利用规划注重公众参与。七是土地利用规划根据客观情况的变化而调整。对规划实施情况进行充分评估，根据需要进行动态调整。[①]

2. 加强农村土地法律建设

美国、英国、德国、日本等在农地规划、农地管理和保护、土地权益

---

① 陆光顺、黄跃东:《借鉴德国经验探讨我国农村土地利用规划》，载福建省土地学会《"科学合理用地，推进海西建设"——福建省土地学会2006年学术年会论文集》，2007，第5页。

实现方面形成了完善的法律体系，这是四国土地制度得以顺利实施的重要保障。我国的土地现实情况更为复杂，更需要制定一个完整的土地法规体系用以保障合理利用好每一寸土地。其中，有关界定土地产权和财产权利实现的法律又是重中之重。

3. 农地制度改革要与保护农民土地权利和农村经济发展相结合

英国、德国和日本与我国同是人多地少的国家。它们的经验是保护农地与推进现代化建设并不矛盾，保护农民土地权利与发展规模经营也不矛盾，坚持家庭经营与建设现代农业更不矛盾。这给我们的启示是：在传统农业向现代农业转型的重要时期，不能随意调整和改变农村土地承包关系，要毫不动摇地长期坚持农村基本经营制度，切实尊重和保护农民承包土地的各项权利，稳步促进农业经营方式转变，发展现代农业。

农地制度改革不是孤立的，应该与农业产业化发展、适度规模经营、提高农业技术水平、改善农业结构等内容联系起来，把注重农地制度改革与农村经济发展有机结合起来。

4. 健全农地保护制度

英国、德国等发达国家对农地实行用途转变许可和规划控制，有效地保护了农地资源，实现了农业与城镇化、工业化统筹协调发展。这对正处于城镇化时期的我国来说，它们的实践具有重要启示意义。加强我国农地保护和管理，健全农地保护制度，可从以下两个方面进一步探索。一是在严格红线基础上建立农业用地质量评价制度；二是健全农业用地转变用途许可制度。

5. 突出土地使用权，完善土地承包经营权流转管理

日本等国特别重视农地使用权的稳定且独立的地位，这对于农村土地产权复杂的我国而言，更值得借鉴。根据他国的经验和我国的实际，首先是简化农地所有权，使农地的所有权权益得到充分保护。其次，也很重要的是，基于我国实行承包责任制，农民已从集体手里获取了土地的承包经营权，这种承包经营权承载太多的农民的农地权益，因此，我国农村土地管理制度改革不是私有化，而是在坚持集体所有制条件下，赋予农民长期而有保障的土地使用权（承包经营权）。

完善土地承包经营权流转管理是突出农地使用权的重要保障。虽然我国与英国、德国的农地制度不同，但它们的农地产权交易管理制度和经验，启示我们要加强土地承包经营权流转管理，以保证现代农业建设健康顺利进行。

6. 农地制度的动态调整

日本《农地法》《农业振兴区域整备法》《农业经营基盘强化促进法》3部法律构成日本农业制度的基本框架。这3部法律可以称得上是日本农村的"基本法"，其他几乎所有的农地政策都是依据这几部法律而确定的。但这几部法律并不是一成不变的，而是根据不同时期的需求作及时的调整和修改，确定农地政策的方向，既保持了法律执行的一贯性，又利于法律适应变化了的新情况。日本的这种动态调整机制对于人地矛盾突出的我国来说具有一定的借鉴意义。我们应解决农户土地使用权稳定问题，给农民以充分的长期稳定的信心，及时创造土地经营权转让流动的条件，在土地调整和转移时要充分尊重农民的意愿。

7. 构建适合国情的农地管理机制

私有制和市场化不是解决农地问题的主要途径。根本问题在于如何健全农地管理机制。日本是土地（当然包括农业用地）私有制国家，但它对土地所有制的运行进行了诸多限制，而特别重视和保护农地的使用权。我国实行的土地公有制在许多方面有很大优越性，关键是界定一束权利，包括体现所有权、稳定承包权、放活使用权、尊重处分权、保护收益权，同时赋予农民谈判权。

第四节　小结

本章基于研究的需要，选取了美国、英国、德国、日本4个发达国家在统筹协调城乡发展中的人口管理、社会保障和土地管理等制度安排与实践进行分析。通过分析发现，虽然这几个国家均属于资本主义国家，但它们在促进城乡协调发展的制度安排中体现出的科学性、系统性、规范性和公平性值得我们借鉴。

第七章　户籍、社会保障和土地管理
制度联动机制的形成

本章是本书的核心内容。在前文分析的基础上，从联动的视角，主要运用系统分析等方法对户籍、社会保障和土地管理制度联动机制进行构建。这一章包括两方面内容。

一是从机制概念入手，对户籍、社会保障和土地管理制度联动机制的内涵、联动机制的构建思路、联动机制的形成路径、联动机制的结构、联动机制的作用机理等方面进行了系统分析，重点是讨论三项制度联动机制的结构，即提出了"统分结合、纵横交互、双层联动"的三项制度联动机制模型。

二是对户籍、社会保障和土地管理制度联动机制（即"统分结合、纵横交互、双层联动"联动机制模型）进行构建。

（1）"一级"联动机制构建。"一级"联动机制在课题中有纵向联动机制、基础性联动机制或核心联动机制的含义。"一级"联动机制是基于户籍、社会保障和土地管理制度的内在关系从管理、确权、激励与保障及筹资等方面提出户籍、社会保障和土地管理制度改革的共同政策，这些方面的政策是三项制度改革不可或缺的政策节点，这些政策具体到每项制度改革中均具有基础性的作用，深刻影响着它们各自改革的成功与否以及制度效应的发挥。

（2）"次级"联动机制构建。"次级"联动机制在课题中有横向联动机制的含义。主要基于城乡互动、统筹发展、三项制度改革互为条件关系的认识，分别讨论了以居住证为核心的城乡一元化人口管理机制、社会保障城乡一体化机制和农民土地财产权实现机制等形成的主要政策安排和建议。

基于我国的现实与国外经验，以居住证为核心的城乡一元化人口管理体制是今后我国建立人口管理体制的方向和目标。以居住证为核心的城乡一元化人口管理机制的形成是一项极为复杂的工程，是一个城乡居民利益的大调整过程，因此，户籍制度改革必须要发挥中央政府的主导作用，坚持在中央政府的领导和监督下，推动与户籍制度相联系的城乡之间、区域之间的综合配套的制度改革，即城乡和区域之间的社会保障制度、公共服务、土地管理制度、劳动就业制度、行政管理和公共财政制度的改革，通过重构制度体系的新框架，才能使户籍改革从原有制度框架中脱离出来。

关于社会保障城乡一体化机制，本书以十八大提出的"社会保障是保障人民生活、调节社会分配的一项基本制度。要坚持全覆盖、保基本、多层次、可持续方针，以增强公平性、适应流动性、保证可持续性为重点，全面建成覆盖城乡居民的社会保障体系"精神为指导，提出了通过实施"三步走"战略实现社会保障城乡一体化的改革路径和政策建议。

农地产权自由流动和财产权实现是统筹城乡发展的关键要素，本书以产权理论为基础，通过分析当前农地产权结构及农民土地财产权利配置中存在的问题和发展趋势，就农地管理制度改革，即从强化市场机制和弱化行政管理的角度提出促进农地自由流转和农民农地财产权利实现的思路，即简化所有权及其财产权配置、凸显承包经营权（包括宅基地使用权）及其财产权配置、引入农地发展权及其财产权配置的农地管理制度，并分别就所有权、承包经营权（包括宅基地使用权）和农地发展权的财产权实现机制的形成提出建议。

第一节 户籍、社会保障和土地管理制度联动机制概述

本节主要分析户籍、社会保障与土地管理制度联动机制的内涵、构建思路、联动机制结构及其作用机理。

一　户籍、社会保障和土地管理制度联动机制的内涵

（一）机制、机制设计与联动机制

机制一词源于希腊文，原指机器的构造和运作原理，借指事物的内在工作方式，包括有关组成部分的相互关系以及各种变化的相互联系。《现代汉语词典》中对"机制"的解释是：①机器的构造和工作原理；②机体的构造、功能和相互关系；③指某些自然现象的物理、化学规律；④泛指一个工作系统的组织或部分之间相互作用的过程或方式。在《现代汉语名词辞典》中对"机制"的解释是："对事物变化的枢纽关键起制衡的限制、协调作用的力量、机构和制度等。"《辞海》将机制定义为"泛指一个工作系统的组织或者组成部分之间相互作用的过程和方式"，或指由事物的内在规律及其与外部事物的有机联系所形成的系统。20世纪40年代末美国科学家维纳提出控制论后，人们把社会作为一个有机整体，机制一词被用来说明社会本身的运行、调节的方式和规律。现在，机制已成为一个泛指的概念，其主要强调：第一，研究对象的各组成部分之间的联系与互动；第二，机制能够反映事物组成的结构和事物内部互动关系的规律，即可以通过表面现象认识事物的内在规律；第三，机制是各组成部分必须遵守的规则，具有约束性，使事物的各个部分都在规则下运行。

机制设计理论主要包括信息理论和激励理论。一般而言，一个机制的优劣程度主要取决于两个问题：一是信息效率问题，即所制定的机制是否只需要较少的信息传递成本，较少的关于生产者、消费者及其他经济参与者等方面的信息；二是机制的激励相容问题，即在所制定的机制下，能否使每个参与者在追求个人目标的同时，在客观效果上达到设计者所要实现的目标。因此，信息的传递以及激励经济参与者真实报告其信息并按照事先制定的规则行事，就成为机制设计理论所面临的两个主要问题。简单地说，机制设计理论所讨论的问题是对于任意给定的一个社会目标或经济目标，在自由选择、自愿交换的分散化决策条件下，能否并且怎样设计一个机制（即制定什么样的方式、法则、政策条令、资源配置等规则）使得经济活动参与者的个人利益和设计者既定的目标一致，即每个人在追求个人利益时，同时也达到

了机制设计者既定的目标。① 因此，进一步说，机制的外在表现形式是一系列的制度安排，以减少交易成本以及各种不确定性。

所谓联动机制，简单地说，是指通过良好的沟通与有效的信息交流，将分散的资源有效整合，先"联"后"动"，发挥协同效应，实现共同目标的一系列制度安排。

（二）户籍、社会保障和土地管理制度联动机制的内涵

机制设计理论涉及的两个主要问题即信息效率问题和激励相容问题，对于统筹城乡发展中户籍、社会保障和农村土地管理制度联动机制内涵的界定具有重要的启示意义。

统筹城乡发展中的户籍、社会保障和土地管理制度联动机制指的是在统筹城乡发展的制度构建中，户籍、社会保障和土地管理等制度的建设彼此之间相互协调的方式。本书认为，由于户籍、社会保障和农村土地管理制度联动机制是基于统筹城乡发展的大背景构建，户籍、社会保障和土地管理制度联动机制是以实现农村主要要素（即农村土地和农村人口等）自由流动，提升农村整体发展水平为目标，通过制度间的相互影响和相互合作的关系，发挥在实现目标过程中各种要素的作用，并使这些要素与城乡协调发展的目标相一致。同时，城乡统筹发展整体功能的发挥，有赖于户籍、社会保障和土地管理等主要制度联动机制内部各制度要素之间的配位关系及相互作用，因此，能够极大程度地保障统筹城乡发展战略实践的整体功能的发挥。

从上面界定的统筹城乡发展中户籍、社会保障和土地管理制度联动机制的内涵看，联动机制的形成首先是一个信息传递问题，而联动机制功能实现的核心问题则是激励相容问题，关键是制度构建和制度运用间的相互协调性。

二 户籍、社会保障和土地管理制度联动机制构建思路与内容框架

（一）户籍、社会保障和土地管理制度联动机制构建思路

如上文所讲，本书分析的联动机制，核心是解决制度构建和制度运行

---

① 田国强、《激励、信息与经济机制》，北京大学出版社，2000，第2页。

间的相互协调性问题。为了清晰地表明本书联动机制中主要制度运行的协调性，我们将户籍、社会保障、土地管理制度比作不同的齿轮，借用齿轮传动模型和原理描述联动机制构建和运行的原理。

齿轮传动，是指利用两齿轮的轮齿相互啮合传递动力。齿轮啮合，是指一对齿轮的齿依次交替地接触，从而实现一定规律的相对运动的过程和形态。齿轮传动一般是用于传递一定功率的等速旋转运动，齿轮传动中每一瞬间的速比都应保持不变，这就给齿轮传动提出了一个最基本的要求：传动平稳和协调。因此，对于一个齿轮系统来说，要实现齿轮之间的传动，必须具备几个基本条件：第一，外界应存在一个动力源，并能够作用于主动轮。第二，确定主动轮。第三，主动轮与从动轮的轮齿之间应能够有效啮合，从而具备动力传递的物理条件，否则齿轮无法转动。第四，主动轮与从动轮的转动方向应互相配合，相反，即使各轮的轮齿具备啮合的可能，也会因为转动方向的交错导致齿轮之间动力的互相抵消甚至造成物理损伤。齿轮传动的机理实现了不同齿轮间的协调转动，并保证了动力的高效传递。①

我们认为，本书研究和设计的户籍、社会保障和土地管理制度联动机制及其运行原理与齿轮传动原理非常相似，见图7－1。

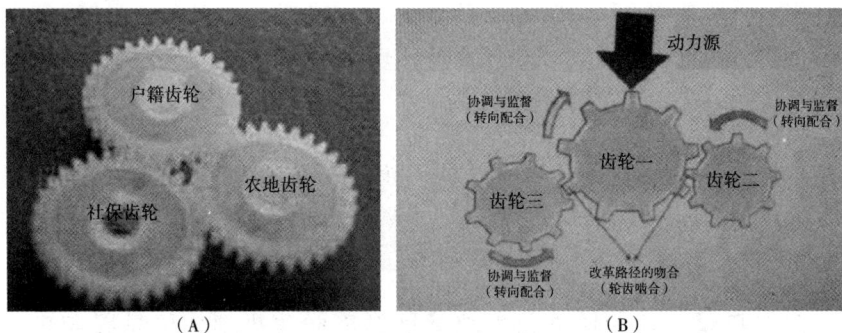

图7－1 三项制度联动机制的齿轮组织示意图

注：图（A）描述了三项制度的啮合关系，图（B）描述了三项制度的运行特征。

---

① 万谊娜：《基于齿轮机理的医保、医疗与医药改革联动机制》，《改革》2009年第9期。

（二）户籍、社会保障和土地管理制度联动机制的框架内容①

根据上述联动机制设计思路，结合户籍、社会保障和土地管理制度联动机制构建的目的，在统筹城乡发展制度构建中，户籍、社会保障和土地管理等制度的建设彼此之间相互协调，以实现农村主要要素（即农村土地和农村人口等）自由流动，提升农村整体发展水平为目标。基于此，本书讨论的户籍、社会保障和土地管理制度联动机制包括以下主要内容。

1. 联动机制构建的目标

如前所言，齿轮传动最终有赖于齿轮之间转动方向的配合，因此，户籍、社会保障和土地管理制度改革的方向和步骤也应做到联动和协调。本书分析的三项制度联动改革的方向是指核心制度改革需求决定了其他制度改革的方向和目标。从城乡统筹发展的视角看，进行户籍、社会保障和土地管理制度联动改革的共同目标是促进人口自由迁移、农地要素自由流动，促进社会公平和平等。

2. 联动机制中的核心制度

在齿轮传动原理中，确定传动的主动轮，是齿轮是否能正常运行的关键。在统筹城乡发展中的户籍、社会保障和土地管理等制度变迁中，三项制度虽然均具有基础性地位，但是三项制度在统筹城乡发展中的战略意义并非同等重要，其中有一项是整个联动改革的核心，它的改革进程在很大程度上牵制着另外两项改革，并决定着另外两项改革的成败。这项改革的核心地位一旦确定后将成为整个联动改革的突破口。因此，在三项制度联动改革系统中，正确认识三个子系统的关系，找到促发联动的核心制度是三项制度联动改革的关键。我们认为，三项基础性制度中土地管理制度占有核心地位。

首先，从农村土地管理制度与户籍制度的关系看，在新中国成立后，首先是进行了农地制度的重大变革，而二元户籍制度是为土地管理制度发挥作用而构建的。同时，从制度运行的历史与现实看，农地集体所有与城乡二元户籍制度具有生成上的交互性和目标上的共同性，二者共同起着控

---

① 彭新万：《基于农地与农村人口自由流动视角的户籍、社会保障、农地管理联动改革的政策框架——一个关于重庆、江西部分农村实地调研后的思考》，《求实》2013 年第 7 期。

制人口流动、稳定社会秩序的作用。户籍制度改革的宗旨是实现户籍平等、迁移自由，但现有土地管理制度是实现户籍制度改革宗旨的制度性障碍。①

其次，从土地管理制度与社会保障制度的关系看，现行的农村土地管理制度已经为广大农民提供了多种形式的社会保障，具有一种极具中国特色的"土地保障"功能（生存、就业、养老、救济、失业）。但是，当前相对扭曲的土地要素配置机制及其暴露的突出问题（即土地要素功能与保障功能的尖锐矛盾）已经成为农村经济社会过程中利益冲突的焦点之一。② 彻底解决农民的社会保障问题，还需要从土地的财产权实现入手，如果农地财产权问题不能得到很好的解决，土地的流转和现代农业的发展就无法实现，附着在土地之上的保障功能也无法解脱，农业劳动力转移、农民工就业以及城市化进程等也都会受到严重制约。

最后，从户籍制度与社会保障的关系看，两者既相互独立又高度关联。作为社会治理制度体系的构成单元，从制度本身看，户籍制度与社会保障各自单行、相互独立，在制度模式和发展路径上不存在交叉和重合。但我国二元化的社会治理模式使得包括社会保障在内的过多福利功能附着在户籍制度之上，将两者紧紧地捆绑在一起，二元户籍制度导致了城乡社会保障的差别，而社会保障反过来使二元户籍制度更加强化和稳定，两者呈现高度关联性。③ 可以说，在我国，当今户籍的真正内涵是以"住房、低保、教育"为核心的公共服务和社会福利。但是，从历史形成的角度看，两者都体现了为农地集体所有制度服务的特征。

在市场经济条件下，当前广大农民的最大权益就是土地经济利益的实现，而二元户籍制度和社会保障制度最大程度地束缚了农民土地权益的实现。因此，基于农村土地管理制度、户籍制度与社会保障制度之间的深度耦合和复杂关联，伴随着统筹城乡发展战略的实施，客观上必然要求以土地管理制度为核心的户籍制度和社会保障制度做出相应的调整。从三项制

---

① 王菊英：《二元户籍制度改革与农村土地集体所有之关系论析》，《贵州大学学报》（社会科学版）2009 年第 2 期。

② 黄祖辉、王朋：《基于我国农村土地制度创新视角的社会保障问题探析》，《浙江社会科学》2009 年第 2 期。

③ 安徽省财政厅课题组陈先森、吴天宏：《户籍制度改革与社会保障关系研究》，《经济研究参考》2011 年第 58 期。

度改革的逻辑角度讲，土地管理制度改革为户籍制度和社会保障制度改革提供内在动力，户籍制度改革和社会保障制度改革为土地管理制度改革提供必要条件。可见，土地管理制度改革是三项制度改革中关键的一环，它深刻影响着其他两项制度改革的方向、进程和成效。

3. 联动机制构建的动力

找到推动整体改革的动力源，这是改革得以进行的前提条件。当前，我国存在的二元城乡结构，即乡村的发展远远落后于城市，除了普遍认为的两个成因（一是实行的工业化发展战略，二是城市居民相对于农村居民过大的地位优势）外，新中国成立初期计划体制的构建，以及在这一特定背景下政府干预形成的二元制度体系成为我国特殊的城乡发展差距形成的主要因素。因此，如果要消除城乡发展差距，统筹城乡发展，还需要借助政府的力量，而中央提出统筹城乡发展这个战略的本身也从语意上非常明显地凸显了政府在其中的主导作用。在我国统筹城乡发展的初级阶段，政府需要直面传统体制安排和政府干预所形成的城乡非协调、非均衡发展的历史事实，扭转历史遗留下来的城乡不合理发展格局，促进城乡协调发展。[1] 这是其一。其二，处于城乡发展差距极（弱势地位）的农村和农村居民有强烈改变现有歧视性制度安排以及平等享有改革发展成果的制度变迁意愿，这是制度变迁的内在动力。

4. 联动机制构建的共同政策

如前所言，在齿轮传动中，轮齿的啮合是保证动力传递的关键环节，而三项制度在联动改革中也必须找到彼此之间的啮合点，即着力点（共同政策）。借助对齿轮传动原理的理解，构建户籍、社会保障和土地管理等制度联动机制的相关政策安排既能同时满足户籍、社会保障和土地管理制度的内在要求，又符合三项制度各自运行的基本原则。三项制度联动改革的啮合点就是指各项制度改革目标间的主要矛盾以及未来改革的一致性，只有找出这些主要矛盾并实施相关政策（共同政策）加以合理解决，才能实现三项制度联动改革目标的统一，保证三项制度改革的有效联动。

---

① 李萍、胡雯：《统筹城乡发展中的政府与市场关系：成都例证》，《改革》2010 年第 1 期。

5. 联动改革的路径和联动机制模式

（1）联动机制形成路径。进行户籍、社会保障和土地管理制度联动机制构建是促进人口自由迁移、农地要素自由流动的内在要求和逻辑，促进公平是三项制度改革的基本原则。基于此认识，我们认为，三项制度联动机制构建的内容包括纵向和横向两个方面，即"丰"字形改革路径：纵向路径是指以围绕农村土地制度改革而展开的户籍、社会保障和土地管理等制度的联动改革路径；横向路径分别指城乡户籍、城乡社会保障和城乡土地管理制度之间的联动改革。"丰"字蕴含着成功和收获，可见，这两条路径的有效配合，能够真正实现户籍、社会保障和土地管理制度改革的无缝衔接和联动机制的构建。

（2）联动机制结构与模式。那么，构建一个什么样的联动机制呢？这直接关系到联动机制运行和发挥作用的方式和制度效应。

按照联动机制的构建思路，本书就户籍、社会保障和土地管理制度三项制度设计了一个"统分结合、纵横交互、双层联动"的联动机制模型。

所谓统分结合，是指构建的不同机制紧紧围绕促进人口特别是农村人口自由迁移（迁移）和农地产权自由流动（农地财产权公平实现）这一共同目标而展开的不同机制设计。

所谓纵横交互，一是三项制度的纵向联动机制。它是指基于户籍、社会保障和土地管理制度之间的内在关系，构建三项制度的共同政策，这些共同政策在三项制度的改革中均具有基础性作用，是各项制度改革目标趋于一致性的主要政策选项。同时，这些共同政策将户籍、社会保障和土地管理制度等有机地联系起来，使得其中任何一项制度的改革必须与其他两项的改革互为条件，联动进行。二是三项制度横向联动机制。它是指基于城乡互动、统筹发展的视角分别构建城乡一元化人口管理机制、城乡一体化社会保障机制、农民农地财产权实现机制。横向联动机制的协同作用通过纵向联动机制统一起来，纵向联动机制的作用通过横向机制的具体实施予以展现。

所谓双层联动，一是指以纵向联动机制为主要内容并在制度改革与实践中发挥基础性作用的主机制，或曰"一级"联动机制，它规定着联动机制构建的动力、主体、目标和主要政策内容，可以理解为联动机制运行的规则；二是指三个既具有相对独立性又相互关联平行的"次级"联动机制，即城乡一元化人口管理机制、城乡一体化社会保障机制和农地财产权实现机制。两个层面机制的运行以核心机制为基础，通过共同政策安排将两个层面联结起来，实现功能互补。

总之，本书构建的是一个相互依存、互为条件、联动运行的制度体系。

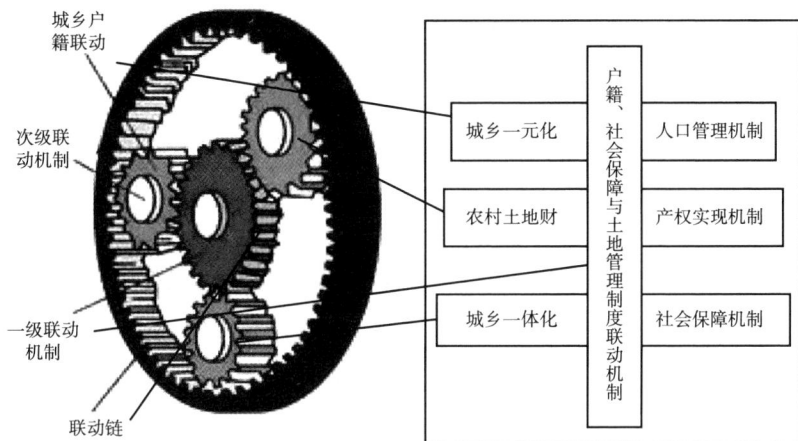

图7-2　"统分结合、纵横交互、双层联动"的联动机制模式

三　户籍、社会保障和农村土地管理制度联动机制的作用机理

本部分讨论了户籍、社会保障和农村土地管理制度联动机制构建的要素和作用机理。

（一）户籍、社会保障和农村土地管理等制度的联动要素

从二元结构变迁的理论模型中我们知道，我国要推进统筹城乡改革，要实现二元结构的根本变迁，就要让一切不自由的要素流动起来。就我国农村而言，一个重要的指标就是农村人口或劳动力大量地转移到城市或转移到第二、第三产业。要实现农村人口向城市转移就必须使生产要素充分地自由流动，必须满足两个条件：一是人口自由迁移与劳动力自由流动，二是农地产权可自由流转或交易。[1] 这两个要素的自由流动是我国实现二

---

[1]　陈学法：《二元结构变迁中的户籍制度与土地制度变革》，《宏观经济研究》2009年第12期。

元结构根本转变、实现城乡统筹发展的关键。

1. 劳动力自由流动与人口自由迁移

人力资源和社会保障部劳动科学研究所《2002 年：中国就业报告》将"劳动力流动"概念区分为三种情况：①个人在不同在业状态之间的流动，也就是由就业状态向失业或下岗状态变换，以及由下岗、失业状态向再就业状态的变换；②个人在不同工作组织（单位）之间以及在不同的职业和行业之间的流动；③个人在不同地域之间的流动。[①] 根据学者的理解，《2002 年：中国就业报告》中的②、③项是劳动力流动研究的主要内容。由此，劳动力流动可理解为："劳动力为了获得更高的劳动收入而在地区间、产业间、部门间、就业状态间、企业间乃至工作间的转移。"[②] 劳动力在地区之间的流动，有利于缩小地区之间的工资差距。当然，劳动力在地区之间的流动，并不能最终消除地区之间的工资差距。发展经济学主要研究劳动力的城乡流动，经典的理论模型有"刘—拉—费二元经济模型""乔根森模型"，代表性理论是托达罗的"人口流动理论"，他认为，劳动力的流动取决于预期收入的差异，特别强调农村经济发展的重要性，认为大力发展农村经济是解决城市失业问题的根本出路。"托达罗模型"不是把农业作为工业发展的一个工具，而是把农业本身作为一个发展目标，农业与工业、农村与城市在经济发展过程中具有同等重要的意义。消除发展中国家二元经济结构不是依靠城市工业部门的扩张来吸引农村人口不断地流入城市，而是要依靠提高农业生产力，改善农村生活条件，缩小城乡实际收入差距，最终使二元结构消失。20 世纪 50 年代末期康纳德·博格（D. J. Bogue）提出了系统的人口迁移"推—拉理论"。该理论侧重于人口迁移动因的研究，认为人口迁移是农村存在的种种消极因素形成的"推力"和城镇存在的种种积极因素形成的"拉力"这两种不同的力相互作用的结果。[③]

在我国，劳动力自由流动与自由迁移是有显著区别的。我国的经验告

---

① 《〈2002 年：中国就业报告〉出版》，《中国劳动》2003 年第 3 期。
② 李丽辉：《技术进步对劳动力流动的效应分析》，西北大学硕士学位论文，2007。
③ 李静霞：《中国农村劳动力转移对农村经济的收入效应和分配效应》，上海财经大学博士学位论文，2002。

诉我们，劳动力流动仅是劳动力因就业（预期收入的差异）而发生的流动。根据蔡昉对我国剩余劳动力现象的观察和分析，认为农村剩余劳动力的自由流动并没有带来城乡收入差距的缩小，在我国的经济增长、结构变化和体制转轨过程中，劳动力流动与城乡收入差距同时扩大。他认为，之所以出现这种现象，根本原因是户籍制度等对劳动力永久迁移的约束。什么是人口迁移？根据《中华人民共和国户口登记条例》的规定和描述，人口迁移必须向户口登记机关申报迁出登记，而没有办理户口迁出手续的外出人口，作为流动人口对待。目前的劳动力流动不能根本性地完成农村劳动者居住地和职业身份的改变，从而不能满足缩小城乡收入差距的条件。[①] 改革开放以后，随着农村家庭联产承包责任制的普遍推行，农业生产力水平大幅提高，农村大量的剩余劳动被逐步释放出来，到了 20 世纪 80 年代中期，在城市收入高于农村收入的利益诱使下，农村剩余劳动力像潮水般源源不断地涌入城市，"民工潮"或"盲流"成为劳动力流动的自然写照。这是一次自发的、由市场机制自身作用所形成的要素流动，但不是农村人口向城市迁移，而是农村劳动力向城市的临时流动，并且这种流动也不是完全自由的，而要受到各种人为的限制。[②] 这种流动而非自由迁移与中国改革开放 30 余年来的经济尤其是工业经济数倍增长几乎同时，但城市化及二元结构转变并没有与之同步，城乡收入差距并没有缩小。

本书所分析的劳动力这一要素的流动，不仅仅指一般意义上的生产要素流动概念，更大程度上是劳动力自主决策在不同单位之间、不同行业之间、不同地区之间就业的过程，更强调的是人口的自由迁移。

2. 土地使用权自由流转

科斯是较早研究土地流转的经济学家，其在著名的《社会成本问题》中提出，如果交易费用为零，则无论土地产权制度是否影响经济效率，人们总是能够通过谈判达到帕累托最优的结果；当交易费用为正时，则不同

---

① 蔡昉：《农村剩余劳动力流动的制度性障碍分析——解释流动与差距同时扩大的悖论》，《经济学动态》2005 年第 5 期。

② 陈学法：《二元结构变迁中的户籍制度与土地制度变革》，《宏观经济研究》2009 年第 12 期。

土地产权制度安排具有不同的资源配置。① 科斯的交易费用理论指出了产权明确在土地流转中的意义，即土地流转的基本前提是土地的所有权及各项权利的明确，否则将无法进行流转。在我国，农村土地制度安排不同于一般意义上的土地制度（即产权制度）安排，要么公有，要么私有，我国农村土地的产权制度安排在所有权与经营权（所有权和经营权可以分开）之间存在一个承包权，这是世界上其他国家土地制度中都不具有的特征，我国农村土地所有权归集体所有，农民只拥有土地的承包权和使用权。因此，我国土地流转概念有别于其他国家，有着特定的内涵和特征。

在我国，农村土地流转实际上主要指土地使用权的流动和转让，是指拥有土地承包经营权的农户将土地经营权（使用权）转让给其他农户或经济组织，即保留承包权，转让使用权，② 其实质是农村土地使用权的市场化，是指在农村土地所有权为集体所有的前提下，农民根据自己的意愿转让其所承包土地的使用权以及宅基地使用权，从而实现土地资源的优化配置和资产性功能。这也是本书所采纳的观点。

当前，我国农村土地还没有实现实质性流转，即没有实现农村土地各项产权的自由交易和资产性功能。新中国成立后，第一部《宪法》（1954年）中就明确规定集体土地不能自由买卖，即使到目前所出台的相关法律中仍保留该提法，只在现行法律中，规定集体土地在实行家庭承包制后，农民可转让其经营权。在实践中，农民充分发挥创新性，自发采用转包、租赁、股份等形式将土地使用权或经营权进行转让，也即事实上土地要素在一定程度上流转了。但是，当前的农地流转既不充分也不全面，主要原因可以归纳为三个方面。第一，农村土地的产权模糊，主要表现在三方面：一是集体作为土地所有者，既没有土地买卖或转让的决定权，也没有土地的经营权；二是土地经营权转让的收益归农民个人，而不是归集体；三是地方政府征用集体土地是强行的，采用垄断低价进与垄断高价出方式所获的高额收益与集体无关。这三个方面表明农村土地归集体所有已经名存实

---

① 〔美〕斯蒂文·G.米德玛：《科斯经济学》，罗君丽译，上海三联书店，2007。
② 杨超：《土地使用权流转与农村市场启示》，《世界经济情况》2005年第5期。赵锦山：《农村居民土地流转的意愿与行为选择》，湖南师范大学硕士学位论文，2005。王旭辉：《关于农村土地流转问题的思考》，《领导萃文》2009年第2期。

亡，但在实际运营中又必须打着集体招牌，致使土地自由流转很难。[①] 第二，农地相关产权的资产（财产）性功能未能实现。由于放弃土地相关产权，特别是近似于所有权的承包权，并没有获得相应（市场化的）的报酬或收入，因而，一些农民不愿意转让土地，这是市场经济条件下的农民合乎理性的选择。第三，当前农民的社会保障还不足以应对放弃土地后未来的不确定性。

上述两个方面，是我国实现城乡统筹发展的核心要素，如果这两个要素不能实现自由流动，城乡经济社会发展一体化格局是不可能形成的。而影响这两个要素自由流动的主要原因是显而易见的，一是户籍制度，二是土地管理制度，三是社会保障制度。现行土地管理制度、户籍制度和社会保障制度一起严重阻碍着农村人口向城市自由迁移，从而严重阻碍着二元结构的变迁和城乡统筹发展的实现。

（二）户籍、社会保障和土地管理制度联动机制的作用机理

通过上文分析，我们对户籍、社会保障和农村土地管理制度联动机制在统筹城乡发展中的作用及其作用机理做如下描述。

农民非农化过程：当农民进入城乡互动机制后，一方面，农民将获取相应收入，包括：农地进入农地产权交易市场时而实现的农地财产权收入、获取城镇居民的社会保障性收入、高就业率带来的高工资性收入以及获取城市更多的公共服务等。另一方面，农民进入城乡互动机制后，同样会承担相应成本，如放弃农地保障功能所面临的保障风险、社会福利性保障的衔接风险、生活费用增加等成本。农民在经过成本与收益比较之后，做出是否迁入城市的决策。

市民农化过程：当城市居民有愿望迁入农村时，他们首先也是进入城乡互动机制，一方面获取相关权益，如通过农地产权交易市场获取农地相关产权（农地承包经营权特别是宅基地使用权）、享受农村保障、参与农村社区相关活动的权利等。另一方面，承担进入城乡互动机制的相应成本，如获取相关农地产权的成本、社保水平下降及城乡衔接的风险、失去获得高收入的更多机会等。城镇居民在做成本与收益比较后，做出是否迁

---

① 吴萍：《农村土地流转：基于现代经济学范式的理论分析与实证研究》，重庆大学博士学位论文，2010。

入农村社区的决策。

　　上述两个过程既实现了农地产权的自由流动（与城市土地一样获得同地同权的国民待遇），也实现了城乡人口的自由迁移或迁移。图 7 - 3 描述了三项制度联动机制在统筹城乡发展中发挥作用的过程。

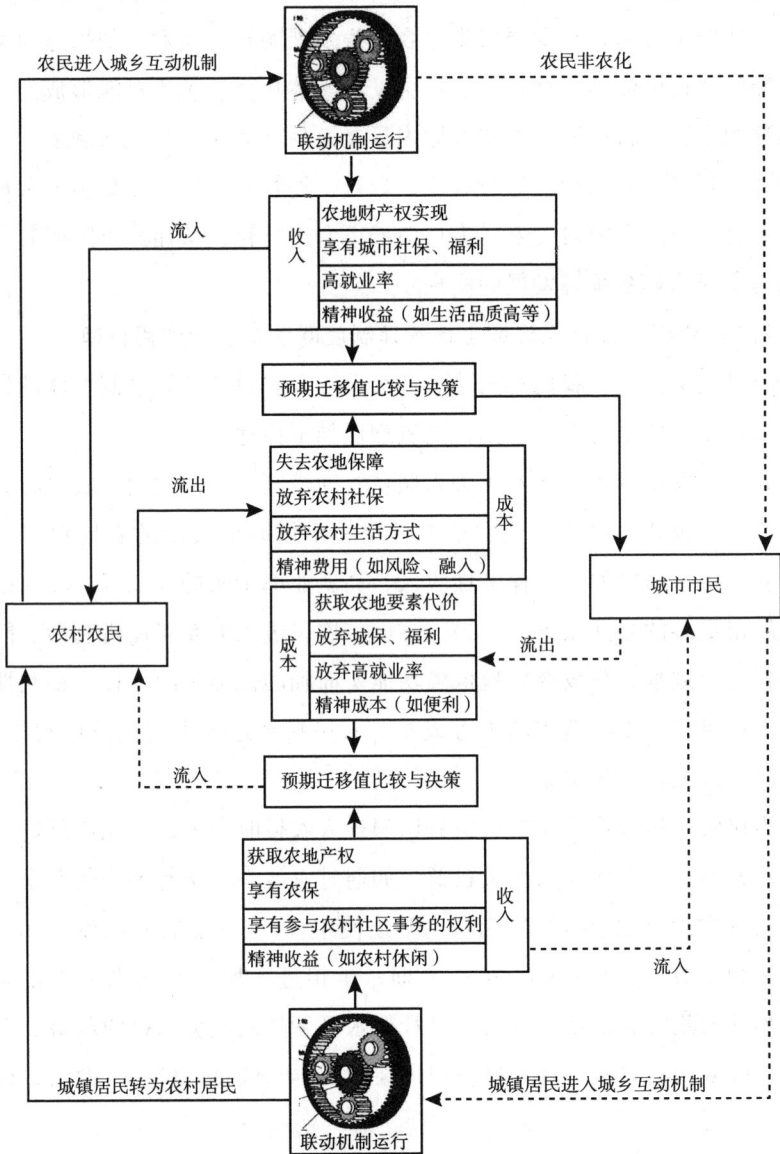

图 7 - 3　三项制度联动机制作用机理

四　小结

本节以机制内涵为出发点，结合户籍、社会保障和土地管理制度的内在关系链，提出了"统分结合、纵横交互、双层联动"的三项制度联动机制模式结构，在接下来的章节中，我们分别就户籍、社会保障和土地管理制度"一级"联动机制以及三个二级平行机制（即城乡一元化人口管理机制、城乡一体化社会保障机制以及农村土地财产权实现机制）进行详细分析。

第二节　户籍、社会保障与土地管理制度
"一级"联动机制形成①

"一级"联动机制即纵向机制，是指依据户籍、社会保障和土地管理制度内在联系构建既影响户籍制度运行也影响社会保障和土地管理制度运行的共同政策。本书认为，基于户籍、社会保障和土地管理制度联动机制中的管理、确权、激励与保障及筹资等政策既可满足户籍改革的需要，也可满足社会保障和土地管理制度创新的需要，这些政策安排能够有效促进它们联动运行。户籍、社会保障和土地管理制度"一级"联动机制的政策安排具有一定的抽象性，具有"规则中规则"的地位与意义，主要起到方向和指导作用。

一　户籍、社会保障和土地管理制度联动机制构建的原则

1. 公平、依法自愿原则

这是统筹城乡发展中制度变革的首要原则，在这个原则面前，任何利益集团在法律面前都是平等的，户籍制度改革目标的根本举措不是取消户籍制度，而是在全国范围内实现公共资源分配的公平化和公共服务的均等化。农地管理制度改革也是赋予农地与市地相同的国民待遇，社会保障制

---

① 彭新万：《基于农地与农村人口自由流动视角的户籍、社会保障、农地管理联动改革的政策框架——一个关于重庆、江西部分农村实地调研后的思考》，《求实》2013 年第 7 期。

度改革同样是建立城乡公平的社会保障制度。该原则体现了对农民权利的切实保护。

2. 政府主导民众参与原则

户籍、社会保障和土地管理制度是统筹城乡发展中的基础性制度，涉及面广，更重要的是三项制度改革及其联动机制构建的目的是协调城乡利益关系，涉及对城乡利益的大调整，这种性质的制度变迁具有全局性、系统性的影响，因此，必须坚持国家（包括相关的地方政府）在制度变迁中的主导地位，对制度变迁进行总体把握和控制。同时，受政府偏好和有限理性、意识形态刚性、相关知识准备不足、利益集体的博弈等多种因素的影响，政府缺陷不可避免。因此，在重大的制度变迁过程中一定要充分发挥广大群众的聪明才智，将民间的智慧充分纳入政府的制度改革中。只有构建以政府为主导、专家与民众参与、三者良性互动的制度形成机制，才能形成符合广大人民群众利益诉求的政策，同时又降低制度变迁和制度实施的成本。

3. 联动、综合配套原则

统筹城乡发展的制度改革的难点与重点不在于各制度本身，而在于各制度之间相互影响及互为条件的衔接。因此，制度改革不能独立进行，需要与其他制度联动改革、配套进行。在我国，从当前运行的户籍、土地管理和社会保障制度看，它们是相互作用形成的一个完整有机的系统，如果只是简单取消户籍，而不对与其密切相关的土地管理制度和社会保障制度等进行变革，那么户籍制度改革没有任何实质意义。同样，土地管理制度改革若不与户籍及社会保障制度改革联动进行，也不会取得实质性效果。所以，统筹城乡发展中的制度改革一定要有相关配套的制度来支持。

4. 因地制宜、分类逐步推进原则

我国幅员辽阔，地区间、城乡间在经济社会发展方面有很大差别，消除这些差别本身具有长期性、渐进性，因此，制度改革不能搞一刀切，而是要实事求是，一切从实际出发，允许各省份在中央统一领导下，根据本地实际情况，因地制宜地制定不同的制度改革方案，在本地区实行，然后由中央总结各地在改革中的经验教训，从个别到一般，有规划、有步骤、有重点分类逐步推进。

5. 保护农民利益的原则

统筹城乡发展的制度改革一定要贯彻以人为本的原则，具体来说，改革不仅要有利于促进城乡经济社会协调发展，更要在改革过程中保护弱势群体——农民的利益，不能再牺牲农民的利益。近几年我国多省份在探索户籍制度改革，一些省份实施了"宅基地换房、承包地换社保"，应该说这严重侵害了农民的利益，这样的制度安排只能导致更多的更为严重的社会问题。因此，统筹城乡发展中的制度改革一定要避免侵害农民利益制度的形成，否则统筹城乡发展战略就不可能真正取得成功，改革也会变得毫无意义。

二 户籍、社会保障与土地管理制度"一级"联动机制构建与政策着力点

根据联动机理，户籍制度、社会保障制度与土地管理制度联动改革路径的着力点是指政策安排既能满足土地管理发展的内在要求，也符合户籍制度改革和社会保障制度改革的基本目标。农村土地管理制度改革的内在要求是促进和实现农村土地这一生产要素的自由流转或置换，实现农村土地由资源向资产转化，促进农地财产权实现；户籍制度改革的目标是实现城乡人口的自由迁移；社会保障制度改革的目标是实现城乡居民享有公平的社会保障、社会福利和均等化的公共服务。三者的本质和目标是一致的，即促进城乡人口特别是农村人口自由迁移与农地要素的自由流动，促进城乡协调发展。

为实现上述目标，我们从四个方面就三项制度的"一级"联动机制构建提出政策建议。

（一）基于户籍、社会保障和农村土地管理联动的管理政策

管理制度创新和变革是推动统筹城乡发展战略的重要制度和组织保障，具体讲，统筹城乡发展中的管理制度创新主要包括以下三个方面。

1. 建立从中央到地方的专门改革机构

由国务院体改办牵头，公安、财政、人力资源和社会保障、民政、医疗、教育等部门参加，组建国家联动改革管理协调委员会。该委员会的主要职责是制定全国性相关制度和规则、领导和指导地方政府进行三项制度

的联动改革，对地方政府在改革中的技术和制度建立科学有效的激励、监督约束机制。

在土地管理制度、户籍制度、社会保障制度改革中，中央政府的深入介入特别重要，若没有中央政府的指导性政策、跨区的协调乃至于对地方政府尤其是人口流入地的地方政府施加较大压力，跨区乃至跨省的户籍改革、土地区域间流转置换等问题基本上很难得到解决。观察现有的各地户籍和土地管理制度的改革试点就可以发现，改革的主要对象是来自本区域范围内的人口，因此，在改革的初期，主要由地方推动的改革就很难覆盖那些来自外省市的流动人口，很难协调区域外改革。这是其一。

其二，在指导地方政府的制度安排中构建以政府为主导、专家与民众良性互动的制度形成机制。首先，城乡统筹是一场攻坚战，在战略实施的初期必须凸显政府在统筹城乡发展制度变迁中的主导作用。从统筹城乡发展的战略形成来看，它是基于我国城乡发展失衡的现实，由中央政府提出，并突出强调了各级政府在统筹城乡利益、协调城乡发展、缩小城乡差距中的主导作用。从成都和重庆的实践看，可以说，两地政府主导、行政强力推动是其综合配套改革的重要方式和突出特点。因此，在初期的三项基础性制度改革中，只有发挥政府的主导作用，才能使制度改革目标做到无缝对接、协调统一，改革路径实现联动。其次，强化联动改革决策中城乡普通居民和专家的参与力度，广泛吸收专家和普通民众的意见，构建政府、专家、普通民众的互动机制，将政府作用与民间力量有机结合起来。

2. 建立以居住证为核心的人口管理和服务制度

人口管理不应仅限于由当前的二元户籍管理向一元户籍管理转变，从长期看，应向居住地管理转变，将附着在户籍上的社会福利和公共服务进行剥离，实现人口管理向人口服务（登记与统计）转变，这是国际上的成功经验。而这一转变在我国具有特殊意义，因为这一制度安排不仅能满足城乡人口双向自由迁移的要求，而且能促进农村土地经营权、使用权权能的交易以及农地发展权配置与实现。

居住地人口管理主要包括三项内容：一是户籍与"社会保障、就业、教育、医疗、养老"等福利脱钩，而拥有农村社区户籍（包括自然取得和非自然取得，后文将阐述）的成员仅与农村集体土地的所有权身份挂钩，即通过户籍注册取得农村社区成员资格并作为集体成员享有农村集体土地所有权的权能，此权能既可跟人走也可转让。① 二是创新流动人口管理服务与体制，建立城乡统一的居住证制度。建立全国流动人口生存发展状况及其分布的动态监测体系。在国家综合配套改革试验区进行改革试点，积极探索符合时代要求的人口服务管理体制，逐步实行暂住人口居住证制度。居住证是获取公共福利和公共服务的唯一凭证，其内容包括人口流动信息、中央提供的城乡居民基础性的各项公共福利和公共服务（可以货币化），以及地方政府提供的地方差异化的公共福利和公共服务三个层面。地方差异化的公共福利和公共服务制度安排是为了避免一些迁入地人口的拥堵，各地方政府可以暂时（现在普遍存在）设置获取本地区居住证的条件，并按规定再享受地方的公共福利和公共服务。三是居住证采取"事后"义务申报登记制。首先，国家立法确定居民社区为居住证申报登记工作的基层服务单位。其次，国家立法规定流动人口必须到其居住地社区进行人口迁入的基本情况登记——事后登记。再次，社区将信息上报给居住证发放地方主管部门，地方主管部门经资格审查后发放居民居住证。最后，逐渐建立无地区差别的城乡统一的居住证制度。

3. 重构农村社区管理组织——创新乡村治理机制

当前，农村集体组织是农村事务管理和服务的主要机构，同时，又是农村土地所有权主体，还是国家管理职能的基层代理人（也是农村集体成员的代理人）。多重角色，成为农村管理不畅的深层次原因。在统筹城乡发展的大背景下，农村集体这一组织的安排已不适应时代发展要求，"社区"式管理成为农村居民管理的新形式。

新的农村社区组织的主要功能要从以往的办理行政事务和经济事务向为人口、土地、社会保障等制度运行提供服务方面转变。转变后的职能主

---

① 我们认为，这也是过渡性政策，从长期来看，制度改革最终也将使农地权益与农村社区成员资格脱钩。

要有几个方面：一是人口户籍原始登记，依法确定既有人口和新增人口的社区成员资格；二是流动人口居住登记，并将人口流动信息报送相关行政管理部门；三是依法制定本社区成员进入和退出规则，制定本社区土地发展权益的分配机制；四是为人口迁移、土地流转、置换、转制等事务提供服务。

（二）基于户籍、社会保障和农村土地管理制度联动的确权政策

1. 农村（社区）居民拥有相关土地权能的界定

农村土地相关权能包括所有权、承包权、使用权（经营权）、收益权、处置权（如转让权、流转权、抵押权、继承权）、发展权等多项权能。首先，通过立法消除对农地集体所有权主体的模糊认识，确定真实的农地集体所有权主体，并使其拥有独立的（即政府不能干预）但简化的所有权权利。我们认为，从历史、现实与未来的发展趋势看，农村土地所有权主体有一个逐渐实体化的过程。从历史与现实看，当前最重要的任务就是明确集体所有权主体由原有法律规定的"三级所有、队为基础"的模糊界定转变为"一级所有"，而行政村或者由本社区农民创建的具有合法地位的较大的农村经济合作组织作为所有权主体比较合适：一是这一级主体所拥有的农地适合农地适度规模的数量要求；二是当前基层的农地管理事务主要是由行政村承担。同时，要妥善处理好国家在农地产权结构中的地位与角色问题。其次，制定农地其他权能——稳定而有保障的农地相关权能（或曰财产所有权）归属农村社区成员的制度。本集体（社区）农民作为单独的个体来讲，不具有所有者资格，不是集体土地的所有权主体，即所有权权能不可分割，农民只是凭集体"成员"的身份享有所有权相关权利并履行相关义务。农民凭借集体"成员"身份获取土地的相关权利，即土地集体所有权人依照国家政策、法律强制性配置除土地所有权之外的其他权能或曰产权，甚至可称之为"私有"产权，这些权利不受侵犯，具有稳定性和保障性。再次，通过立法确定农地的各项权能的财产属性，与城市土地享有同等待遇。最后，在这一制度安排中确定农地所有权和其他权能分离的机制。这是农村土地流转、置换的前提。从未来农地财产权实现角度看，在今后一个时期内，应该将虚拟和逐渐弱化的集体所有权主体的各项农地产权进行分解，逐渐上移和下沉给国

家和农民，形成两个一级对等平行的农地所有权主体和一个次级的集体组织的三级产权主体结构。当条件成熟后，由三级产权主体结构过渡到二级产权主体结构，并充分保障国家和农民各自农地权利的实现。① 这样的产权主体结构，正确处理好了农地的国家利益和农民利益之间的关系，在保证农地公有制性质不变的前提下，农民的农地财产权充分公平地实现。

2. 农村集体成员（权）资格的确定

集体成员（权）资格确认制度是户籍管理的重要内容，它是集体土地各项权能配置的基础。如何才能获得集体"成员"身份呢？通过户籍制度改革获取集体成员身份，一是制定集体"成员"身份自然取得和非自然取得制度。农村集体成员身份自然取得可以按既有的制度确定，而农村集体成员身份的非自然取得制度是户籍制度改革的重要内容，这项制度的建立能够打破城乡之间人口双向（迁移）流动的制度壁垒。非自然取得的政策安排可确定其他社区成员进入该农村社区的标准，如可量化为付费（购买）、居住年限、对本社区发展所做贡献等。二是制定社区"成员"身份退出机制。退出机制有两层含义：一方面，指放弃"成员"身份应享有的权益；另一方面，凭"成员"身份获取的"私有"产权可以进行转让和交易。我们认为，农村社区"成员"退出机制，不仅是我国未来户籍制度改革的重要内容，同时也是农村土地管理制度改革进一步深化的重要条件。

3. 农村土地发展权配置

农村土地发展权是指改变农地现有用途和提高利用强度，从而获得更高土地收益的财产权。农村土地发展权的所有人应该享有基于农村土地发展权而产生的各种土地财产权益。目前我国正处于城市化快速发展的阶段，以农地为主的耕地保护和生态环境保护面临土地开发的巨大压力，因此，深入研究土地发展权问题并设置农村土地发展权制度是一项重要的任务。目前，国内对于土地发展权的研究处于起步阶段，为实现农村土地的发展权，必须根据我国农村土地管理制度的基本情况，合理借鉴英、美、

———————————

① 这一制度安排将在第五节中讨论。

德等国的成功经验。

我国目前的土地制度有不少包含着土地发展权的思想，例如，土地用途管制制度、土地使用权流转制度、土地征收补偿制度等。土地发展权作为一项可以独立行使的财产权，提升到国家层面进行设置具有重要的作用：一是有利于提高人们对于土地发展权的认识和理解，维护和保障农民的土地财产权利；二是有利于保护农村土地资源和生态环境，遏制耕地流失，提高土地开发效率，减少土地浪费；三是有利于明确土地开发的权益归属，通过市场机制解决用地矛盾；四是有利于实现土地利用规划的动态调整，进一步完善我国农村土地的管理制度。

关于我国集体土地发展权的归属，一种观点认为应该归属国家（英国的做法是土地发展权归国家），另一种观点是归属于集体土地所有者（美国的做法是土地发展权归土地所有者）。无论农村土地发展权归属于国家还是农村集体，最重要的是要保障农民的土地发展权益。从财产权实现的角度理解，农村发展权应该归属国家和农民。

（三）基于户籍、社会保障和土地管理制度联动的激励与保障政策

建立多维的激励措施是推动三项制度联动运行的重要保障。

1. 激励机制

激励机制是指为推进户籍、社会保障和土地管理等制度的改革，推动农村居民实现自由迁移和转移，实现农村土地的保障性功能向要素、资产性功能转换等目的，政府制定一系列相关激励政策及措施，保障农村土地所有权转变（即国家征用）、使用权和经营权退出补偿政策的实施及农村土地发展权转移权益的实现。相关激励政策既能满足户籍制度改革的需要，也要满足农村土地制度改革的需要，但要坚决杜绝"土地换户籍"的绝对化做法。激励对象包括两个：一是对城乡居民特别是农村居民的激励；二是对地方政府的激励。当前的户籍制度改革为什么这么难？我们认为，除了城乡户籍制度上依附的差别化的福利内容外，还涉及地方政府进行户籍改革的成本与激励问题。[1]

---

[1] 陶然、史晨、汪晖、庄谷中：《"刘易斯转折点悖论"与中国户籍—土地—财税制度联动改革》，《国际经济评论》2011年第3期。

2. 保障机制

保障机制是指针对迁出农村的农民（居民，淡化户籍——笔者注）的保障问题进行一系列制度安排，包括两个方面：一是"民生工程"，农村迁出居民应该与城镇居民平等享有包括公租房、经济适用房在内的涵盖基本生活保障、医疗、养老、就业、教育等社会保障体系领域的相关待遇，即重庆总结的穿上"五件衣服"。二是脱下"三件衣服"（农地经营权、宅基地使用权、林权）后迁出农村社区的居民其农地所有权成员资格及其相关的土地发展权（如土地增值收益分配）享有的保障问题。当前，包括成都、重庆在内，我国农村土地管理制度改革中普遍没有注意到这一问题，这也是当前农村土地转制矛盾突出、使用权与经营权难以实现有效转换或流转的重要原因。

全域中国统一城乡福利和公共服务供给机制是农村土地管理制度和户籍制度改革得以顺利推进的重要条件。一是与财政转移支付相结合，建立无差别、全国统一的基本保障制度，其内容包括基本生活、医疗、教育、失业、养老等方面；二是与非中央财政筹资机制相结合，各地选择性（义务性）建立社区居民更高层次的社会保障制度；三是与居住证制度相结合建立永久性、全国统一的可以转移的个人账户（个人账户实账化）；四是与现代信息技术相结合建立全国性社会保障信息管理网络系统。

（四）基于户籍、社会保障和土地管理制度联动的筹资政策

建立一个有效筹资机制来实现户籍、社会保障与土地管理制度联动改革的突破。以为城乡居民提供均等化的公共服务和公共福利为视角，筹资机制是户籍、社会保障与土地管理制度联动改革的基础，这不仅是我们的政策呼吁，[①] 其实也是统筹城乡发展的政策工具的应有之义。

筹资机制包括两个方面：一是政府的财政支持机制；二是非财政筹资机制，即农村土地筹资机制。

从财政支持角度分析，国家应发挥稳定器作用，即提供基本的制度变迁成本，如为每一个居民提供均等化的公共福利和公共服务。

---

① 陶然、史晨、汪晖、庄谷中：《"刘易斯转折点悖论"与中国户籍—土地—财税制度联动改革》，《国际经济评论》2011 年第 3 期。

从非财政筹资角度分析，筹资机制包括两个方面：一是激活农村土地的资产功能，通过土地转制、流转或置换等机制进行筹资；二是创新农村土地利用的运行机制，吸引社会（民间）资金参与。建立农村土地筹资机制，激活农村土地资产功能，既为户籍改革筹资，也是城市化的重要工具，更是非常成功的国际经验，如新加坡的"土地储备"制度、德国和日本的"土地重划"政策以及我国台湾地区的"平均地权"政策，其本质就是一个通过捕捉土地增值溢价，用于社会公共服务和投资的筹资模式。这些国家或地区之所以能在很短的时间内崛起和实现区域均衡发展、城乡统筹发展，这类"自我筹资"的土地政策工具发挥了巨大的作用。

第三节　城乡一元化人口管理机制形成

居住证制度是当今多数国家实施的人口管理制度，对于促进人口自由流动和迁移，保障社会公平发挥了重要作用。今后我国户籍制度改革的目标是建立一种以居住证为核心的城乡一元化人口管理体制。

按照本书的观点，我国城乡一元化人口管理机制是在与农村土地管理、社会保障等主要制度的联动改革中逐渐建立的。创新农地管理制度，公平、充分实现农民的土地财产权利，是农村人口自由迁移的重要条件，建立公平但有差异的社会保障制度和实现基础性公共服务均等化是城乡居民自由迁移的重要保证。因此，户籍制度改革必将与其他两项制度改革同步进行。

根据成都、重庆调查分析的相关结论，户籍制度改革的关键是处理好利益的调整问题，并非户籍管理的技术设计问题，因此，本书促进城乡人口自由流动的户籍制度改革主要是从城乡利益的调整角度提出政策建议。

一　统筹城乡发展中户籍制度改革的原则、本质、目标、重点、方向和思路

明确户籍制度改革的原则、本质、目标、重点方向和思路是户籍改革顺利推进的前提和基础，能使改革做到有的放矢。

（一）户籍制度改革的指导思想和基本原则

户籍制度改革不仅仅是一项制度改革，更重要的是这是一个利益重新调整过程，因此，必须以邓小平理论和"三个代表"重要思想为指导，深入贯彻落实科学发展观，适应城镇化发展需要，按照国家有关户籍管理制度改革的决策部署，继续坚定地推进户籍管理制度改革，落实放宽中小城市和小城镇落户条件的政策。同时，遵循城镇化发展规律，统筹推进工业化和农业现代化、城镇化和社会主义新农村建设、大中小城市和小城镇协调发展，引导非农产业和农村人口有序向中小城市和建制镇转移，逐步满足符合条件的农村人口落户需求，逐步实现城乡基本公共服务均等化。必须立足人口大国的基本国情，充分考虑当地经济社会发展水平和城市综合承载能力，特别是容纳就业、提供社会保障的能力；必须尊重农民意愿，切实保障农民合法权益；必须坚持统筹规划，着力完善配套政策；必须坚持分类指导，做到积极稳妥、规范有序。[①]

（二）户籍制度改革的本质、目标和方向

户籍制度改革的本质是实现社会公平和公民权利的平等，其最终目标不仅是要拆除城乡之间的制度壁垒，同时也要拆除城市之间、地区之间的制度藩篱，最终实现全域中国城乡居民的自由迁移。

当前学术界关于我国户籍制度改革的目标和方向基本形成了一致的认识。学者认为，户籍制度改革的方向是减少户籍造成的公共服务差异。一方面，逐步放开户籍限制，扩大市民及其福利的覆盖范围；另一方面，要以居住证等方式让尚不稳定的农民工在城市享受有差别的权益，最终实现真正意义上的一元制，实现不同地区居民具有同等的社会身份和社会地位，拥有获得各项社会福利的同等权利和机会。

从短、中期看，户籍制度在未来一段时间内（可能也很长）仍将存在，但户籍制度的内容将发生重大变化，随着我国社会主义市场经济体制的逐步完善和城镇化水平达到一定程度，原来制约人口迁移的种种规定会随着我国城镇化建设的推进和城镇化水平的提高而逐步弱化，户籍制度安排中

---

① 《国务院办公厅关于积极稳妥推进户籍管理制度改革的通知》，《中华人民共和国国务院公报》2012 年第 7 期。

的"入市"门槛及与之相联系的社会福利正逐步消除，人口迁移逐渐走向自由迁移。

从长期改革目标看，通过彻底消除户籍背后经济社会的各种差异化政策，建立以居住证为核心的人口管理制度，最终实现城乡人口的自由迁移。对于长期目标的实现要解决好三个问题：一是彻底剥离户籍背后的社会福利。二是彻底消除人口迁移障碍。三是还原户籍制度功能。

（三）户籍制度改革的重点、难点和突破口

户籍制度改革的重点和难点是消除附着在户籍上的社会保障和公共服务差异。实际上，户籍制度本身并没有特别难改革的地方，有很多国际经验可以参考或借鉴，最难改革的是附加在这上面的利益和公共服务。当前，一些政策一方面提户籍制度的改革，一方面提公共服务的均等化。但是，社会很多新出台的政策，如北京、上海等一线城市房地产限购调控政策，户籍又成为其一项重要的调控工具。实践中这种对户籍的偏爱实际上又加剧了户籍制度的不平等，也加大了户籍制度改革的难度。具体地讲，户籍制度改革的难点体现在两个方面：一是如何稳定有序地剥离户籍背后的城市福利。面对不同城市间短时期内不可能消除的福利级差，应设计一种制度路径和制度安排，能够替代现有户籍制度功能，使得在放开城市户籍限制的同时，各级城镇特别是大城市人口增量不会短时间内迅速放大，城市的基本公共服务和社会福利不会面临基础设施短缺、人力财力不足的局面，并最终能够形成人口城市间合理分布的格局。[①] 二是户籍制度改革中农民的土地使用权及房屋财产的处置（实现）问题。在存在土地级差条件下，不同地区的农民放弃土地迁入城镇的机会成本差别很大，农民在进城落户过程中土地财产权利如何保护和实现，这些问题的公平公正解决有待深化认识和进行机制创新。

上述两个问题其实是户籍制度改革的本质问题，逐步推动上述问题的解决，我们认为，应以在大城市就业的农民工城市化为突破口，能够起到"牵一发而动全身"的作用：一是农民工真实身份仍是农民，二是职业身

---

① 张林山：《户籍制度改革：争议、误区与下一步改革方向》，《中国经贸导刊》2012年第6期。

份是工人，三是生活方式市民化，四是这一群体具有相当规模。农民工问题不仅是户籍问题，而且还综合了社会保障和农地权益等所有问题。因此可以说，如果处理好了这一人群的"户籍"问题（包括土地、社保的配套改革），户籍制度改革就基本取得了成功，否则就流于形式。

（四）户籍制度改革的总体思路

从根本上来说，户籍制度改革的关键就是消除附着在户籍制度上的各类社会政策和公共服务的差异，而这些困难主要来自我国城乡和地区经济社会发展水平上的巨大差异，这些差异不消除，户籍制度就很难被完全废除。因此，户籍制度改革必须要以加快缩小城乡和地区之间的经济社会发展差异为前提，而不是在仍然存在巨大差异的情况下简单地以公共服务均等化为目标取消户籍制度。这样既不现实，也违背事物发展的规律。户籍制度改革需要立足于经济社会发展基本环境，在不断缩小城乡和地区之间差距的基础上循序渐进。所以，从全国范围来看，户籍制度改革需要分层推进，需要各地根据自身的实际情况和不同人口群体的特征实行差别化的政策，以实现公共服务均等化为目标，最终形成城乡一元化的人口管理制度。

1. 区域的差异化政策

从区域经济社会发展的不平衡角度看，在那些人口规模已经达到承载极限的城市，如北京、上海、广州、深圳等一线城市，通过设置一定的准入门槛（如积分和条件准入制度），有选择地让部分人进入，不仅会减小城市发展的压力，而且也有助于实现经济发展方式转变，提高经济发展的质量。在那些仍然具有承载人口潜力且需要加快经济发展的地方，则需要最大限度地聚集具有人力资源优势的中小城市，为该地区实现经济快速发展和产业集聚注入生力军。在那些生态环境脆弱，不适合人类生产生活的地方，则需要鼓励人口迁出，减轻人口对资源环境的压力，实现人口与生态环境之间的良性互动。根据重庆的经验，在区域内，应按照宽严有度、分级承接的原则，适度打开本地区一线城市、进一步放开中等城市、全面放开小城市及乡镇落户条件，积极引导本地区农村居民向城镇转移落户，鼓励有条件的农村居民整户转为城镇居民。

当前，虽然中小城镇落户相对容易，但中小城镇经济社会发展相对落后，其人口吸纳能力有限，更重要的是大多数农村劳动力特别是新生代农村劳动力以大城市为就业目的地，这是其一。其二，大城市由于其本身的经济社会发展的需要和人口特征，又需要吸收外来劳动力解决其发展中的人力资本缺失问题。因此，当前户籍制度所造成的矛盾在大城市更为突出，如果不加快户籍制度改革，那么，大城市的非本地户籍人口比重必然持续上升。其结果是，这一代在城市打工的农民工，特别是在城市生活着的二代农民工，他们既难以在城市定居，又很难再回到农村务农。他们在未来将面临越来越严重的家庭分居和难以融入城市的问题，这将给社会造成日益严重的矛盾甚至危机。因此，户籍制度改革必须以促进劳动力在就业地落户为方向，而这就更要求大城市在户籍制度改革上有所突破。

2. 人群的差异化政策

一是积极引导长期在外务工的农民（即农民工和在户籍所在地居住的农民）有条件地选择"入市"。二是对于农村户籍的大中专学生和新出生人口应不设条件选择"入市"。具体地讲，农村户籍大中专毕业学生可由本人自愿选择工作所在地或原籍落户，[①] 而新出生的人口不论其父母户籍的性质可由其父母或其他监护人选择新出生人口父母户籍所在地或父母居住的城市地入籍。简单地说，采取新人新办法（全国一元化人口登记）、旧人选办法的双轨过渡方法。

总之，在我们这样一个地区差异如此大的国家，户籍制度的改革必须通过差异化的政策分类逐步推进，才能不断向前推进，最终才能建立城乡一元化人口管理机制。

二 城乡一元化人口管理机制中的保障性制度安排

（一）建立由中央政府主导的户籍制度改革协调管理体制

在统筹城乡发展的基础性制度改革中中央政府的深入介入特别重要。

---

① 目前虽然可自由选择"入市"，但仍受制于户籍背后的差别化社会保障和福利政策。如张三（农村户籍）大学毕业后进入 A 市工作，张三拥有选择在 A 市或农村家乡落户和不落户的权利，但是，如果张三不选择在 A 市落户，那么在 A 市与其相关的公共服务或福利等权利必将受损；如果选择在 A 市落户，那么张三在农村的权益将会部分或全部失去。这是户籍改革最难的方面，当然也是土地管理制度的焦点。要解决好这一人群的户籍问题还需要进一步的制度创新。

改革开放以来我国户籍制度改革主要是自下而上的地方探索，然而随着时间的推移，这种试点推进的渐进式改革方式所引发的制度创新效应正在慢慢地弱化和消失，其结果是户籍制度改革不仅呈碎片化，而且改革也走入了"死胡同"。从当前包括成都、重庆在内的地方进行户籍制度探索性改革的阻力来看，一方面地方政府有限的公共服务供给能力和户籍配套改革跟进的重重阻力使得地方政府难以承受改革的成本；另一方面，地方政府在户籍制度的改革创新方面存在"等"的行为。因此，基于统筹城乡发展的背景，若要改革歧视的二元户籍制度，如果没有中央主导进行，仅靠地方探索，改革定难有所突破。因为若无来自上级尤其是中央政府的指导性政策、跨区域的协调，乃至于对地方政府尤其是人口流入地的地方政府施加较大压力，跨地市、跨省特别是从内地向沿海、从发达省份内部较不发达区域向更发达区域的迁移的户籍改革问题基本上很难得到解决。现在，包括成都、重庆试验区的各地户籍改革试点，其户籍制度改革所涉及的对象基本只是本省或本市范围内的农村人口，甚至有的只覆盖本地失地农民，这种主要由地方推动的改革基本无法将那些来自外省市的流动人口纳入本区域的户籍改革范围。这一现实深刻反映了中央政府在户籍制度改革中的意义和作用。

（二）统一户籍立法

由于户籍制度改革牵涉面太广，利益博弈中难以求得各方利益的平衡点，如果没有法律的支持，这项工作会出现无序无为的局面，为此需尽快制定《户籍法》。当前，我国还未形成一部适应新形势的全国统一的户籍管理法律，使得地方实践缺乏统一的法律基础，造成户籍管理在全国范围内一片混乱，各有各的章法，没有统一性。对于户籍制度改革的立法问题，国家层面已有一定基础，相关方面也有清晰表述。如 2010 年 6 月 6 日，经党中央、国务院批准发布的《国家中长期人才发展规划纲要（2010—2020 年）》中也明确提出要"逐步建立城乡统一的户口登记制度"。2013 年 5 月 7 日国务院工作会议涉及的 9 个领域，"要围绕提高城镇化质量、推进人的城镇化，研究新型城镇化中长期发展规划。出台居住证管理办法，分类推进户籍制度改革，完善相关公共服务及社会保障制度"是其中之一。现在的关键，一是如何将这些户籍管理制度通过国家法律的形式上升为国家意志；二是在此基础上形成关于我国人口管理的法律。

（三）建立户籍制度改革的财政支持机制

户籍制度改革的推进要充分考虑改革成本和施政成本，国家要加大财政支持力度。目前我国各级政府间的财政分配体制不利于户籍制度改革的推进，财权上移、事权下移的分税制使得地方特别是基层或城镇政府没有能力根据自己管理的人口规模建立相应的公共财政服务体制。这也是当前一些省市宣布建立城乡统一户籍制度但又没有取得实质性进展的根本原因。因此，建立城乡一元化人口管理机制，应辅以必要的财政体制改革，为建立城乡均等化服务体系提供财政支持。①财政制度的改革：一是调整财政分配结构，提高财政用于公共服务的比重；二是逐步地增加对外来就业人员的公共服务支出，支出比例要逐年加大，最终拉平与本地城镇居民的公共服务支出水平。②改革现有的中央与地方各级政府间的财政分配制度，从管理和服务的人口规模出发，确定中央与地方财政支出的基数，实现事权与财权的一致和统一。

（四）建立以居住地为依托的人口信息管理和服务平台

以居住地人口登记为基础，建立全国统一的人口信息平台，为实现城镇基本公共服务常住人口全覆盖创造条件。推动各地完善包括户籍人口和流动人口在内的常住人口登记，及时掌握当地常住人口的总体规模、人员结构等情况，加快实现信息共享。推动各地以常住人口为依据，编制经济社会发展规划以及土地利用、基础设施建设等规划，统筹考虑常住人口在劳动就业、子女上学、公共卫生、住房租购、社会保障等方面的需求，实现公平对待、合理引导、完善管理、搞好服务的目标。①

三　推动与户籍制度相联系的城乡之间、区域之间的综合配套制度改革

城乡和区域之间的社会保障制度、公共服务体制、土地管理制度、劳动就业制度、行政管理和公共财政制度等在户籍制度基础上建立，并成为

---

① 《户籍制度改革步伐明显加快　力度明显加大》，《人民公安报》2013 年 3 月 7 日。

限制人口在城乡之间转移、限制人口跨地区转移的刚性结构，这些制度使户籍改革的单项改革难以支持人口的流动性。[1] 因此，通过重建制度体系的新框架，才能使户籍改革从这个制度框架中脱离出来。

（一）创新农村土地管理制度，保障农民农地财产权利的公平实现

农村人口进入城镇最担心的是原有的承包地及宅基地使用权会丧失，土地资源的丧失就意味着农村人口进入城市落户会冒着巨大的经济风险。[2] 因此，在户籍制度改革中要处理好农民进城定居与土地权利的问题。对土地的处理问题，要充分保障农民的权益。一方面，当前有的地方改革使农民处于"户籍与土地"（如土地换社保）两难选择的处境。事实证明，如果较好地处理了农民土地权益与户籍的关系，户改就取得了实质性进展，如成都市户籍制度改革就没有陷入以土地换社保的怪圈，成都对相关农地确权的政策使农民进入城市落户没有后顾之忧。另一方面，农民土地财产权利的公平实现是人口自由流动或迁移的重要条件。因此，在户籍制度改革中必须要保障农民的土地财产权利的实现，探索一套有效的农民土地财产权实现机制，特别是探索建立农村闲置宅基地自愿有偿退出机制对于户籍制度改革而言具有重要意义。

当前，农民身份和土地权益是一种固化了的关系，这种关系不仅约束了农民的自由迁移，更影响了农民土地财产权的实现。因此，需要建立一种农村集体成员自由"进入与退出"机制来消除"身份与土地"的固化关系。

当前，身份（户籍）继承是集体成员（权）获得的唯一途径，这种唯一和固化了的方式成为城乡居民自由迁移的桎梏，因此，建立一种农村集体成员自由进入与退出的机制是户籍制度改革的重要内容。如前所言，农村集体成员（权）的"进入与退出"机制包括以下内容：一是建立集体成员资格的非自然取得制度，非自然取得的政策安排可确定其他社区成员（指非因婚姻、出生、收养的事实）进入该农村（社区）的标准，如可量化为付费（购买）、居住年限、对本社区发展所做贡献等。二是制定

---

① 　任远：《中国户籍制度改革的路线图》，科学在线网，2012 年 7 月 24 日。

② 　郭奕晶：《谈与户籍改革相关的配套制度改革》，《世纪桥》2010 年第 5 期。

社区"成员"身份退出机制。退出机制有两层含义：一是指放弃"成员"身份应享有的权益；二是凭"成员"身份获取的土地稳定而有保障的产权可以进行转让和交易。我们认为，农村社区"成员"退出机制不仅是我国未来户籍制度改革的重要内容，同时也是农村土地管理制度改革进一步深化的重要条件。

（二）建立公平的社会福利与公共服务机制，为人口自由迁移打通通道

1. 建立公平但有差别的社会保障制度，保障人人享有体面的生活

公平但有差别的城乡或区域社会保障制度是指在存在城乡或区域经济社会差别的条件下，建立以人口的居住地管理为基础的社会保障供给机制：一是由中央财政支持在全国范围内实行人人均等的基础性社会保障，即普惠制；二是在普惠制的基础上，依据中央的相关政策，各地方根据各地经济社会发展水平，建立动态的区域性社会保障机制，即建立较高社会保障水平的属地化机制。

2. 建立均等化的社会福利与公共服务机制，为人口自由迁移打通通道

户籍管理的放开需要有物质基础，由于目前的城市福利和公共服务体制是建立在户籍制度基础之上的，户籍人口对城市基础设施、环境、就业、教育、社会保障与福利以及其他公共服务的需求是刚性的。而外来人口对城市所构成的压力更多的是弹性的，大部分压力是与户籍相联系的。一旦这部分人群获得城市户籍，弹性压力便转化为刚性压力。不管是落户门槛降低导致大量人口涌入，还是现有外来人口入市后的福利供应增加，都将意味着巨大的公共财政支出，形成刚性压力与弹性压力并存且不断增大的局面，人口承载能力的有限性与外来人口对福利与公共服务需求的无限性之间的矛盾异常突出。① 因此，建立城乡或地区间均等化的公共服务体制，可以尽可能减轻外来人口迁入的压力。

根据我国的实际情况，建立均等化的社会福利与公共服务机制应分两步走。

一是建立农村地区、中小城镇及欠发达地区社会福利和公共服务

---

① 郭秀云：《大城市户籍改革的困境及未来政策走向——以上海为例》，《人口与发展》2010 年第 6 期。

（产品）供给的速度快于大城市特别是特大城市的机制，逐渐缩小城乡、中小城市与大城市、地区间社会福利和公共产品的差距，绝对提升中小城市和农村地区的人口承载能力，缩小中小城市与大城市、农村人口与城市人口承载能力的差距，逐渐消除因社会福利和公共产品差距而导致的人口单向迁移。

二是在上述基础上，分类逐步剥离依附在户籍上的权利和福利，即权利和福利与户籍逐步脱钩。户籍制度改革的方向是户籍与各种福利脱钩，缩小以至消除城乡之间利益分配的差距。为此，①在制定就业、义务教育、职业技能培训、社会保障等各类公共服务政策时不得与户籍相挂钩。②尽快清理整顿与户口相联系的各项政策，使城乡居民享有同样的福利待遇，实现城乡统一协调发展。做好此项工作，首先从中小城市及集镇开始，在中小城市及集镇放宽条件，建立以居住地（证）为基础的公共服务供给制度。③在（特）大城市推行以积分（暂住时间、对地区的贡献等）方式渐进获取居住证，并以居住证为依据均等化享有公共服务。

四　分类推进不同人群的市民化

党的十八大提出，"加快改革户籍制度，有序推进农业转移人口市民化，努力实现城镇基本公共服务常住人口全覆盖"，这为我国户籍制度改革指明了方向和改革路径。当前，我们必须以新型城镇化为依托，遵循工业化、城镇化、农业现代化协调发展规律，加快推进户籍制度以及社会管理体制和相关制度改革，有序推进农业转移人口市民化，为人们自由迁移、安居乐业创造公平的制度环境。为此，针对不同群体、不同地区的实际情况，户籍制度应该分类、分层次、分阶段，先易后难，逐步推进。

（一）以新型城镇化建设为契机，实现区域内人口自由流动和迁移

新型城镇化是以城乡统筹、城乡一体、产城互动、节约集约、生态宜居、和谐发展为基本特征的城镇化，是大中小城市、小城镇、新型农村社区协调发展、互促共进的城镇化。新型城镇化的关键是"人的城镇化"，而"人的城镇化"将始于户籍制度改革。本书认为，基于人的城镇户籍制度改革应做好如下几方面工作。

（1）建立区域内的人口居住地管理制度，不设任何条件，完全放开

城镇和小城市落户，实现社会保障等与居住地（证）挂钩，完全实施居住证人口管理制度。

（2）实现区域内城乡公共服务均衡化发展，促使区域内城乡之间的生产要素流动更为自由、方便。

（3）建立区域内农地使用权流转市场，保障农民的土地财产权公平实现，实现农地使用权与农户分离。

（4）促进农地使用权集中，大力发展现代农业，建立农业合作或农业产业化组织，使农村居民由原来的农民身份变为从事农业生产经营为主的职业农民。

（5）把中心城镇建设与新农村建设结合起来，走以镇带村、以村促镇，适度集中、功能互补的村镇发展道路。

（二）以提升中等城市的公共服务水平和吸纳能力吸引外来人口定居

当前，中等城市的人口城市化严重滞后于其产业或城市化水平，外来人口定居意愿不强，那么，如何解决中小城市的人口城市化问题？

（1）坚持以输入地（中等城市）政府管理为主，尽量降低"入市"门槛，放宽"入市"条件，按"入市"条件逐步实施常住人口的居住证管理和服务制度。将社会保障、公共产品供给等与居住证挂钩，逐步实现外来常住人口与本区常住人口在接受义务教育、就业、公共卫生等基本公共服务方面的平等。

（2）在外来人口流动较为集中的地区，特别是产业集聚区域，加强外来人口的信息化管理，打造资源共享的"电子平台"，建立流动人口综合服务中心，为流动人口提供"一站式"服务。

（3）建立外来人口特别是农民工基本培训制度，积极开展外来人口素质教育与规范教育，全面提升外来人口职业技能，增强外来人口定居城市的能力。

（4）与企业建立稳定的劳动关系，将就业的外来人口纳入城镇职工基本养老和医疗保险。多渠道、多形式改善外来人口的居住条件，鼓励采取多种方式将符合条件的外来人口纳入城镇住房保障体系。

（5）地方政府在上级政府（包括中央政府）的扶持下，多方筹资，进一步提升各项保障水平，不断缩小同大城市、特大城市居住证的福利承载量的差距，推动外来人口与城市的融合。同时，根据实际情况，以地方性立法的方式来明确外来人口各项保障权益。

（6）加强劳动力市场建设，提高劳动力市场调控能力。一方面，中等城市的劳动力市场建设和就业信息发布等相对于（特）大城市而言比较落后；另一方面，中等城市的就业市场又相对狭窄。中等城市存在的这种劳动力市场现状不适应外来人口在本区域寻找就业岗位和发展机会的需要，因此，中等城市应打造一个功能完备的劳动力市场，为外来人口降低寻求就业和发展机会的成本，对于吸引外来人口并使他们定居具有重要的作用。

（7）在一些方面（如优质教育资源）争取获得（特）大城市的扶持，进一步提升吸引外来人口的能力。

总之，中等城市通过以上各方面的举措，缩小与（特）大城市居住证的福利承载量差距，才能有效保证外来人口定居下来，为全国统一的一元化人口管理制度的形成奠定基础。

（三）消化长期定居于（特）大城市的农民工"入市"问题

针对我国（特）大城市的人口城市化的现状和特征，一步到位的一元化人口管理制度形成是不现实的，改革必须分类分步推进：一是推进消化既有外来常住人口的"入市"；二是制定"合理控制"新增外来人口的政策。

1. 分类分步（积分）消化既有外来常住人口的"入市"问题

（特）大城市的外来人口在城市人口中占有很高的比例，不说深圳这个新城市，就连北京、上海这些老城市，常住外来人口的比例已超过40%。因此，如何消化（特）大城市既有外来常住人口的"入市"问题，是当前我国户籍制度改革的重点和难点，也是我国建立以居住证为核心的城乡一元化人口管理制度的突破口。

我们的思路是，以积分为基本依据，分阶段、分层次逐步实现既有外来常住人口的完全市民化。积分的形成主要要素有：一是居住年限；二是参与本市社保状况；三是对本市的贡献，可以人年均收入水平衡量（一般地说，收入与贡献呈正向关系）。根据积分，分不同阶段享有不同层次的社会保障、公共服务、其他社会权利，使既有外来常住人口完全实现市民化。

第一阶段，享有基本层次的本市市民待遇。对达到一定积分的外来常住人口以居住地为依托与本地居民一样享有基本层次的公共服务和相关权利，主要有：①人大代表的选举与被选举权、基层组织的选举与被选举权等政治权利；②其子女享受义务教育等权利；③享有国家提供的基础性社会保障和企业提供的社会保障的权利。

第二阶段，在社会保障、公共服务等方面部分实现与城市居民接轨。对有较高积分的外来常住人口提高其享有社会保障和公共服务水平：①本人享有职业教育补贴的权利；②享有地方性社会保障的权利，如公共卫生服务、基本医疗保险、基本养老保险、失业保险、最低生活保障；③享有地方性计划生育奖励扶持的权利以及履行缴纳超生社会抚养费的义务等。

第三阶段，对达到更高积分的外来常住人口增加更高水平的社会福利，完全实现同城同权。例如，①享有保障性住房的权利；②外来常住人口子女参加本地高考的资格和权利。

2. 条件准入制：解决新增人口"入市"的快速通道

"人口条件准入制度"（条件准入制）是城市人口规模必须控制在城市资源承载的合理范围内的一种人口管理政策，它是指外来人口通过个人的后天努力获得"入市"条件后实现同城同权。"条件准入制"包括两方面的新增人口：一是一般性新增外来人口。我们认为，这一部分新增人口也应仍按积分制方式"入市"。二是特殊的新增外来人口。"条件准入制"所涉及的对象主要指特殊的外来新增人口。

当前，"条件准入制"是我国大城市特别是像北京、上海、广州、深圳等这样的特大城市不得已而为之的政策选项。虽然从社会公平的角度看，"条件准入制"确实还存在一些争议，但是，如果我们从现有户籍制度的形成过程以及美、英、德、日等国的人口迁移政策看，"条件准入制"正是解决不公平问题的起点，也符合事物发展的规律。

"条件准入制"可视作对传统户籍制度的一种改良，因为它是在保持现有户籍不平等制度的框架下，通过准入制拓宽了外来人员落户大城市的渠道，符合政府有序管理城市的愿望，符合现有市民的既得利益，对有条件、有能力落户的外来人口提供了"入市"流动的渠道，对无法落户的暂住人口加强服务，同时牵扯的领域范围较小，具有现实可行性和可操作性，因而我国绝大多数城市不同程度地采纳了各种形式的准入制。①

"条件准入制"要根据大城市的具体情况分层实施：一是指"严格控制"外来新增人口的"条件准入制"——北京、上海、广州等一线城市；二是指"合理控制"外来新增人口的"条件准入制"——南京、杭州、成都等二线城市。

（1）一线城市的"条件准入制"。我们认为，一线城市的新增外来人口"入市"如果具备以下选项之一应该解决他们的"入市"问题。

一是人才"入市"。人才"入市"是以人力资本的拥有状况来设定流动的门槛，它体现了能力面前人人平等的原则，它所设置的条件是一种自致性条件，即人们可以通过个人努力而获得的条件，是一种相对平等的准入制。这一类新增人口主要指应届大学生、研究生、博士生，毕业后，与大城市用人单位签订就业协议进入大城市工作，或者是单位引进高级人才，随着进入大城市工作，其人口管理和服务纳入该市。目前，我国几个一线城市都把它作为新增外来人口"入市"的重要政策选项。

二是投资"入市"。投资移民是一些发达国家接收外来移民的一个重要选项，其实，这也可作为我国一线城市当前解决新增人口"入市"问题的一个重要选项。

三是投靠＋稳定职业＋固定住所"入市"。投靠是指根据家庭成员之间的婚姻、血缘关系而投靠到对方所在城市落户的政策，一般称为"三投靠"，即夫妻投靠、父母投靠子女、子女投靠父母。近年来，我国投靠落户政策越来越宽松，但仍只限于上述三类情况。相比其他制度，投靠是最没有争议的一种落户政策。投靠落户要求投靠人与被投靠人之间有上述三种家庭关系之一即可，条件宽松，因而成为一种主要的落户方式。

本书认为，投靠仍可作为"入市"的条件。但我们认为，投靠的情

① 李学斌：《我国大城市现行户籍制度与突破的理性思考》，《上海城市管理》2010 年第 4 期。

形除了上述情况外还可拓展于直系亲属之间投靠，如兄弟姐妹之间投靠，但他们的投靠需要满足两个条件，即在该市有稳定职业和固定住所。同时，被投靠家庭只能接受一次投靠。这种对投靠方式的拓展具有积极的社会学意义。

（2）二线城市的"条件准入制"

首先，如果具备一线城市准入条件，就应该与原市民享受同等权利。

其次，购房＋其他条件"入市"。购房"入市"是许多大城市"合理控制"人口增长的一种常用工具（鉴于北京等特大城市的实际情况，它们利用户籍制度这种工具来控制外来人口的购房需求；南昌从2013年起取消购房落户政策）。从现实看，把户籍与购房结合起来确实有助于控制大城市人口过快增长，但是，当前这种做法在学术界存在很大争议。从社会学的角度讲，我们也不大认同购房"入市"这一做法，因为它仍是一种不公平的政策安排。但是，基于现实或过渡性质的考虑，我们认为，这一政策的实施仍具有可行性。但是，购房落户必须考虑城市对人口的承载能力。因此，为了避免城市公共服务、社会保障（低保）压力过大和无能力就业者的大量涌入，可以将单一的购房落户改革为包括购房落户的综合条件落户，即"购房＋稳定的职业＋一定年限的城市社会保险"。

（四）新人新办法：一种关于新出生农村人口可选择的管理方案

以上分析的均是存量农村人口的市民化问题，那么，新出生农村人口如何解决呢？我们认为，应该一步到位实施居住证管理和服务，其大致的政策如下。

（1）确定时间节点。以某一时间为起点统计新出生农村人口，此时间点以后出生的农村人口无条件地纳入居住地管理，并享有原居住地居民的同等权利（社会保障和相关公共服务、社会福利）。

（2）选择居住地。一是可选择父母户籍所在地；二是可以选择父母常住居住地。

（3）农村集体成员的土地权利认定。这是影响农村人口迁移的最重要因素。关于农村新出生人口的土地权益问题，我们一定要打破传统认识，即土地权益的身份权。我们的原则是突破"天赋地权"。虽然"天赋地权"的产生有其历史的原因，但是在市场经济条件下，"天赋地权"是一种新的不平等。因此，农村新出生人口不能无条件地获得其父母户籍所在地集体土地所有权成员的资格和土地相关权益。我们认为，农村新出生人口无论居住何地，只能通过继承等方式获取相关土地权益，这种安排既保证了农村土地公有制（集体性质）的稳定性和不可分割性，又增强了集体成员的流动性。

第四节　阶段推进、分层形成城乡一体化社会保障机制

社会保障制度是维持社会稳定的基本制度，公平普惠是社会保障制度追求的最终目标，但社会保障制度由社会类型和社会结构直接决定。我国长期以来实行的城乡二元社会保障制度使农民、农民工及其子女处于社会保障体系的边缘，无法与城镇居民平等地享有养老保险、医疗保险、工伤保险、生育保险、失业救济和社会救助等公共资源，由此产生的机会不平等拉大了城乡差距，加剧了城乡对立，激化了社会矛盾，破除社会保障二元体制、建立城乡一体化社会保障体制势在必行。

社会保障制度改革的内容和技术设计均极其复杂，因此，本节仅从宏观视角对社会保障城乡一体化过程中基础性制度安排、改革路径和主要政策节点进行分析，从总体上把握城乡一体化社会保障机制的形成。至于制度的微观内容及其具体的实施技术本书不做讨论。

一　社会保障制度城乡一体化改革的必要性和基本思路

（一）构建城乡一体化社会保障机制的必要性

我国当前仍存在的城乡二元社会保障制度体制影响了农村劳动力的自由流动、农民收入的有效增长，更重要的是，这种现象如长期存在，必将深刻影响我国城乡协调发展。因此，构建城乡一体化社会保障机制是今后我国社会保障制度改革的基本方向。

社会保障城乡一体化指社会保障制度的设计、运行和管理等应城乡统筹、一体规划、全面覆盖，使国民不分城乡平等享有与经济社会发展相适

应的社会保障资源。社会保障城乡一体化的目标是建立制度完善、项目齐全、覆盖全面、标准统一、管理高效、机制健全、可持续的城乡一体的社会保障机制，对于我国应对未来经济社会发展中许多全局性的不确定性问题具有重要的意义。

1. 应对人口老龄化的需要

随着时代的发展，我国的人口老龄化问题越来越严重，中国社会科学院财政与贸易经济研究所联合发布的《中国财政政策报告 2010/2011》中指出，在 2011 年以后的 30 年中，我国的人口老龄化现象将呈直线上升的趋势，我国极有可能提前进入生育率低、人口结构老化、社保制度滞后的老龄化社会。尤其是农村的老龄化水平高于城镇，但目前，我国农村居民的基本生活、医疗、养老等保障还不够完善，不能满足应对农村人口老龄化问题的需要。因此，国家的相关部门应该针对我国农村发展的实际情况，制定科学、严谨的社会保障制度，以便提高我国农村整体的社会保障水平。由此，我们不难看出，建立城乡一体化社会保障机制势在必行。

2. 持续发展经济社会的需要

探索农村经济发展和城镇化的新模式，统筹城乡经济社会发展，促进各生产要素在城乡之间的合理流动和优化配置，实现城乡经济、社会、文化、生态的协调发展，既是城镇经济社会进一步发展的动力，也是扭转传统工业化造成的农村发展滞后局面的理性选择。城乡差距导致数以亿计的农村青壮年流入城市，造成农村劳动力的老年化和农村的空心化，这是城乡差距、贫富差距的内在制度根源。农村青壮年劳动力向城市的转移进一步削弱了农村的竞争力和再造能力，造成城乡差距的恶性循环和城乡经济发展的失衡以及整体经济效益的低下。

3. 维护社会和谐稳定的需要

社会保障是社会运行的安全网和稳定器，是实现社会稳定与和谐、社会公平与公正的重要制度保障。中国社会由于历史问题一直呈现二元特征，社会分层与分化问题严重，这种二元经济体制和二元社会保障制度造成了机会不平等、权益保障不公平，从而加剧了城乡对立，不利于社会和谐与稳定。因此，建立城乡一体化社会保障机制，运用社会保障的收入再分配功能平衡公共资源配置，是实现社会和谐与稳定的重要制度手段和物质基础。社会保障的城乡一体化具有保障民生、稳定社会和促进经济发展的多重功能。

4. 创新社会治理模式的需要

在中国社会转型期，工业化、城镇化、人口流动等使二元经济体制和二元社会保障制度产生的社会治理问题日渐显现。如何创新城镇化发展模式，实现工业现代化与农业现代化的有机结合以及城乡协同发展的双赢模式，在解决农村富余劳动力出路问题的同时，加大对农业的投入力度，促进社会主义新农村建设，使农民在中国社会工业化、城镇化、现代化的进程中平等享有经济社会发展的果实，是社会治理模式和社会发展模式创新必须解决的战略性问题。社会治理模式的创新是城乡一体化社会保障机制建设的要求，而社会保障的城乡一体化必然带来社会治理模式的创新，二者是相辅相成、相得益彰的关系。

（二）城乡一体化社会保障机制的基本思路与政策框架

社会保障是保障人民生活、调节社会分配的一项基本制度。十八大报告指出，要按照全覆盖、保基本、多层次、可持续方针，以增强公平性、适应流动性、保证可持续性为重点，全面建成覆盖城乡居民的社会保障体系。改革和完善企业和机关事业单位社会保险制度，整合城乡居民基本养老保险和基本医疗保险制度，逐步做实养老保险个人账户，实现基础养老金全国统筹，建立兼顾各类人员的社会保障待遇确定机制和正常调整机制。扩大社会保障基金筹资渠道，建立社会保险基金投资运营制度，确保基金安全和保值增值。完善社会救助体系，健全社会福利制度，支持发展慈善事业，做好优抚安置工作。建立市场配置和政府保障相结合的住房制度，加强保障性住房建设和管理，满足困难家庭基本需求。坚持男女平等基本国策，保障妇女儿童合法权益。积极应对人口老龄化，大力发展老龄服务事业和产业。健全残疾人社会保障和服务体系，切实保障残疾人权益。健全社会保障经办管理体制，建立更加便民快捷的服务体系。[①]

---

① 选自党的十八大报告。

十八大报告的上述阐述，为我国今后统筹推进城乡社会保障体系建设提出了基本思路、政策框架和改革路径。

二　社会保障城乡一体化的保障机制

社会保障城乡一体化是一个系统、复杂和长期的工程，需要政府引导、政策支持和法律保障的协同，需要人力、物力和财力的合力，也需要制度创新、管理创新和经济发展模式的创新。没有坚实的经济基础、公平的政治理念、合理的顶层制度设计、强有力的政策支持和健全的法律制度保障，我国社会保障的城乡一体化就难以实现。

（一）社会保障城乡一体化的制度保障

目前，我国社会保障法制建设严重滞后，社会保障制度还不健全。尽管《社会保险法》已于 2011 年 7 月 1 日起正式施行，但其中的授权性、框架性的规定较多，有关社会保障配套法律法规的立法存在大量空白，对社会保障工作的开展无法提供强有力的保障。加之各地出台的相互各异的地方性规章或执行措施，更使得整个社会保障法规体系杂乱无序，增加了执行上的难度，致使社会保障发展缺乏有效的法律保障。我国的社会保障立法应着力解决下列问题。

1. 加强社会保障资金的制度规范

受经济社会发展现状和法律保障缺失的影响，当下中央财政和地方财政拨付的社会保障资金比重不明确，执行不到位；社会保障的统筹层次低，无法实现纵向和横向的资金调剂和以再分配的方式均衡各地社会保障资金的运行目标。因此，应通过法律规范调整财政支出结构，明确社会保障资金增长比例，增加社会保障投入；通过建立社会保障风险储备金，每年从财政收缴的国有资产收益、预算外资金、国有土地有偿使用收入中按比例充实社会保障风险准备金，充实社会保障资金储备。

2. 提升社会保障工作的管理效率

长期以来，我国社会保障工作实行条块分割的管理体制，缺乏统一的管理机构。职能分散不利于社会保障措施的落实和社会保障工作的开展。此外，社会保障管理人才缺乏，管理效率低下，加之缺乏相应的激励约束机制，社会保障运行效率低。要统筹城乡社会保障，相应经办机构的工作范围、服务对象、服务内容和服务方式都将发生实质性变化，因此，现有机构无法适应规范化、信息化、专业化和社会化管理服务的要求。

3. 建立社会保障基金保值增值的长效机制

社会保障基金面临高通胀、低收益和需求高增长问题，保值增值压力大。应基于我国实际状况，借鉴他国成功经验，探索建立社会保障基金保值增值的有效机制。可通过适当放宽资本市场投资比例限制和拓展投资渠道等资本市场运作方式，实现保值增值。通过建立扩大社会保障基金规模的长效机制，如将一定数量的国有资产（包括国有企业股权、股份）和国有土地收益划拨给社会保障基金，形成可持续的社会保障基金积累。

（二）社会保障城乡一体化中的政府责任

社会保障具有公益性和社会性特征以及调整收入分配的功能，其分配的是公共资源，增加的是公共利益，服务的是社会治理。政府作为社会管理者、公共利益的代表者和公共资源的分配者，是社会保障的核心责任主体。当前政府责任不到位，管理水平不高，社会保障制度发展的体制性障碍始终未能消除，社会保障法制建设严重滞后，社会保障财政投入尤其是农村的社会保障财政投入严重不足，使得城乡社会保障发展失衡，农村社会保障被边缘化。政府在社会保障城乡一体化建设过程中应当明确自身定位，找好切入点。第一，制度设计。在充分调查和研究的基础上，根据中国国情，借鉴域外经验，制定好实施规划，明确具体目标、步骤和措施。通过制度设计，清除社会保障城乡一体化过程中的体制和机制障碍，如户籍制度、用工制度等。第二，法律保障。社会保障城乡一体化涉及收入的再分配和利益调整，必须依靠法律的强制性和权威性方能有效实施。中国农村经济发展落后，农民个人财力极其有限，政府财政的投入、专项支持以及转移支付等是农村社会保障资金的主渠道，也是社会保障城乡一体化的经济保障。第三，社会保障基金的管理和运行。政府既是社会保障资金的主要提供者，也是社会保障基金的管理者和运行者。健全社会保障基金管理、监督和运行机制，提升管理水平、管理效率和服务质量，实现社会保障基金的保值和增值，提高保障能力，应是政府不可推卸的责任。

三　"三步走"推进城乡一体化社会保障体系的形成

由于我国各地经济社会发展不平衡，社会阶层结构不合理，社会保障的城乡一体化不可能一蹴而就，因此，制定科学的社会保障城乡一体化战略规划，明确社会保障城乡一体化实现的步骤是推进一体化进程的理性选择。从长期看，我国实现社会保障城乡一体化应实施"三步走"战略，即初期重点突破、中期整合衔接和终期城乡并轨三个阶段。截至目前，我国基本医疗保险已经实现了全覆盖，基本养老保险已实现制度上的全覆盖。

（一）初期重点突破

社会保障城乡一体化建设初期关注城乡居民尤其是农村居民对社会保障的最实际关切及社会保险跨地区移转对接问题。通过对城乡居民特别是农村居民最关心问题的突破，借助"碎片化"制度，实现城乡居民的"最低保障"和"底线公平"，为社会保障城乡一体化积累经验、创造条件。根据当下城乡社会保障制度的实际情况，我国的社会保障制度已经基本建立，重点突破尤为重要。

1. 建立覆盖城乡居民的基本医疗保险

自 1994 年国务院决定在江苏镇江、江西九江试点开始，我国开始了从计划经济下劳保与公费医疗体系向市场经济下社会医疗保险体系转变的改革历程，逐步建立起包括城镇职工基本医疗保险制度、新型农村合作医疗制度和城镇居民基本医疗保险制度（以下分别简称为"职工医保"、"新农合"和"居民医保"）在内的三大医保制度，初步构成了覆盖全体国民的医保体系。1998 年为国有企业改革解困而出台职工医保，2003 年出台针对农民的农村合作医疗，2007 年出台城乡居民基本医疗保险，从制度上基本实现了城乡基本医疗保险的全覆盖。现阶段，我国已经基本建立了覆盖城乡居民的基本医疗保险。

2. 建立覆盖城乡居民的基本养老保险

我国政府于 2009 年起，开始在农村地区实行"新型农村社会养老保险制度"（以下简称"新农保"）。"新农保"借鉴了城镇职工基本养老保险制度的"统账结合"模式，采取"个人缴费、集体补助和政府补贴相结合"的筹资模式，政府每月发放最低55元的基础养老金，和个人账户相结合，凡年满16周岁（不含在校学生）、未参加城镇职工基本养老保险的农村居民，均可在户籍地自愿参加。继城镇企业职工基本养老保险、新型农村社会养老保险之后，中国养老保险体系的最后一块空白城镇居民社会养老保险于2011年7月拉开大幕，按规划于2012年基本实现全覆盖。

3. 实现农村居民最低保障目标

2006年修订颁布的《农村五保供养工作条例》将农村五保供养正式纳入了国家财政的保障范围，国家成为供养的责任主体，实现了农村五保供养由传统农民互助共济的集体保障模式向现代社会保障模式的转变。但是，《农村敬老院管理暂行办法》（1997年根据1994年施行的《农村五保供养工作条例》制定的）关于农村五保供养的性质、责任主体、资金来源等的表述并没有随之做相应的修订。低保对象的认定，低保金额的针对性，都是需要进一步解决的具体问题。以农村基本养老保险、农村合作医疗保险、农村最低生活保障等为突破口，解决农村孤寡老人、贫困家庭、残缺家庭、空巢家庭、隔代家庭、留守儿童的基本生活和疾病救助问题，构建农村社会保障的基本框架。探索建立以家庭养老为主、社区养老为辅、机构养老为补充的多样化的养老模式；建立政府组织引导、农村居民参保、财政资助、集体扶持相结合的新型农村合作医疗制度和农村特困人群医疗救济（助）基金；制定农村居民最低生活保障标准，落实对农村弱势人群的最低生活保障制度。

4. 探索农民工融入城镇社会的路径

如果不改善城乡之间的社保转移接续问题，进城务工人员将始终无法真正融入城镇，从而实现社会保障一体化。进城务工农民群体受户籍的限制，不能获得或者只能获得有限的社会救助。进城务工农民在遇到困难时理应获得务工所在城市的社会救助，如果申请户籍所在地（农村）的社会救助，一是无法补充其城市的生活成本；二是申请手续不够简便。"户籍歧视"使农民工不能平等享有社会保障资源，不能有效融入城镇社会，有违公平与公正，严重损害了农民以及农民工子女平等享有社会保障的权益，剥夺了其平等发展的机会，削弱了其成年后的社会竞争力，是辍学、留守儿童、流浪儿童、童工及未成年人犯罪的重要促成因素。各地政府可根据农民工的职业特点、收入状况、流动程度及定居城镇的实际情况，将农民工群体进行细分，促进农民工融入城镇社会。对职业稳定、有固定收入和住所的农民工，可直接纳入城镇职工社会保险体系；对失地农民，可探索采取"土地换保障"模式。①

（二）中期整合衔接

中期整合衔接实现由"统分融合"向"基本统一"、由"最低保障"向"基本保障"的转变，即在初期建设的基础上各项保险制度逐步实现城乡统一；在初期实现"最低保障"的基础上实现城乡居民的基本保障，在初期"碎片化"制度重点突破的基础上，整合城乡社会保障体系，使居民不分城乡均获得基本的社会保障，实现"基本保障"和"适度公平"。

1. 健全城镇社会保险体系

城镇居民现阶段已经实现基本医疗保险、基本养老保险的全覆盖，但生育保险、失业保险的相对不完善，使得不同群体之间保障欠缺公平。对于无工作单位的个体营业主，他们有收入却无个人社保账户，这就造成了实际操作中欲参加社保却不能的情况。我们在全面实现基本养老保险、基本医疗保险制度全覆盖的前提下，应适度提高社会保障的质量，覆盖更多的人群，使社会保障公平性完全体现。

2. 健全农村社会保险体系

"新农合""新农保"的建立为农村居民解决了基本的医疗和养老问题，但农村一些有相对特殊保障需求的群体，例如无工作的妇女、家庭人均收入超过参与低保线但仍因特殊原因家庭困难的农户，应该更加深入地提高社会保障的质量。对于农民的社会救助，现阶段停留在统一标准的救助，这种消极救助以满足被救助者眼前的基本需要为原则，忽略了被救助者责任和能力的提升，并且是一种单向的给予，没有强调被救助者权利和责任的对等。现阶段健全农村社会保险体系是统筹城乡社会保障制度的关键。

3. 完善社会保险转移和衔接制度

当下我国社会保险各项目的缴费标准、待遇水平及政策措施等存在地

---

① 田波：《论城乡一体化背景下的社会保障制度》，《生产力研究》2011 年第 11 期。

区差异，劳动力流动时社会保险的转移和对接不畅，应按照整体规划、分层推进的方式，对现行社会保险体系进行梳理和调整，制定社会保险关系跨地区转移接续办法。城乡社会保险制度的对接主要是城乡分割的相同项目的制度对接，即在同一统筹范围内，城乡分别实行的相同社会保险制度（项目）之间在资金筹集、账户转移、待遇给付以及管理等方面转接、对接直至统一的过程。各地应根据本地实际，在解决农村居民最低保障问题的基础上，分地区、分项目、分重点、分阶段建立城乡衔接的社会保险制度，按照"进得来、缴得起、养得了、能衔接、可转移"的原则制定相关参保政策和财政补贴制度。通过中期建设，农村社会保障项目应当涵盖《社会保险法》所规定的养老保险、医疗保险、工伤保险、生育保险、失业救济和社会救助等。

（三）终期城乡并轨

社会保障城乡一体化建设的终极目标是：建立与经济社会发展水平相适应、城乡统筹、项目齐全、覆盖全面、机制健全、公平公正和可持续的城乡一体化社会保障制度，实现社会保障普惠和公平之目标。第一，城乡统筹。实现不分城乡，人人均能平等地享有基本社会保障的目标。第二，项目齐全。社会保障项目应当涵盖养老保险、医疗保险、工伤保险、生育保险、失业救济和社会救助等，保障公民在年老、疾病、工伤、失业、生育等情况下依法从国家和社会获得物质帮助的权利。第三，管理统一。建立城乡一体、全国统一的社会保障管理机构，对社会保障事项进行统一决策、宏观调控，建立全国一体的社会保障网络。第四，保障机制健全。建立完备的社会保障基金国家支持和统筹制度、资金个人缴纳制度、保障基金管理和监督制度、保值增值机制和信息公开制度，实现社会保障基金管理的规范化、信息化和专业化。城乡一体化社会保障体系建设除实现城乡统筹、项目齐全、管理统一和保障机制健全四个目标外，显著标志是形成具有中国特色、符合转型中国社会实际的城乡一体化养老、医疗和社会救助体系。

1. **基本养老保险城乡一体化**

中国有8亿农民，农村基本养老保险是中国养老保障中最重要的一部分，关系到社会和谐稳定和城乡社会公平的问题。为更好地解决农村养老保障问题，我国政府正不断探索适合农村社会养老的方式。《国务院关于开展城镇居民社会养老保险试点的指导意见》公开发布，明确指出基础养老金部分由政府全额补贴，其中，中央财政对中西部地区按中央确定的基础养老金标准，即每人每月 55 元，与新农保标准一致，给予全额补助；对东部地区给予 50% 的补助。地方政府对参保人员缴费给予补贴，补贴标准不低于每人每年 30 元；对选择较高档次标准缴费的，可给予适当鼓励，具体标准和办法由省级政府确定。

2012 年 8 月，审计署公布了对全国基本养老保险基金的审计结果。审计结果指出，社会基本养老保险群体"漏保"现象严重、重复参保现象大量存在，这要求基本养老保险覆盖质量应该更高。实现城乡基本养老保险在制度上的并轨，是解决基本养老保险"碎片化"状态的根本途径。《社会保障"十二五"规划纲要》指出，"十二五"时期开展社会保障制度建设专项行动，养老保险制度为：①实现新农保制度全覆盖；②建立并全面实施城镇居民社会养老保险制度；③推进事业单位养老保险制度改革；④研究制定公务员和参照《公务员法》管理单位的工作人员养老保险办法。这明确指出了养老保险统筹实施大体分为三步走：第一步是实现新农保与城镇居民基本养老保险的一体化；第二步是城乡居民基本养老保险与城镇职工基本养老保险的一体化；第三步是公务员、事业单位工作人员基本养老保险与城镇职工基本养老保险的一体化。

长期以来，我国建立了以户籍为基础的社会保障体系。但是，要实现社会经济的可持续发展，必须要形成可流动的劳动力。因此，今后应建立以居住地为基础的社会保障体系，逐步取代户籍制保障。在城乡一体化的背景下，把外来从业人员纳入城镇基本养老保险体系是大势所趋。应在城镇基本养老保障这一层面内，制定不同的筹资标准和支付标准，建立多层次的养老保障体系，根据外来从业人员内部在实际收入水平和生活状况上存在的差异，实现制度内部的衔接。北京市在全国率先建立城乡居民养老保险制度，实现企业职工基本养老保险、城乡居民养老保险、机关事业单位退休金制度和老年保障制度的衔接。社会保障是所有社会公民的一项基本权利，不应因为公民的户籍或居住地不同而区别对待。随着城乡一体化的实现，我国社会保障体系终将实现城乡对接，以一元社会保障制度取代二元社会保障制度，使基本社会保险普及化、一体化。

建立"人手一户"的社会保障账户，以"社保卡"的形式发放到每个有账户的人手中，这样解决了一些自由职业者想参保却没有账户的难题，方便了流动人口养老保险转移接续，也使养老保险管理更为高效。

建立以社区为载体，以社区基层组织为主导，以社区资源为基础，由国家、社区、家庭和个人等多途径提供人、财、物支持的综合性社区养老服务体系，为老人提供日间护理、医疗保健、家务服务和文化娱乐服务等，从根本上解决当下城乡老人养老所面临的精神赡养缺失、生活照护缺位和经济供养不足问题。社区养老服务具有公益性和福利性，契合中国的政治体制、经济体制、文化传承、社会类型、社会结构等现实国情。相较机构养老，社区养老服务具有低成本、广受益、主体多元和社会参与度高等优势，能够最大限度缓解家庭养老压力，提升养老质量和社会福利水平。

2. 基本医疗保险城乡一体化

我国医疗保险目前已基本实现政策性全覆盖，按照中央政府的医疗发展规划，作为农业人口占多数的中国尽管先后建立了覆盖各省份居民的城镇职工基本医疗保险（以下简称职工医保）、新型农村合作医疗（以下简称新农合）和城镇居民基本医疗保险（以下简称居民医保），但三者所依据的政策措施、监管和经办机构、筹资和补偿标准等方面都不一致，现行三项基本医疗保险制度之间存在很大差距。只有通过整合实现医保制度一体化、管理一体化和组织一体化，才能实现均等化层次上的全民医保，使医保体系全面、协调、可持续发展。

然而，由于制度设计不足和部门利益博弈等原因，我国医保制度正面临着日益棘手的多元分割问题。在覆盖对象的划分上，职工医保是1998年为国有企业改革解困而出台的一项配套措施，在当时的历史条件下，这是自然的考虑，但也在客观上造成该制度覆盖面较为狭窄，仅限于城镇正规就业职工；2003年出台的新农合的覆盖对象是广大农村居民；2007年出台的居民医保的覆盖对象为不属于职工医保制度覆盖范围的学生、少年儿童和其他非从业城镇居民。从制度设计的初衷来看，三大医保制度各自的覆盖范围应当是清晰的，然而随着我国城乡二元经济结构的调整、工业化和城市化进程的加快，三大险种的覆盖对象之间开始出现不同程度的交叉，尤其对农民工、失地农民和城镇灵活就业人员等特殊人群应当纳入哪种制度范围缺乏明确的规定，各地做法不一。在管理归属上，职工医保和居民医保隶属于劳动保障部门管理，但是，出于平衡部门利益的原因，绝大多数地区的新农合被划归到当地卫生部门管理，与职工医保和居民医保以城乡户籍为标准、以行政部门为界限分割运行。①

从政策走向来看，我国医保制度城乡分化、多元分割的政策设计虽然在一定历史条件下是正常的，但长期不能实现整合则是不合理的。2003年后，在国家大力推进"统筹城乡发展"和"科学发展观"的背景下，医保制度的多元分割问题引起中央政府和相关部委的高度重视，已将医保制度整合提高到改善民生的战略高度。人力资源和社会保障部副部长胡晓义在2008年2月28日表示："迫切需要在城乡之间、不同人员之间进行制度整合和政策衔接，探索将三项制度整合为统一的医保制度。"2009年3月，国务院发布的《关于深化医药卫生体制改革的意见》也明确指出，"要逐步缩小各种医保制度保障水平的差距，最终实现制度框架的基本统一"，而整合正是实现我国医保制度框架基本统一的必要步骤。因此，党和国家的发展战略也决定了医保制度整合的重要性和紧迫性。

基本医疗保险制度的城乡一体化，是指通过寻求一种路径将独立存在的三项基本医疗保险制度逐步进行整合，探索制定统一的政策措施、制度和经办管理体制，最终将分散的三者整合成为统一的以家庭缴费为主的国民医疗保险。通过基本医疗保险制度城乡一体化的推进，不断提高基本医疗保险制度的保障水平，真正缓解"看病贵"的现状，满足人民的健康需要，不断提高全体国民健康水平。目前三项基本医疗保险已经在制度上覆盖了各省份居民，但由于三项基本医疗保险制度所依据的政策措施不同、经办管理机构分离、筹资和补偿标准不一致，现行基本医疗保险制度呈现二元分割的特征，这种城乡分割的医疗保险制度带有非常强烈的歧视性，与公平性原则相违背，不利于基本医疗保险制度互助共济功能的发

---

① 李亚青、申曙光：《我国三大医保制度整合的现实基础分析》，《中国医疗保险》2010年第1期。

挥，不能有效地解决人民群众"看病贵"的难题。针对这些问题，通过探索建立城乡一体化的基本医疗保险制度可以加快促进基本医疗保障体系的建设，从而和公共卫生服务体系、基本医疗服务体系、药品供应保障体系建设协同推进、共同发展，加快促进基本医疗卫生制度的建立和人人享有基本医疗卫生服务目标的实现。

第一，实现基本医疗保障的普惠和公平。将整合衔接期城乡分割的新农合制度和城镇居民医疗保险制度融合为统一的城乡一体的医疗保障制度，实现城乡居民在"参保范围、筹资标准、保障水平、服务水平"等方面的统一。第二，建立城乡统一的医疗保障制度。通过整合"碎片化"的医疗保险制度，统一城乡医疗保险经办管理、统一管理队伍、统一管理办法、统一费用结算和服务监管、统一信息网络，降低管理成本，提高管理效率，提升制度的公平性。第三，建立农村医务人员保障长效机制。农村医疗卫生水平的提高是医疗保障城乡一体化的基础，应当通过强化政府责任，发挥政府对城乡卫生资源的统筹协调功能，平衡城乡医疗卫生资源配置；通过政府增加投入，完善农村医务人员和农村医疗卫生的保障措施，确保农村医生的待遇和农村医疗卫生条件与中国经济社会发展相适应。

多元分割的医疗保险制度为整合提供了多种可能的方案。现有文献中，多数学者主张先行整合居民医保与新农合，郑功成的"三步走"战略在这类观点中非常具有代表性。在该战略规划下，多元制度的整合步骤是先实现居民医保和新农合的并轨，再实现城乡居民医保和职工医保的并轨，该战略在考虑多元制度整合的同时，还兼顾到了统筹层次的提升，并将更广泛的健康保险需求纳入整合范畴；主要思路是首先形成区域范围内统一的缴费型医保制度，然后通过提高统筹层次构建全国范围内的国民健康保险制度，基本消除城乡公共卫生事业与医疗保障水平之间的差异。董文勇认为，除了户籍性质之外，有劳动合同的农民工，与有城镇户口的职工相比，并无任何社会差别，因此其医保关系可参考城镇职工处理；若新农合与城镇职工医保缴费周期和基金结构一致，两制度会严密衔接。胡务认为，农民工城镇医保可以与新农合进行衔接，并且研究了农民工大病医疗保险与城镇基本医疗保险的衔接模式。

此外，还有学者独辟蹊径，借鉴"教育券"的理念，提出"医疗保险券"的整合模式，即政府每年向全国居民发放等额的"医疗保险券"，由居民自己选择加入哪一个医保项目，同时允许居民在不同年份里，只要符合一定的条件，可以更换自己选择的医保项目。不难看出，与其他方案强调通过行政力量实现医保制度一体化的思路相比，"医疗保险券"整合方案在设计理念上是"靠脚投票"，即将医疗卫生资源的部分控制权转移给参保人，强调通过市场机制拉平多种医保制度的差异，不仅如此，"医疗保险券"形式的整合方案还为解决我国农民工和异地养老人群的医保关系接续困难问题提供了一条新颖的思路。

3. 社会救助的城乡统筹

社会救助是社会成员因自然灾害、意外事故和个人生理、心理等原因而陷入生存困难不能维持最低生活时，由国家或社会有关部门依法给予一定的物质和资金的救助和扶助，以使其基本生活得到保证的一种社会保障措施。社会救助是社会保障制度的重要组成部分，是政府应该承担的社会管理重要职能之一。我国社会救助框架已基本建立，包括"三大部分、十项制度"，即经常性救助（最低生活保障、"三无"人员供养）、专项分类救助（医疗救助、住房救助、教育救助、法律援助、就业援助）、临时应急救助（自然灾害生活救助、流浪乞讨人员救助、其他临时救助）。社会救助是针对现实贫困的救济，是社会保障的"最低纲领"。临时救助是指最低社会保障和基本社会保障之外的因各种特殊原因基本生活出现暂时困难或生存面临危机的家庭或个人所享有的临时性、补充性救助。临时救助解决特殊困难群体的生活、生存问题，是最基本的民生，有助于弥补社会保障制度之不足，提升社会整体的抗风险能力和生存安全感。以城市居民最低生活保障和农村最低生活保障为主体，包括城市和农村医疗救助、农村五保供养和自然灾害生活救助等构成的社会救助制度体系在全国范围内实现了全覆盖。至 2011 年底，全国城市居民最低生活保障对象2256.27 万人，农村最低生活保障对象 5298.28 万人，农村五保供养对象578.62 万人。2011 年城市和农村医疗救助资金共资助 6649.35 万人参加医疗保险，直接医后救助 2367.27 万人次。

城乡一体化首先要求救助项目覆盖全体城乡居民，即城乡全体居民都能享受社会救助。因此，应继续扩大现有的各项社会救助项目的覆盖面，实现"应保尽保"。就目前的情况看，医疗救助在城市及最低生活保障、教育救助、住房救助、司法援助、就业援助在农村的覆盖面应该进一步扩大。同时，一体化的社会救助应该消除其"二元制"色彩，以真正实现"一体化"。以最低生活保障为例，随着城镇化、工业化进程的加快，在传统农村农民（纯农民）的基础上衍生出了被征地农民和进城务工农民。但目前进城务工农民群体受户籍的限制，不能获得或者只能获得有限的社会救助。进城务工农民在遇到困难时理应获得务工所在城市的社会救助，如果申请户籍所在地（农村）的社会救助，一是无法补充其城市的生活成本；二是申请手续上不够简便。[1] 从统筹城乡就业的角度看，完善进城务工农民群体救助也可以使得农村剩余劳动力"出得来"，同时进城就业时"稳得住"，不会因为一时的生活困难而返乡。

按社会保障的目标和手段来划分，社会保障制度由社会福利、社会保险和社会救助三项基本制度构成。其中，社会救助采用"选择性"的"须经家庭经济调查"的手段，其目标是保障最低生活；社会保险采用"投入—返还"式的"与就业关联"的手段，目标是保障基本生活；社会福利采用"普遍性"的"按人头发放"的手段，其目标是提高生活质量。三者既分工又合作，齐头并进才能全面实现社会保障的目标。但当前社会保险的某些缺失使社会成员无法化解所面临的风险，进而进入社会救助体系寻求庇护。同样，我国社会福利的低水平、窄覆盖，使社会成员的生活质量难以提高，进而进入社会救助体系寻求解决。社会保险和社会福利的"缺位"，使社会救助必须"越位"进行超负荷运作，以维持社会稳定。

以农村养老保险为例，推广实行农村养老保险，可以强化农村居民的风险意识，改进消费习惯，增强自我财富积累意愿，从而增强农村居民应对老年的能力。农村养老保险的窄覆盖、低水平，必然使许多农村居民无法解决老年风险而进入农村低保、农村五保供养或临时救助的救

---

①　赖志杰：《论城乡一体化社会救助体系的构建》，《财政研究》2010 年第 3 期。

助范围。因此，社会保险的建立健全可以有效地减轻社会救助的压力。又如城乡义务教育直到 2008 年 9 月 1 日才实现了城乡免费义务教育并对所有农村义务教育阶段学生免费提供教科书，真正建立了义务教育普惠制，这在今后将极大减轻城乡救助对象中义务教育阶段的教育救助压力。完善的社会临时救助体系包括：第一，临时救助基金保障。通过中央、地方和社会等不同路径，健全临时救助基金筹措机制，保障临时救助资金的投入。第二，临时救助制度保障。通过国家立法，完善临时救助制度，各地结合当地实际，制定或完善临时救助制度的实施办法或实施细则。第三，临时救助管理机制。明确临时救助的对象、范围、标准、受理、审核、审批及发放程序，保障临时救助的及时、有效、公开、公平和公正。第四，临时救助网络。建立包括居委会、村委会、社区、志愿组织、基层政府和公益机构在内的临时救助网络，积极实施临时救助工作。

因此，要建立健全城乡一体化的社会救助体系，需要继续完善社会保险，包括扩大覆盖面、增加基金数额、提高保障水平，并逐步提高全民在教育、医疗等方面的福利水平，最终使社会救助职能"归位"。随着城市化、工业化进程和统筹城乡就业步伐的加快，社会成员的跨地区、跨城乡流动将越来越频繁，各地社会救助信息管理要求各异，阻碍了他们陷入困境时顺利、及时地获得社会救助。因此，城乡一体化社会救助体系的构建还需要一个覆盖城乡、资源共享的社会救助信息平台。① 各地社会保障（社会救助）信息平台的建设参差不齐，城乡地区形式各异。城镇地区开始逐步发放由劳动保障部门主管的"社会保障卡"，但仍以社会保险各项目的业务办理为主，鲜有涉及社会救助业务。江西等地的财政部门则针对惠农资金研发了"惠农'一卡通'"，将农村低保、农村低物价补助、五保户补助临时补贴、社会救助临时补贴、临时救助、医疗救助、建房救助、自然灾害生活补助等资金通过"惠农'一卡通'"实现"直通式"发放。

从长远考虑，应该大力推进社会保障卡的发放和系统升级，实现

---

① 何关新：《在城乡统筹中推进社会保障一体化》，《中国医疗保险》2012 年第 3 期。

"一卡多用，全国通行"的目标，使之集凭证功能、查询功能、记录功能为一体，人群上覆盖城乡全体居民，业务上覆盖社会保险、社会福利和社会救助等整个社会保障领域。统一的信息管理平台必将成为构建城乡一体化社会救助体系的"助推器"。

四　社会保障城乡一体化中需处理好的几个问题

在城乡一体化社会保障体系的制定过程中，需要处理好以下几个问题。

(一) 加强政府的监管力度

在城乡一体化社会保障体制的制定过程中，一定要明确政府的管理责任，加强政府的监督和管理力度。政府需要在城乡一体化社会保障体制的制定过程中承担相应的协调和监管等方面的职责并给予财政补助，结合农村发展的实际情况制定相应的内容，以科学发展观为指导开展相关的活动。社会救助的保障基本原则是由社会救助的性质决定的，社会救助是保障社会成员生存权利的"最后一道防线"，是社会安全网的"网底"，必须坚持以能维持同一时期最基本的物质生活水平为原则。[1] 社会救助的资金来源和给付的单向性，也要求救助水平不能过高。救助水平过高，可能造成公共财政支出的负担过重，同时可能引发"养懒汉"现象。基本社会保险，例如基本养老保险需要保障老年人"老有所养"，解决老年人的基本生活需要；基本医疗保险，要实现"小病社区看，大病不再难"的终极目标。

(二) 解决农民就业问题

就业是民生之本，就业状况很大程度上决定了收入的高低。从国外社会救助制度的历史发展看，失业问题的存在是现代社会救助的重要催生力量之一。实现社会救助与劳动力市场政策的有机结合是保证社会救助效率的关键，也是保持社会救助对象流动性以更好地发挥社会救助功能的重要保证。土地作为农民赖以生存的物质基础，对农民的生活起着至关重要的作用。随着时代的发展，越来越多的农民在发展过程中手中的

---

[1]　王善于：《论统筹欠发达地区城乡社会保障》，《发展》2009 年第 8 期。

耕地面积越来越小，在耕地减少以及耕地的阶段性经营现状下，产生了大量的农村剩余劳动力。因此，在城乡一体化社会保障体制的制定过程中，还需要考虑解决农民就业问题。政府部门除了需要在城乡社会保障一体化实施过程中进行监督和管理，解决农民的养老问题及医疗问题外，还需要为农民开展相关课程的培训，以便提高农民的综合素质和职业技能，为农民创造更好的就业条件。在当前整体就业压力加大的情况下，应该大力倡导非正规就业，非正规就业很可能发展成为正规就业和自主创业的一个前期准备阶段。提高就业率还有一个重要途径是提高劳动者的劳动技能。政府可以根据市场岗位需求情况开展"订单式"培训，实现培训与就业相结合。

（三）加强资源整合，完善制度框架

农村的社会保障资金主要来自国家和政府的补贴、企业的缴税以及农民个人支付等方面。而城乡一体化社会保障体制作为一种制度框架，在制定过程中需要加强对社会保障资源的整合力度，确保城乡一体化社会保障体制能够符合我国经济发展的需要、符合我国社会主义各项事业的建设需要，以农民的需要为出发点，完善城乡一体化社会保障体制，为推进城乡一体化的发展奠定坚实的基础。近年来，社会保障体制不断完善、收支规模不断扩大和基金的快速积累，对提升公众信心，促进消费、扩大内需，有效应对国际金融危机和促进经济发展方式的转变发挥了积极作用，为经济社会科学发展提供了多方位支持。2012 年全国社会保障基金审计结果表明，截至 2011 年底，社会保险基金累计结余 30303.72 亿元。[①] 如何合理有效利用社会保障基金成为学术界研究的重要课题。加强各地资源的整合，合理利用中央、地方财政投入，使社会保障基金保值增值。

第五节　农民农地财产权配置与实现

城镇化及其伴随的新型工业化、农业现代化和人口迁移在统筹城

---

① 中华人民共和国审计署：《2012 年第 34 号公告：全国社会保障资金审计结果》。

乡发展进程中具有十分重要的意义和作用，其基础性条件在于农地有效实现自由流动，而土地产权制度和财产权的实现是困扰这一基础性条件的关键。就目前我国农地产权制度的实践而言，土地所有权属十分混乱；另外，从目前我国阐述农地制度产权关系的理论研究看也十分混乱，有很大一部分的研究并未将农地的产权和所有权分开，也没有将所有权与承包经营权的权能进行清晰的分割，在很多时候甚至滥用。从产权理论看，财产权在农地权属界定中具有核心地位，产权则是实际上运用或控制的财产权。就我国农地产权归属而言，更重要的是农民具有哪些农地产权或能够控制哪些权利及其这些权利的受保护程度及其实现。

本着这一逻辑思路，本书构建的农地财产权实现机制核心内容包括：界定了农地产权主体，分析了农地产权的归属，讨论了三级不同产权主体财产权实现的机制，即国家国土资源所有权实现、集体单纯所有权（过渡性质）实现、农民财产所有权实现，以及国家和农民的农地发展权实现。最后简要讨论了农地成员资格取得制度的改革。

一　农地产权主体结构演变与产权权能界定

从农地财产权实现的基本要求分析，我国农地产权主体应该从模糊的农村集体"一级"产权主体结构向实化（强化）的国家和农民"二级"产权主体结构演进。

（一）"一级"产权主体结构的现实与缺陷

我国农村土地实行的是农村集体所有的"一级"产权主体结构，这是新中国成立后主要基于（重）工业化发展战略的需要，国家实行强制性制度变迁的结果，有其历史性。但现阶段，农地"家庭承包"是集体土地所有制主要实现形式，在日益深化的市场经济条件下暴露出许多自身（集体）不可克服的问题。

1. 农村集体土地所有权的主体不明并且存在"虚拟性"

农村土地集体所有权是从每个农民身上分离并独立出来形成统一的土地集体所有权主体的过程。土地集体所有权主体一旦形成，只有土地集体所有权主体唯一处在所有者的地位上并行使土地集体所有权各项权能，与作为非土地所有者（即农民）的公众相对立，才能行使土地所有权；而农民个人只是非所有者，不具有所有者的身份，他们只有"成员"身份。另外，农村土地所有权主体究竟是乡集体、村集体还是村民小组，相关法律中又没有明确的界定。

2. 农民的承包经营权存在对所有权权能的替换

基于农民个人承包权可获得非"使用"农地的种种收益，如股份收益、转包农地的出租收益等，事实表明农地承包权具有了农地所有权的性质。这种权能替换，即承包权对所有权的分割，从很大程度上改变了土地所有权的法律地位，使土地所有权高度弱化。

3. 集体所有权主体在产权结构中时常又处于强势地位

一是承包经营权是单边约定。农民承包权利的取得仍然是以集体与农户的单边行政契约为主，缺乏市场机制作用，双边谈判，包括定价、契约内容的制定等地位均不对等。二是农地的流动深受集体所有权制约。一方面，集体内部的农民没有退出承包经营权的自由；另一方面，土地所有权依然由村组分割，承包权主体无法跨区域、跨所有制进行调整。三是农民农地承包经营权同样又容易受到集体乃至地方政府部门的调整和侵蚀。如村委会及村干部随意缩短承包期和随意调整承包地、多留机动地等。

4. 政府管理权是"实体"

实体性质的管理权体现在：①宏观上，国家、地方政府和土地管理部门可以制定经济发展与土地使用规划，可以征用土地；②微观上，政府可以根据需要在农民与其他土地使用者之间分配和使用土地，村集体可以根据当地土地和人口总量变化来分配和调整个体农民承包使用的土地。这种实体性质的管理权使得行政权力决定和改变了土地的使用性质与产权关系，行政管理权完全取代（"代理"）了国家和集体的所有权及其各种利益，决定土地非农业使用中的利益分配。

通过上述分析不难发现，我国法律上虽然明文规定乡村集体为所有权的代表，但在实践中：①谁是农村土地的所有权主体？是法律意义上的农村集体？是国家、国家的代理人——行政管理部门？是集体成员——农民？似乎均体现了"谁"在农地产权结构中的重要性，但其权益均受到不同程度的侵蚀或分割。这种侵蚀或分割使每一级都具有所有者的权利，在需要的时候都成了实际的所有权主体。②当所有权主体混乱时必然导致所有权权利的重叠，相互的侵权行为就成为一种常态。

基于上述混乱的所有权与产权关系，国内学者就农地制度改革做了许多有益的理论探索。①关于农地集体所有权改革。根据蒋南平的总结，目前农地制度改革有如下几种观点：国家所有权，农户所有权，在坚持现有农村土地集体所有权的基础上完善现有土地使用权。① 蒋南平分别对上述几种观点进行了评析，认为上述观点都有失偏颇，改变现有的土地集体所有权为国有、农户私有及实行多元混合所有权的观点并不可行，虽然对于完善农村土地使用制度在一定程度上具有合理性，但是对于农村土地集体所有权在中国的实现问题仍未给出具体明确的阐释。② ②关于农地产权改革。根据李抗的总结，主要有五种观点：土地产权实行国家单一所有制，由国家、集体、个人三元所有制，私有制，土地双轨制（"土地国有基础上的个人占有制"，即在法律上土地最终归国家所有，但在经营形式上允许私人占有和继承），强化现有土地所有制。③ 但我们认为，当前学界对农地产权制度改革的研究总体上没有跳出"公有"与"私有"的思维框架。然而，在没有解决好农地产权问题的背景下，学术界却对保护农民财产权益及现有土地制度难以保障农民权益形成了一致的认识。然而，在面对诸如以规划、征地为主要内容的农地发展权、农业规模化经营以及两极分化等实践中遇到的问题时，大都又一致地陷入防止农民过多享受农地权益的困局。根据我们的分析，当前学术界的"防农之权"的认识可能源于四个方面的担心或纠结：④ 一是农民土地财产权益保护与政府规划用地、征地（即社会发展权）的纠结；二是农民土地财产权益保护与所谓

---

① 陈志刚、曲福田、黄贤金等认为，在中国转型期间，农地集体所有制无疑要优于私有产权和国有产权。这主要是受市场化程度的相对落后以及国有制下多层委托—代理关系的高成本弊端等因素的限制，农地所有权的私有化和国有化往往是低效或是无效的；而农地集体所有制则随着排他性权利的赋予、农地市场的开放以及村民自治等方面的完善，弥补了私有制和国有制的诸多缺陷，成为一种相对较优的所有权安排模式。陈志刚、曲福田、黄贤金：《转型期中国农地最适所有权安排——一个制度经济分析视角》，《管理世界》2007年第7期。

② 蒋南平：《中国农村土地集体所有权问题研究》，《经济学动态》2009年第9期。

③ 李抗：《改革开放三十年农村土地制度的变迁》，《资源与人居环境》2009年第4期。

④ 此观点的形成得益于与江西财经大学温锐教授的讨论。

农业规模经营或结构调整问题的纠结；三是保障农民农地财产权益与防止社会两极分化问题的纠结；四是长期避开农地所有权而从农地使用权谈农民农地权益保障的纠结。总之，在当前我国农地财产权制度的改革中，农地所有权不管是公有还是私有，也不论是事关国家社会发展、农业规模化经营以及社会两极分化问题，还是关涉农村土地财产的所有权或使用权问题，人们长期对农民的误读（"小私有者"及农户承包与市场经济的关系）和形成的无视农民正当权益的传统性，已有意或无意地陷入了防止农民过多享受农地权益的陷阱，进而影响社会对农地产权制度改革的正确认识与政策设计的优化。因此，当前农地制度改革中最重要的问题就是如何破解这一困局，从发展视角重新认识农民，从而寻找出解决问题的最佳政策安排。

（二）"三级"产权主体结构的选择与过渡

应根据农地产权不同权属的性质和制度变迁的路径依赖特征，构建一个"三级"产权主体结构，可作为一种过渡性措施逐步解决农地产权主体不清问题。

1. "三级"所有权主体

所谓"三级"，是指将现在混乱不清的"一级"所有权主体进行分解，设置为国家和农民二级对等平行加集体这一次级主体的所有制。在农地所有权主体结构中，国家的地位定义为发展性所有权或曰国土资源所有权；农民具有稳定的承包经营权，因此其地位定义为财产性所有权或曰农民的土地财产所有权；集体的地位定义为合约性权利。[①] 这里的关键是进一步弱化集体的地位，将集体主体中模糊不清的产权权能上升和下沉，强化国家与农民的所有权主体权能。

为什么保留但又弱化"集体"这一产权主体的地位呢？①历史的因素。我国农村集体土地所有权（特别是山地和林地的集体所有权）的形成并非从 20 世纪 50 年代的合作化开始的，而是有很深的历史渊源，强制取消集体所有权主体这一级存在非常高的制度变迁成本。②农村土地权益的配置目前还必须依赖于集体这一组织。③在农地制度运行中，集体实际

---

① 此观点的形成得益于与江西财经大学温锐教授的讨论。

承担了农民和国家（政府）双代理人这一尴尬的角色，集体所有权主体的权能既受行政权侵蚀又受承包经营权的挤压、分包分割，而这一问题又是由集体组织在我国管理体制结构中的地位所决定的，其自身无力解决，因此，其权能不断弱化是不得已而为之的选择。

2. 国家、农民、集体所有权权能边界

（1）农地的国家发展性所有权权能及其实现

关于农地的国家发展性所有权（国土资源所有权权能）课题组成员之一于2013年公开发表的一篇论文中给予了详细分析。国家发展性所有权权能界定主要包括三项权利。[①]

一是农地管理的立法权，主要目的是规范农地使用及保护等。其中包括通过民主程序界定"公共利益"的范畴，规范农地基本用途与使用制度，明确规定农民对农地利用与保护的不可为事项（主要指规划农地的使用性质）。

二是农地的社会发展规划权（农地发展权的所有权），旨在为推动社会发展对农地利用进行规划。国家依法通过制定社会公共发展规划和以市场规则征用土地，推动社会发展等。

三是执法权。其职能是实行对农民农地财产权的保障，对农用地用途、农地流转、农地资源及生态环境保护进行监管；依法实施对农民农地财产权的保护；加强对基本农地用途与流转的监管，加强农地资源与生态环境的保护等；通过税法对相应农地的利用征收不同类别的税，其中最重要的是农地市场合法流转交易税、农地资源特别税以及高额农地社会发展增值税，抑制因地"露富"，弥补社会发展资金的不足。

这里的国土资源所有权，目标是通过上述权能的实施，强化政府的国土资源所有权对社会发展的宏观调控与监管职能，解决目前政府对国土资源管理长期缺位问题，有效降低目前权益不清导致的公权谋私和私权的负外部性对社会公共利益的侵害，确保国家的社会发展权。

（2）集体的"中介人"权利

集体作为弱化的农地所有权主体主要享有三项权利：一是作为双代理

---

① 此观点的形成得益于与江西财经大学温锐教授的讨论。

人的集体组织依法（理解为与国家签约）与集体内成员（农民）订立农地相关权益的合约；二是负责集体内部成员权的配置；三是发挥"中介"服务职能。

（3）农民的农地财产所有权

农民的农地财产所有权是指对明确属于集体的各种性质的土地立法确定农民具有具体的财产权，核心是立法保障农民对集体各种性质的土地具有稳定而有保障的承包经营权（承包经营权的财产化）：一是农地承包经营者不用担忧自己经营土地的权益可能被他人侵占；二是在法定范围内有充分的自主经营和使用的权利；三是承包经营者有相关土地处分的权利。具体地讲，通过立法界定的农民具有排他性农地财产所有权，包括如下权能。

①占有权权能。根据控制和支配的方式不同，农地承包经营权的占有权权能可分为直接占有和间接占有。直接占有是由土地承包经营权人直接对农地进行控制和支配。间接占有指在转包、出租、入股等流转方式中土地承包经营权人仍然享有法律上的占有权利。经济发达地区农地流转速度加快、范围加大，间接占有的比例较高。

②使用权权能。依照法律或者约定取得土地承包经营权也就自然享有农地经营权，且农地经营权的行使以农业领域为限，并受制于农地承包合同，即基于合同（法律）规定享有使用权（经营权）与履行义务。经营权包括两个权能分支，即自主生产经营权和有偿经营权。

③收益权权能。收益权权能是指收取物的孳息的权利，孳息包括天然孳息和法定孳息。随着社会经济生活的发展，收益权能常常基于法律或所有权人的意志从所有权中分离出去，以实现对物的价值的最大化利用，从而实现权利人的经济利益。农地承包经营权人取得农地进行农业生产经营，其农地产品的所有权应为其所有，而不论其是否已与土地分离，它是农地承包经营权人获取土地收益的权利。根据孳息的分类理解，承包经营权权能收益包括：A. 承包人直接经营农地所得和"动物器官产出物及土地上的产品"；B. 让渡农地经营权所得（受包方与次受包方的关系）。

④处分权权能。处分权最直接地体现了人对物的支配，可以说，它是

拥有独立财产权利的根本标志。这里需要指出的是，承包经营权中的处分权与所有权中的处分权存在较大差别：承包经营权中的处分权行使的对象是农地承包经营权，一般地说，不涉及农地本身，主要是对经营权的权利与义务（收益与责任）的处分，如农地经营权继承，不是指对农地的继承，而是指获取收益权或收益的继承。所有权权能中的处分权行使的对象既可指土地本身，也可指权利义务关系。主要包括：A. 物权性流转处分权。物权性流转是指改变承包权主体的一种处分方式，主要包括互换和转让两种农地经营权流转方式。其特点是土地承包经营权（物权）在双方当事人之间的变动，核心要件是当事方承包经营权的取得与放弃，即承包权主体的变动。B. 债权性流转处分权。债权性流转是指在土地承包经营权主体不改变的条件下发生的经营权转移并形成债权关系（权利与义务），承包经营权的主体是原承包经营人，原承包方与发包方的承包关系不变。承包经营权转入人只获得了一定期限内的农地占有、使用和收益的"用益"相关权利。债权性流转处分权的实现主要有以下方式。a. 转包和转出；b. 抵押；c. 继承和赠与。另外，入股（股份合作）是当前我国经济发达地区非常流行的一种承包经营权处分（流转）方式，像转包、出租、互换、转让等农地经营权流转方式一样得到了大家的认同。之所以作上述两种处分权的分类，是因为不同属性的处分权其利益实现有差别。当某一块承包土地被依法征收时，如果是通过转包或出租方式流转土地承包经营权，那么地上附着物和青苗补偿费归转入人或承租者，土地补偿费和安置补助费则由"原承包户"参与分配；如果是通过互换或转让方式流转土地承包经营权，那么，所有因此产生的收益全部归"新承包方"。因此，这样的分类有利于农地权能财产价值的形成。

　　⑤请求权权能。关于请求权，《德国民法典》第一百九十四条第一款规定，"请求权"是一种请求他人作为或不作为的权利。请求权使所有权人能够反对特定人，即非法占有者或干扰者，从而使和所有权相应的状态重新恢复，[①] 如非所有权人非法占有所有权人的财产，所有权人就有请求

---

① 〔德〕卡尔·拉伦茨：《德国民法通论》（上），王晓晔、邵建东等译，法律出版社，2003，第325～326页。

返还的权利。我国农地承包经营权中应该设置请求权权能，具体包括三种形态：[①] A. 承包地返还；B. 承包地妨害排除与妨害防止；C. 足额承包地重大妨害补偿与征收补偿（见表 7 - 1）。

表 7 - 1　基于财产权视角的农地承包经营权权能结构

权能		占有权	使用权	收益权	处分权	请求权
承包经营权权能结构	物权型权能	1. 直接占有 2. 间接占有	1. 自主生产经营 2. 有偿使用	1. 全额农产品处置收益 2. 土地承包经营权（物权）流转收益	1. 处分权客体是土地承包经营权，而非土地 2. 物权性流转：互换和转让	1. 承包地返还 2. 承包地妨害排除与妨害防止 3. 足额承包地重大妨害补偿与征收补偿
	债权型权能		基于合同享有使用权（经营权）与履行义务：自主生产经营和有偿经营	土地承包经营权债权性流转获取收益	债权性流转：转包、出租、入股、抵押、继承、赠与	

农地所有权三级主体的设置，虽然尽可能地简化和明确了农地的产权边界，但是，多元主体特别是集体这一级主体的存在仍不能完全摆脱产权混乱的困境，因此，具有过渡的性质。同时，农民土地权益的取得制度（指依赖农村户籍取得集体成员权）必将随着居住地人口管理制度的形成而退出历史舞台。

（三）"二级"产权主体安排是农地产权结构演进的最终目标

土地的"二级"产权主体结构是国际通行的土地产权结构模式。如上所言，在我国，"三级"产权主体结构是一种过渡性质的农地产权结构模式，条件成熟后，农地"三级"产权主体结构必然走向"二级"模式。

所谓"二级"，是指只存在国家发展性所有权与农民财产性所有权这二级对等平行的主体，集体这一级主体的职能已被市场替代。

[①] 李伟伟、张云华：《农民家庭土地承包经营权及其政策界定》，《改革》2012 年第 8 期。

我国农地产权结构最终向"二级"产权主体结构演变是统筹城乡发展这一战略实施的内在要求和必然结果。①统筹城乡发展需要建立人口自由流动的城乡一元化人口管理机制，取消二元户籍制度，建立以居住地为核心内容的人口管理体制是我国户籍制度改革的方向和目标。以户籍为核心的人口管理制度的取消必然会诱致户籍与农地关系的巨变，原来以户籍为唯一依据的集体成员权取得制度将不复存在，①那么，集体这一级组织就农地权益配置的角度讲就失去了存在的意义。这是判断农地"三级"产权主体结构过渡到"二级"产权主体结构的主要依据。②统筹城乡发展需要健康的农地产权交易市场，在这一市场的形成过程中，农民的土地财产权也主要通过市场来实现，集体组织的这一过渡性功能也被市场替代。

"二级"产权主体结构的核心是以设立稳定而具有保障的农民农地承包权为基础，着眼于保障农地财产权回归农民的制度安排。但它不是土地私有化，它是在保障国家的国土资源所有权充分、完全实现的基础上，立法确定农民稳定而有保障的农地财产所有权的实现，将国家利益与农民有效结合起来，解决了两个激励（国家和农民）问题，有效地促进了农地资源的合理利用。

二　农地产权权能配置及其财产权实现

（一）现阶段农地集体所有权主体权能的财产权实现

农村集体作为所有权主体，从目前看，是在坚持所有权与经营权（直接占有权和使用权）分离下的弱化但有保障的单纯所有权。

现实中，没有充分考虑农村集体作为土地所有权人的收益权。一是土地承包是无偿的（主要指本集体成员这一部分），集体不能通过土地承包获得收益；二是土地转制中利益分配显失公平。然而，通过使用权的出让获得经济利益正是实现所有权的基本方法。因此，构建集体土地所有权的法人财产制度能够有效保障和实现土地收益权。

如何实现集体的农地财产权？在弱化所有权权能（占有权和使用权）的条件下，主要是指以出让土地使用权方式获取收益。从国际经验看，建

---

① 对此，在本节的最后部分将给予分析。

立"土地银行"对单纯的所有权进行资本化运作并实现财产权是一种重要机制。基本思路是：集体这一主体将单纯所有权以"资本"的形式（每个集体内成员以集体配置的土地获取收益）存入"土地银行"（相当于持币者将钱存入银行），"土地银行"以"利息"的形式支付集体土地所有权主体的报酬（报酬具体到每个拥有所有权的成员），然后，"土地银行"（代表集体这一级土地所有权主体）再将土地的承包经营权（或使用权）以放贷的形式贷给土地承包经营者经营，承包经营者以贷款"利息"的形式支付使用土地的费用。具体而言，政策安排包括以下几方面和程序。

1. 土地所有权权能的借贷

单纯的土地所有权主体——集体将除所有权之外的所有权能依法并通过科学方法进行估价，以评估的价格计值存入"土地银行"，"土地银行"只是发挥中介作用，然后以放贷的形式将上述所有权规定的相关权能贷给土地承包经营者，形成了资本市场所谓的"借贷"关系。

2. 集体主体单纯所有权权能收益来源

在弱化占有权和使用权的条件下，主要是以出让土地使用权的方式获取收益。不论是第一顺序承包人（本集体内的农户）还是第二顺序承包人（集体外人员），只要承包了集体土地都必须交纳地租，这是所有权在经济上实现的本质。具体操作是：土地承包经营者（或使用者）向"土地银行"借贷土地相关权能，并以经营土地获得的部分利润向"土地银行"支付"贷款""利息"，这个"利息"就是土地所有权收益的主要来源。

3. 集体所有权成员收益权益与分配

集体将土地所有权按集体成员数人均化（即折股），并以"合同"的形式落实或分配给集体土地所有权主体成员，"合同"是所有权成员享有所有权权益的法律依据，"合同"可以转让，"土地银行"将获得的"利息"按合约规定存入集体成员的个人账户。这一安排具有重要的理论与现实意义，既有效解决了所有权整体性、稳定性、不可分割性与其成员身份的流动性（或者"私有"产权的自由流动）的矛盾，同时也使农民集体所有权对农民而言变得真实，特别是填补了现实中集体内成员不承包农地就无土地（主要指农地）收益的制度漏洞。

（二）农民农地财产所有权实现——承包经营权的财产化

农民农地财产所有权充分、自由实现是未来农地管理制度改革的方向和农地制度变迁的目标。农地承包经营权财产权利的实现是一个复杂的体系，还涉及许多微观的技术设计，鉴于课题的研究任务即机制构建，因此，以下我们从中观层面提出农地承包经营权财产权利的实现机制。

1. 农村土地承包经营权财产权利法律制度体系构建

当前，我国相关法律对农地承包经营权的权能和实现形式界定是不确定的，农地承包经营权的内容由合同约定，承包经营本质上是一种承包合同关系，它发生于发包人和承包人之间，不具有对抗第三人的性质。基于合同取得的土地承包经营权从法理上看属于债权性质，尤其是从土地权利转移来看，转包人取得的权利都是短期性的，承包人也不能自主转让承包权，而必须经过发包人许可。这种权利转让完全属于普通债权的转让方式，与赋予农民长期而有保障的土地使用权的立法目的是不相适应的。因此，明确赋予农民农地承包经营权具有对抗第三人的、排他性的法律地位。

（1）农地承包经营权财产权利界定的法律规制制度

确定农地承包经营权财产权权利地位包括两方面内容：①农地承包经营权的权能的物权化或债权化。一是使用权的物权化。在所有权和使用权分离的产权结构中，使用权是一个重要的物权内容。从政策和法律的规定看，目前我国农民对于承包土地实际上已经具备了物权含义上的使用权。承包虽然属于合同约定的债权关系，但这种承包关系在形式上已经受到了政策、法律的严格规制，突破了契约关系的范畴，具备物权化的基础。再者，明确界定承包经营权中收益权、处分权的债权性质，不仅是合同之债，而且具有债权性的权能，同样受法律保护。二是农地承包经营权法定化。通过法律明确规定农民对已经取得承包经营权的土地享有稳定而受法律保护的占有权、使用权、收益权和处分权及其他所属的各项权能，如处分权中的抵押权。农地承包经营权稳定是物权的一个重要内容。就农村土地而言，承包经营权不稳定所引起的财产归属的不确定性风险直接影响着土地财产的价值。因此，只有通过法律制度赋予承包地（长期）稳定承包经营权，才能真正实现承包经营权的财产权利。①

（2）农村土地承包经营权基本流转方式的法律规制制度

此意义上的法律规制制度，是指以具体规制农村土地承包经营权流转中各种行为及其所产生的社会关系为内容的一系列法律制度。该制度的构建是"农村土地承包经营权权利认定规则"及"农村土地承包经营权流转方式规则"等基础规则的法律化。该法律制度主要以现行的《农村土地承包法》及其配套规章中所规定的几种法定流转方式为主要规制对象，针对农村土地承包经营权流转现实中所反映出的运行效果和规范"漏洞"或"空白"，如抵押、继承等，进行相关流转法律规范的完善和重构。制度建设的重点主要包括对流转各方权利和义务的分析和完善、对流转程序必要的补充、对流转法律关系结束后承包经营权相关权能的归属和相应补偿等具体事项的处理、对流转过程中各类型纠纷的解决规则等方面。在这一法律制度建设中，应当充分尊重大部分农户农村土地承包经营权的流转现实和目的，不能完全以所谓"法律理性"取代农户的经营经验，更不能不考虑实际情况就将仅在局部推行效果较好的流转模式强行推广，这样才能使构建后的法律制度为广大农户所接受和运用，实现法律规制效率的最大化。同时，该法律制度还需要确定修订机制，以便将实践中创造出的有很强推广意义的流转方式及时用法律形式予以确定，使这一机制尽可能做到对实践中可能发生的各种纠纷都设置相应的处理规则。②

总之，当前我国相关法律对农地承包经营权的法律界定还存在许多不足，这给现实中农地承包经营权的流转和财产权利的实现带来了极大困难，这是一个根本性问题，需要首先解决。

2. 农民农地财产所有权实现策略：一个可选择的市场交易机制和方案

（1）积极培育农地产权交易市场

从理论上讲，能够长期使农地财产权利公平实现的措施是建立成熟的农地产权交易市场，因此，当完成前面的基础性工作之后，建立科学、规

---

① 陈明：《农地产权制度与农民土地财产权利保护》，《江汉论坛》2004年第10期。

② 邵华：《我国农村土地承包经营权流转法律问题探析》，《经济法论坛》2012年第00期。

范、高效的农地产权交易市场就势在必行。做好这一工作，可从以下五方面着手：一是按照农地集体所有权者的职责和功能，防止"越位"和"缺位"。一方面，要防止其"侵占"农民以承包经营权为主的各项产权；另一方面，又要避免农地集体所有权者的不作为。在农地制度改革后所有权者应该及时转换角色，在土地产权交易中其主要发挥两个方面功能：对外谈判和对内协调。二是着力培育有助于土地产权交易的中介组织。主要从事包括农地资产估价、农地托管、咨询、信息公开等服务以保证土地产权交易的规范和高效。[①] 三是创新农地产权（即农地经营权）流转形式。继续完善转包、出租、互换、转让、股份合作、租赁等流转方式，将这些农地流转方式逐渐纳入农地产权交易市场。国家要进一步集思广益，挖掘新的土地经营流转形式，如国家鼓励企业法人投资农业，国家支持建立"土地银行"，建立土地产权抵押市场等。四是根据农业发展的新趋势，国家通过优惠政策，鼓励企业、私人及民间组织从事科技农业，以创造和拓宽农地产权交易的需求市场。五是探索建立农地流转筹资机制，为农地流转提供资金支持。[②]

（2）市场交易的一个可选择方案

承接前文分析的"土地银行"，"土地银行"还具有如下功能，即对具有财产性质的承包经营权及其各种权能发挥信用、土地储备与产权交易功能。

①信用功能。"农村土地储备、信用与产权交易所"主要经营以下方面信用业务：一是经营农村土地使用权、经营权的存贷业务。这一业务的基本做法是：农村社区以本社区土地所有者的身份将土地所有权折股投入"土地银行"，本社区成员享有股份收益，同时，社区成员将社区配置给自己的其他产权（如土地使用权或经营权）存入"土地银行"并获取相应的收益，然后，社区内外的居民要获取土地的相关权益都必须到"土地银行"进行借贷才能获得，同时支付相关利息（根据马克思的地租理论，租种任何土地都必须交纳地租）。二是经营农村土地使用权、经营权的抵押业务。三是专门为农村土地开发利用提供金融服务。四是经营土地

---

① 余逢伯：《农村土地制度的非均衡及其变迁》，《改革》2010 年第 6 期。

② 彭新万：《我国农村土地产权清晰化配置与实现——基于农村土地功能变迁视角》，《江西社会科学》2013 年第 6 期。

使用权的信托业务。五是开展发行土地银行债券业务。以上五个方面业务均可参照现有银行的制度或技术进行设计。六是以市场机制为主要手段，代表政府集中进行土地征购、整理、储备和供应。

②农村土地储备和产权交易功能。"土地银行"这一平台将信息发布、市场交易、资金结算、标的转换等功能集于一身，具有多维功能：从土地空间流动的角度讲，一是实现农村社区内部除土地所有权之外的土地其他权能的流转；二是实现农村区域间除土地所有权之外的土地其他权能的流转；三是在所有权属性不变的前提下城郊土地与远郊土地实现发展权转移（依据我国农地占补平衡原则的规定）；四是实现农村土地的市场化转制（国家征用）。从土地资产化角度看，实现农地各项权能的市场价值，捕捉土地增值溢价，特别是捕捉远郊及山区农地增值溢价，以为远郊或山区农村的社会公共服务和新农村建设发挥筹资功能。从管理角度看能实现农村集体成员资格的进入与退出，从经济学角度看又能实现具有集体成员资格者灵活处置农地所有权的经济目标。总之，这一平台极大地降低了农村土地产权交易成本，能够实现农村土地区域内及其区域间土地使用的平衡和开发的补偿，实现土地的融资和开发功能。

（三）国家与农民的农地发展权配置与实现

农地发展权是我国今后必须面对和解决的农地制度改革中的新课题，我们的讨论仅起"抛砖引玉"的作用。

1. 农地发展权的含义

国外对农地发展权的研究始于对土地发展权的研究。当前，土地发展权的提法在我国还仅限于理论界，在实践中并未作为一个明确的概念使用。原国家土地管理局 1992 年编制的《各国土地制度研究》报告认为："所谓土地发展权，就是土地变更为不同性质使用之权，如农地变为城市建设用地，或对土地原有的使用集约度升高。创设土地发展权后，其他一切土地的财产权或所有权是以目前已经编订的正常使用的价值为限。至于此后变更土地使用类别的决定权则属于发展权。"[1] 当前，学者结合我国

---

① 王嘉、金超：《土地发展权：保障控规公平的新思路》，中国城市规划学会：《生态文明视角下的城乡规划——2008 中国城市规划年会论文集》，中国城市规划学会，2008，第 6 页。

国情对土地发展权的相关问题进行了广泛的讨论，形成一些有见地的认识，对本书关于农地发展权的分析有重要的借鉴意义。

本书界定的土地发展权是指土地变更用途使用和对土地原有集约度的改变之权，土地发展权包括农地发展权和市地发展权。基于本书的研究范围，我们仅对农地发展权实现进行相关分析。

农地发展权是指对农地在利用上进行再发展的权利，包括在空间上向纵深方向发展，在使用时变更土地用途之权，简单地说，就是发展农用土地的权利（力）。我们认为农地发展权包括两方面含义：一是农用地转为建设用地（即获取更高价值）的权利；二是可以转为建设用地但又由于某种界定而失去相关权利时要求补偿损失的权利。农地发展权是一项目的性、功利性非常强的制度安排。

2. 农地发展权是一项独立但受限制的财产权

今后我国的农地发展权是为适应农地使用管制和耕地保护的需要而设立的，对发展权拥有者来说，是一项可以独立支配的财产权。[①] 可以独立支配的发展权源于农地的所有权。农地发展权或者是农地所有权的组成部分，或者是从所有权中分离出来的。这一角度展现出农地发展权的财产属性。农地发展权的财产属性，是指允许农地所有权不同主体在其土地上建筑或发展从而享有经济利益的权利，具有物质财富的内容。由于农地的有用性是其经济价值的真正来源，所以，农地发展权在法律上体现为经济利益关系的调整。

但是，农地发展权又是一项受限制的发展权。一方面，农地发展权是国家行政管理权行使的结果，国家公权是其权利来源之一。另一方面，这种源于公权的权利是一项受国家公权限制的财产权，限制手段主要为国家对农地利用实施的用途管制、规划控制等公共干预措施。如禁止耕地转变为住宅和做其他商业用途使用，就是用公权限制了耕地的财产属性，意味着剥夺了土地所有人的财产权，理应予以补偿。[②] 农地发展权性质的界定

---

① 臧俊梅、王万茂、陈茵茵：《农地发展权的价格涵义与价值分析》，《经济体制改革》2009 年第 5 期。

② 王嘉、金超：《土地发展权：保障控规公平的新思路》，载中国城市规划学会《生态文明视角下的城乡规划——2008 中国城市规划年会论文集》，2008，第 6 页。

对农地发展权的配置与归属分析具有重要的意义。

3. 农地发展权的配置

截至目前，我国的农地发展权实践只是零星地体现在一些地区的土地管理工作中，如城市化、工业化中的征地，重庆的"地票"交易，基于耕地总量动态平衡的"先补后占"的农地非农化（浙江模式）。总体来说，目前国内实践中的农地发展权主要体现在农地保护、征地制度和土地产权的完善、失地农民权益的保障等方面。显然，如果对照西方发达国家对土地发展权的配置，当前国内实践中对于农地发展权的理解还有一个不断拓展的空间。在我们看来，我国农地发展权除了上述几项权能之外，还应在保护自然资源、保护古迹、保存开敞空间、保护环境敏感地带、保护生态环境、保护社会公共利益等方面发挥积极作用。

关于农地发展权分类，本书根据农地发展权因农地用途变化产生的利益或限制用途改变使利益受损将农地发展权分为积极的和消极的发展权两方面。

（1）积极的农地发展权或实在发展权。所谓积极的农地发展权，简单地说，主要是指因国家规划，农地转变为城市建设用地或工商用地应享有的权利，农地所有权人能够从中获得大量的收益。这一发展权可称之为实在发展权。

（2）消极的农地发展权或虚拟发展权。消极的农地发展权是指因国家限制农地开发使农地所有权人利益受损，如保护耕地、保护自然资源、保护古迹、保存开敞空间、保护环境敏感地带、保护生态环境、保护社会公共利益以及部分地下权（如矿藏开采）使农地不能得到更高价值的开发或利用。消极的发展权不能在原地行使，只能转让给有高强度开发需要的土地。另外，政府鼓励高开发强度的地方会出现土地发展权不足的情况，他们就需要购买其他区域的土地发展权来满足需求，土地发展权的买方和卖方双方的市场就形成了。这种发展权可称之虚拟发展权。

本书对农地发展权的分类、对农地发展权的归属界定及其财产权实现具有重要意义。当然，本书对农地发展也不能做到穷尽列举，它是一个开放的体系，它必将随着实践工作的深入而不断丰富。

4. 农地发展权的归属

美国的土地发展权归属于土地所有权人，英国的土地发展权归属于国家，这是同为土地私有制国家对土地发展权归属的不同界定。当前，我国实行的农村土地集体"一级"主体所有制度，其制度安排较为复杂，根据本书的观点，未来我们农地所有权主体必须由当前的虚拟、弱化的集体所有权主体结构向实化的国家和农民二级对等平行的产权主体结构演进。因此，未来我国农地发展权的权利主体主要是政府和农民，当前还要妥善处理好集体这一级主体的农地发展权权益问题。

当前，我国学者关于农地发展权的归属问题形成了三种观点。一是农地发展权归国家，即"涨价归公"。如张友安、陈莹认为土地发展权归国家所有有利于土地供应参与宏观经济调控，有利于实施土地利用总体规划，有利于实现"五个统筹发展"。[①] 二是农地发展权归农村集体，即"涨价归私"。如刘永湘等从维护农民土地产权利益的角度，建议土地发展权归农民集体所有。[②] 三是主张农地发展权归属国家和农村集体（农民），即"涨价共享"。戴中亮等认为，农村集体土地发展权具有二元主体，即国家是显性主体，农民是隐性主体，主张将农村集体土地中的集体建设用地的发展权赋予农民。[③] 刘国臻提出以农地发展权的表现形式（即土地性质是否改变）为依据，改变土地使用性质的土地发展权归国有，包括农用地变更为建设用地之权和未利用土地变更为农用地或建设用地之权；土地使用性质不变，但对原有土地增加投入而形成的发展权归土地使用权人所有，包括农用地性质不变、承包人增加对农用地的投入而形成的发展权和在建设用地上进行建设而形成的发展权。[④] 农地发展权的权利主体问题涉及政府、土地所有者、土地使用人等各方对土地增值收益的分割。"涨价归公"着重公权的作用，看似有管制效率，但缺乏公平，农地保护与农民利益得不到有效保障；"涨价归私"着重私权的利益，太过激

---

① 张友安、陈莹：《土地发展权的配置与流转》，《中国土地科学》2005年第5期。
② 刘永湘、杨明洪：《中国农民集体所有土地发展权压抑与抗争》，《中国农村经济》2003年第6期。
③ 戴中亮、杨静秋：《农村集体土地发展权的二元主体及其矛盾》，《南京财经大学学报》2004年第5期。
④ 刘国臻：《中国土地发展权论纲》，《学术研究》2005年第10期。

进，其可操作性差，也易造成分配不公。① 我们基本赞同农地发展权"共享"，即"二元主体"，但不认同以农地是否改变性质为根据界定农地发展权归属。我们认为，我国农地发展权应该是"共享"，即"二元主体"——国家和农民，基于两个方面思考：一是前文构建的三级对等平行产权主体结构（主要强化国家和农民的平等地位）表明，它们应该平等地享有不同的农地发展权；二是从土地发展权的发生学角度分析。土地发展权的发生，从相关理论分析和我国当前的实践看，源于国家的发展战略、城市规划、非农用地供应政策和城市化速度。在上述四个因素的共同作用下，只有处在特定位置的土地非农使用，才可能产生较高的土地发展权增益。土地发展权增益从本质上说来源于社会发展，是社会大众共同努力的成果，却因诸多因素的共同影响而聚集于个别地块之上。关于土地发展权增益的分配，孙中山先生很早就从理论上有所论及，并提出了相应的分配原则，这构成其"平均地权"思想的重要组成部分。孙中山指出："地价高涨，是由于社会改良和工商进步。……这种进步和改良的功劳，还是由众人的力量经营而来的；所以由这种改良和进步之后，所涨高的地价，应该归之大众，不应该归之私人所有。"② "如果上海的人完全迁出上海，广州的人完全迁出广州……试问上海、广州的地价，还值不值现在这样高的价钱呢？由此可见土地价值之能够增加的理由，是由于众人的功劳，众人的力量；地主对于地价涨跌的功劳，是没有一点关系的。"③ 在我们看来，孙中山先生关于土地发展权的分配思想，对当前我国农地发展权的权益配置具有重要启示意义，即农民至少也可以看成与国家平行对等的主体享有农地部分发展权。

根据以上分析，我国农地发展权在国家、集体和农民之间做如下配置。

（1）国家和农民共享积极或实在的农地发展权。一是基于国家是国土资源所有权主体的考虑。首先，包括农地在内的土地发展权源于国家行政管理权；其次，从终极权利角度看，任何国家的土地国家都享有终极所

---

① 王永莉：《国内土地发展权研究综述》，《中国土地科学》2007 年第 3 期。

② 孙中山：《三民主义》，岳麓书社，2000，第 200 页。

③ 孙中山：《孙中山文集》上册，团结出版社，1997，第 195 页。

有权，这种终极的所有权主要表现在国家对土地的规划或用途管制方面，体现在关乎重大生态利益和社会整体经济利益等农地发展权方面。国家可以通过税收形式参与农地增值收益的分配。对于农地非农化使用产生的"农用地用途转换性增值"，该收益差额部分应归国家享有。二是基于农民是农地财产所有权主体的考虑。因为农民是实实在在的农地财产所有权主体，这是农地发展权财产权属性的最重要体现。这样既有效率，又体现公平。

（2）农民单独享有消极或虚拟的农地发展权。一是农地发展权主要由国家规划引起，没有进入国家规划区域的农地从形式上看没有取得农地发展权；二是消极的农地发展权是一种潜在的利益问题；三是基于国家的限制行为引发的发展权限制。国家限制的结果是国家实现自身的利益，而只有农民权益（直接经济利益）受损，如上文所说的保护耕地、保护生态环境等，使农地不能得到更高价值的开发或利用。

（3）农村集体享有农地的部分发展权——基于提供地方公共服务。当前，集体这一级主体仍要享有一部分农地发展权。集体享有农地发展权，主要是为适应农村集体规模经营的需要，促进农村集体经济的发展，如农村集体经济组织统一经营的土地再投入之权可归集体支配。如果从发展权价值实现角度看，集体享有的发展权收益主要用于集体内公共服务。集体经济组织作为农地的实际所有人，应获得绝对地租和因农地自然条件差异及集体经济组织对本区域内的水利、交通等基础设施进行投资建设所形成的级差地租。

5. 农地发展权转移方式

农地发展权转移是指农地所有权人可将发展权让渡，让渡的发展权在转让地块上作废，但可以在受让地块上与其现有的发展权相加存在。失去农地发展权后，农地权利人因此获取价值上的补偿，即农地发展权财产权实现。农地发展权转让计划成立的前提是农地所有权人拥有的权利束，包括土地使用权、处分权、收益权以及相关权能（分支），如租赁权、遗赠权、抵押权，以及依法在土地上建房和开矿的权利是明确的，这些权利的一部分或者全部都可以转让给他人。

（1）消极的或虚拟的农地发展权转移——国家购买。对于诸如，国家应根据社会发展水平出资向农民购买，农民将自己的基本农田自主耕作权出卖后，只能将基本农田用于粮食生产，不得改变土地用途。国家购买消极或虚拟的农地发展权就是以最小的代价实现国家和农民利益的平衡与双赢。① 当前，国家的农业补贴制度具有这一层意识。

（2）农地非农化——市场为主，辅之以政府征收。当前，农地转变为城市或工业用地，国家垄断了一级市场，即征地。实际上是国家否定了农地的发展权。通过农地发展权交易市场，以国家购买为主、农民共同参与的农地发展权转移，是对现有农地征用制度改变最小的一种方式，只是将原来的土地征收变为国家购买农地发展权，将原来纯粹的土地低价征收变成平等主体的市场行为，将国家和用地机构、农民（或农民集体）放在平等的买卖双方的位置上，才能公平、公正、公开实现各方的农地发展权益。

关于国家征收，我们认为，国家征收只能作为农地非农化的一种补充形式，主要基于公共服务和公共利益的需要而存在。在具体实施中，要严格将国家对农地征收限制在公益性用地（如学校用地、道路以及其他公共用地）范围内，经营性或商业性用地排除在土地征收范围之外。经营性或商业性建设用地对应的发展权则归农村集体（主要归集体成员——农民所有），必须通过市场方式进行转移。

（3）农地发展权异地转移——农村集体充当"中介人"的购买与销售。根据耕地总量动态平衡和先补后占的原则，农村集体若要出售积极的农地发展权给国家，首先必须要获得该农地发展权出售的权利，那么，该农村集体则要从其他区域购买相应的农地发展权，把其他区域相应的农地发展权转移到本集体农地上。如 A 区在国家规划下需要将农地转变为城市和工业建设用地，但 A 区由于受制于耕地保护的法律约束，不能将本区的农地转为建设用地。B 区远离规划区，可通过开垦、复垦等方式增加农用地。根据同地同权原则，B 区新增农地同样具有发展权。由此，A 区可向 B 区购买农地发展权，而本区的农地发展获得了出售的权利。这一

---

① 周四丁：《基本农田发展权国家独享：弊端与化解策略》，《湖南农业大学学报》（社会科学版）2011 年第 1 期。

利用方式，使 A 区和 B 区的农地发展权转移都得到了实现。通过农地发展权转移来提升农村偏远地区的建设用地价值，鼓励农民积极参与新农村建设和乡村土地综合治理工作，在保证耕地面积不减少的前提下，将节约出来的建设土地指标转移给经济发达地区用于城市建设，用土地指标换来创业、发展、建设美好家园的大量资金，使城市与乡村资源相互流动、相互支持，实现城乡统筹发展。[①]

（4）农村集体自己开发利用的农地发展权——直归农民。农村集体自己开发利用的农地发展权主要指集体的非农业用地，即集体建设用地（包括流转出来的农村宅基地等），也只限于积极或实在土地发展权，主要因为虚拟的或消极的土地发展权不能在原地实现。农村集体开发利用的土地发展权首先应该将不同集体所有土地上的等量实在土地发展权集中起来，然后由全体村民集体决定如何行使，不再受土地利用规划的限制。

6. 农地发展权"指标"交易机制——一个可选择的方案[②]

指标交易实践首推重庆的"地票"交易，但它仅限于农村宅基地及其附属设施用地、乡镇企业用地、农村公共设施和农村公益事业用地等农村集体建设用地，经过复垦并经土地管理部门严格验收后产生的指标可以进行交易，即相关发展权转让。因此，重庆"地票"交易制度对农地非农化的作用有限。本书设置的指标除了上述重庆"地票"交易制度中界定的之外，还包括国家对各地下达的建设用地指标（主要是指节余指标）以及新开垦的农用地。本书设计的农地发展权指标交易其目的就是实现合法获得的可以转变为建设用地的指标在区域内及区域间的自由交易，增强并实现农地的资产性功能。

在该交易中，国家采用总量管制及区域间余缺交易的管理和交易模式，相关区域所获得的建设用地配额是在限额与市场机制下由管理者确定和分配（或拍卖）的，即国家设置一个各地区建设用地使用量的上限，

---

① 徐燕鹏：《城乡统筹发展与土地发展权转移动力及实现研究》，《河南师范大学学报》（哲学社会科学版）2011 年第 4 期。

② 彭新万、陈海丹：《统筹城乡发展中农村宅基地使用权流转机制构建——基于江西省部分市（区）、县农村宅基地使用权流转现状的分析》，《求实》2012 年第 5 期。

受该体系管辖的每个区域将从国家那里分配到相应数量（存在区域差别）的"分配数量单位"。在规定时期内，如果一些区域建设用地使用数量低于该分配数量，则剩余的"分配数量单位"可以通过农地发展权交易市场有偿转让给那些实际使用量高于其国家分配量的区域；反之，则必须到市场上购买超额的"分配数量单位"，否则，将会受到重罚。

指标设计应注意两个问题：一是指标分配的合理性。合理性，主要是指不同区域的指标分配所包括的数量（即宅基地使用权面积）是不同的，这种差别分配是保证18亿亩耕地"红线"的重要条件。二是要合理评估不同区域之间指标质的差别，即指标的公平性及效率性。我国不同区域土地质量（包括地理位置）不同，其土地的经济价值也不同；另外，不同区域的发展存在较大的差异，土地的升值空间也大不相同。因此，从土地"质"（土地价值）的角度，有必要根据不同区域土地的实际情况，将全国的土地进行分类。例如，设 A 类地区的 1 亩土地的质量（或价值）为 1，B 类同量土地面积的质量（或价值）为 0.5，那么 B 类地区 2 亩土地相当于 A 类 1 亩土地，以此类推，[①] 形成不同区域之间的指标转换率。这样，可以保证农地发展权跨区域交易的公平和效率。

三　农地财产所有权主体资格（农民）取得制度再讨论与重构

现阶段，集体成员身份的取得是农地权益获取的唯一依据。今后，随着农地制度和户籍制度改革的深化，这一制度何去何从，值得大家思考。

1. 现有制度关于集体土地成员权（资格）的规定与问题

现阶段，集体成员权的取得仍是采取传统的方式，即以农业户籍为首要条件的成员权取得制度，包括两个方面：一是原始取得，二是加入取得。具体地讲，①在各集体依据历史的居住事实成为集体成员的成年的自然人。②依据社会习惯和公平正义原则，因婚姻、出生、收养等成为社区集体家庭成员的任何年龄的自然人。③依据社区集体章程规定的条件，经

---

① 马万里、陈玮：《城市化与耕地保护——对我国城乡建设用地合理流转机制的构想》，《经济社会体制比较》2009 年第 3 期。

集体自治决议接纳为集体成员的自然人。另外，《农村土地承包法》《婚姻法》等相关法律还就 10 类特殊集体成员资格的认定做出明确规定和详细说明。

集体成员资格的丧失包括以下几种情况。①死亡。集体成员死亡，当然丧失集体成员资格。死亡包括自然死亡和宣告死亡。②集体成员转为城镇居民而获得城镇社会提供的生活保障的。如大学毕业后户籍转入城镇，在城镇有正式工作并办理了劳动社会保障的。③集体成员加入另一社区集体组织，即丧失原集体组织集体成员资格。例如，A 村民小组的女子嫁给 B 村民小组的男子，到 B 村民小组居住生活的，即应取得 B 村民小组成员资格，同时丧失 A 村民小组成员资格。

总之，集体成员的资格取得是基于集体范围内自然人因其居住于社区集体而与集体土地世代相传的自然关系以及由伦理习惯决定的与社区集体的生活联系，在集体存在期间除非这种身份关系被改变，否则其集体成员的资格不丧失，集体不得以任何理由剥夺某个集体成员的资格，也不得以任何理由拒绝符合取得条件的自然人取得集体成员资格。[①]

现阶段集体成员资格取得有一个显著特点，即集体成员权无偿取得。因为它是以农业户籍的存在为基本条件，取得集体中农业户籍就意味着从法律上自然成为集体成员。无偿取得制度的形成有其深刻的历史与社会经济原因。

但是，这一制度使得农村土地所有权主体与所有权主体成员的关系日益僵化，这种与农业户籍捆绑的集体土地所有权成员资格取得制度一方面成为户籍制度改革的桎梏，另一方面又严重影响土地特别是农地流转制度的改革。

2. 重建农地财产所有权主体资格取得制度

我们认为，今后我国农地财产所有权主体资格取得应该实行"盘活存量、创新增量"的双轨制。

（1）存量——"旧人"旧办法。这是历史的继承。以某时间点为截止点，对于现阶段已具有成员资格的集体成员依法承接，这就是集体成员

的自然取得制度。

（2）增量——新增人口的农地财产所有权资格取得制度创新。关于新增人口农地财产所有权资格的确定，我们的原则是突破"天赋地权"，换句话说，即上述成员资格条件中"因婚姻、出生、收养等成为农村社区成员的任何年龄的自然人"不能无条件地获得该农村社区农地财产所有权。

①家庭新出生（包括收养）人员的集体成员资格可采取继承或购买方式取得，避免"天赋地权"对非本社区成员特别是城镇居民造成的新的不公平。

②因婚姻等进入 A 集体的成员应该保留原集体（B）成员权（主要指土地权益），但该人员享有新进 A 集体其他具有公共服务性质的相关权益，其土地权益关系不变。

③建立农地所有权主体资格的"进入与退出"机制，并借以实现具有相关权能的财产权利。如前所言，一是建立非本农村社区农地财产所有权主体资格的非自然取得制度。非自然取得的政策安排可确定其他社区成员（指非因婚姻、出生、收养的事实）进入该农村社区的标准，如可量化为付费（购买）、居住年限、对本社区发展所做贡献等。二是制定本农村社区农地财产所有权主体资格的退出机制。退出机制有两层含义：一方面，指放弃凭该"资格"应享有的权益。另一方面，凭"资格"获取的农地财产所有权各项权能可以进行转让和交易。

我们认为，农村社区农地财产所有权主体资格的"进入与退出"机制，是农村土地管理制度改革进一步深化的重要条件，有效地保证了农地的公有性质的完整性、不可分割性与农地财产所有权主体资格的分割、流动性结合起来，实现了农地财产权；同时，上述制度的建立能够有效打破城乡之间人口双向（迁移）流动的制度壁垒，有效地推动了城乡统筹发展。

第六节　小结

本章基于联动视角，运用系统方法构建了一个"统分结合、纵横交互、双层联动"的户籍、社会保障与土地管理制度联动机制，"一级"联动机制具有核心地位，对"次级"联动机制的构建起到指导作用。"次级"联动机制之一，即以居住证为核心的城乡一元化人口管理机制，其本质是实现社会公平和城乡公民权利的平等，其最终目标不仅是要拆除城乡之间的制度壁垒，同时也要拆除城市之间、地区之间的制度藩篱，最终实现全域中国城乡居民的自由迁移；"次级"联动机制之二，即城乡一体化社会保障机制，先易后难，分三阶段逐步实现城乡社会保障的完全接轨，彻底实现城乡居民的社会保障和公共产品的公平供给；"次级"联动机制之三，即农村土地财产权实现机制，其目的是实现城乡土地的同等国民待遇，公平实现农民的土地财产权。通过"统分结合、纵横交互、双层联动"模式的有效运行，促进城乡人口自由流动或迁移，促进农地产权自由流转，进而促进城乡协调发展。

主要参考文献

一　著作类

[1] 保罗·A. 萨缪尔森等：《经济学》（中文版），中国发展出版社，1992。

[2] 〔德〕卡尔·拉伦茨：《德国民法通论》（上），王晓晔、邵建东等译，法律出版社，2003。

[3] 〔美〕R. 科斯、A. 阿尔钦、D. 诺思等：《财产权利与制度变迁》，上海三联书店、上海人民出版社，1994。

[4] 〔美〕科尔曼：《社会理论的基础》，邓方译，社会科学文献出版社，1990。

[5] 〔美〕斯蒂文·G. 米德玛：《科斯经济学》，罗君丽译，上海三联书店，2007。

[6] 〔日〕青木昌彦：《比较制度分析》，上海远东经济出版社，2001。

[7] 〔美〕诺思：《经济史中的结构与变迁》，上海三联书店、上海人民出版社，1994。

[8] 〔美〕诺思：《经济史上的结构和变革》，商务印书馆，1992。

[9] 〔美〕V. 奥斯特罗姆、D. 菲尼等编《制度分析与发展的反思——问题与抉择》，商务印书馆，1992。

[10] 陈道主编《经济大词典·农业经济卷》，上海译文出版社，1983。

[11] 陈吉元等：《中国农村社会经济变迁（1949～1989）》，山西经济出版社，1993。

［12］邓大松：《社会保险比较论》，中国金融出版社，1992。

［13］樊纲：《渐进之路：对经济改革的经济学分析》，中国社会科学出版社，1993。

［14］冯玉华：《中国农村土地制度改革理论与政策》，华南理工大学出版社，1994。

［15］郭书田、刘纯彬等：《失衡的中国》，河北人民出版社，1990。

［16］郭熙保：《农业发展论》，武汉大学出版社，1995。

［17］柯武刚、史漫坛：《制度经济学》，商务出版社，2002。

［18］李德彬：《中华人民共和国经济史简编》，湖南人民出版社，1987。

［19］林毅夫：《制度、技术与中国农业发展》，上海三联书店，1992。

［20］林万龙：《中国农村社区公共产品供给制度变迁研究》，中国财政经济出版社，2003。

［21］雷原：《家庭土地承包制研究》，兰州大学出版社，1999。

［22］卢现祥：《西方新制度经济学》，中国发展出版社，1996。

［23］陆益龙：《户籍制度——控制与社会差别》，商务印书馆，2003。

［24］刘承韪：《中国农村土地制度变迁研究：产权与政治》，法律出版社，2012。

［25］刘伟：《经济改革与发展的产权制度解释》，首都经贸大学出版社，2000。

［26］《马克思恩格斯选集》第二卷，人民出版社，1972。

［27］《毛泽东选集》第5卷，人民出版社，1977。

［28］潘莉编著《中国社会保障的经济分析》，经济管理出版社，2006。

［29］宋洪远：《改革以来中国农业和农村经济政策演变》，中国经济出版社，2000。

［30］宋洪远等：《"九五"时期的农业和农村经济政策》，中国农业出版社，2002。

［31］宋洪远等编著《"十五"时期农业和农村政策回顾与评价》，中国农业出版社，2006。

［32］田国强：《激励、信息与经济机制》，北京大学出版社，2000。

［33］王景新：《中国农村土地制度的世纪变革》，中国经济出版社，2001。

[34] 温铁军：《中国农村基本经济制度研究：三农问题的世纪反思》，中国经济出版社，2000。

[35] 肖文海等：《中国社会主义市场经济理论》，经济管理出版社，2011。

[36] 殷志静、郁奇虹：《中国户籍制度改革》，中国政法大学出版社，1996。

[37] 张朝尊主编《中国社会主义土地经济问题》，中国人民大学出版社，1991。

[38] 张五常：《经济解释》，商务印书馆，2000。

[39] 张进铭：《政府在经济发展中的作用》，经济管理出版社，2001。

[40] 张宇主编《中国模式：改革开放三十年以来的中国经济》，中国经济出版社，2008。

[41] 赵树凯：《纵横城乡：农民流动的观察与思考》，中国农业出版社，1998。

[42] 周诚主编《土地经济学》，中国农业出版社，1989。

二　论文类

[1] 安宇宏：《土地流转市场》，《宏观经济管理》2008年第11期。

[2] 安徽省财政厅课题组陈先森、吴天宏：《户籍制度改革与社会保障关系研究》，《经济研究参考》2011年第58期。

[3] 戴中亮、杨静秋：《农村集体土地发展权的二元主体及其矛盾》，《南京财经大学学报》2004年第5期。

[4] 蔡昉：《农村剩余劳动力流动的制度性障碍分析——解释流动与差距同时扩大的悖论》，《经济学动态》2005年第1期。

[5] 陈海秋：《建国以来农村土地制度的历史变迁》，《南都学坛》（人文社会科学）2002年第5期。

[6] 陈成文、孙中民：《二元还是一元：中国户籍制度改革的模式选择——国际经验及其启示》，《湖南师范大学社会科学学报》2005年第2期。

[7] 陈名村、孙颖：《美国土地发展权制度对我国的借鉴意义》，《决策与

信息》（财经观察）2008 年第 8 期。

[8]　陈明鉴：《德国土地利用规划的成功点》，《中国土地》1998 年第 11 期。

[9]　陈利根：《国外（地区）土地用途管制特点及对我国的启示》，《现代经济探讨》2002 年第 3 期。

[10]　陈明：《农地产权制度与农民土地财产权利保护》，《江汉论坛》2004 年第 10 期。

[11]　陈学法：《二元结构变迁中的户籍制度与土地制度变革》，《宏观经济研究》2009 年第 12 期。

[12]　陈天祥：《论政府在制度变迁中的作用》，《中国行政管理》2001 年第 10 期。

[13]　程承坪：《所有权、财产权及产权概念辨析——兼论马克思所有制理论与现代产权理论的异同》，《社会科学辑刊》2007 年第 1 期。

[14]　曹正汉：《传统公有制经济中的产权界定规则：控制权界定产权》，《经济科学》1998 年第 3 期。

[15]　曹景椿：《户籍制度改革存在四大问题》，《农村工作通讯》2002 年第 6 期。

[16]　崔世春：《论财产所有权、法人财产权和产权的关系》，《经济学家》1999 年第 3 期。

[17]　崔庆五：《关于成都户籍制度改革模式的几点思考》，《人口与经济》2012 年第 2 期。

[18]　董溯战：《英国社会保障制度中的国家、市场与社会作用之比较分析》，《宁夏社会科学》2003 年第 6 期。

[19]　接栋正：《国外民事登记制度及其对我国户籍制度改革的启示》，华东师范大学博士学位论文，2009。

[20]　狄佳、周思聪：《户籍制度改革的新制度经济学分析》，《社会科学论坛》（学术研究卷）2007 年第 3 期。

[21]　费孝通：《从实求知》，《社会学研究》2000 年第 4 期。

[22]　付英：《美国土地资源的严格保护和有效使用》，《山东国土资源》2006 年第 2 期。

［23］方西屏：《联邦德国的土地交易》，《中国土地科学》1994 年第 1 期。

［24］高尚全：《土地制度改革的核心是建立新型的产权制度》，《经济研究》1991 年第 3 期。

［25］高和荣：《论中国二元社会保障制度实施的必然性及其整合途径》，《经济问题探索》2003 年第 6 期。

［26］高萍：《新制度经济学的国家理论及其启示》，《中南财经大学学报》2000 年第 6 期。

［27］公维才：《我国社会保障制度城乡二元结构形成及固化原因分析》，《甘肃理论学刊》2008 年第 3 期。

［28］耿永志：《试析我国农村土地制度与社会保障的关联》，《价格月刊》2009 年第 1 期。

［29］耿永志：《农村社会保障与农地制度的关系研究》，河北农业大学博士论文，2010。

［30］郭奕晶：《谈与户籍改革相关的配套制度改革》，《世纪桥》2010 年第 5 期。

［31］郭秀云：《大城市户籍改革的困境及未来政策走向——以上海为例》，《人口与发展》2010 年第 6 期。

［32］韩经超：《改革开放以来中国社会保障制度冲突研究》，吉林大学博士论文，2009。

［33］胡杨：《中国农村社会保障改革的路径依赖与制度创新》，《兰州学刊》2006 年第 1 期。

［34］韩斌会：《重庆户籍制度改革的思考》，《农村经济与科技》2012 年第 8 期。

［35］韩松：《论成员集体与集体成员——集体所有权的主体》，《法学》2005 年第 8 期。

［36］何关新：《在城乡统筹中推进社会保障一体化》，《中国医疗保险》2012 年第 3 期。

［37］胡燕：《基于户籍制度改革的"成都样本"思考》，《西北人口》2011 年第 6 期。

［38］黄忠怀、吴晓聪：《建国以来土地制度变迁与农村地域人口流动》，《农村经济》2012 年第 1 期。

［39］黄祖辉、王朋：《基于我国农村土地制度创新视角的社会保障问题探析》，《浙江社会科学》2009 年第 2 期。

［40］黄泽君：《成都：社会保障民生树下的幸福生活——成都人力资源和社会保障事业发展改革启示录》，《四川日报》2013 年 3 月 6 日第 8 版。

［41］黄亚琪：《国外户籍制度》，《观察与思考》2005 年第 22 期。

［42］黄雄：《日本农村社会保障制度的特色及其启示》，《亚太经济》2011 年第 3 期。

［43］姜国祥：《"三农"问题的制度性原因解析》，《上海农村经济》2006 年第 6 期。

［44］江立华：《中外户籍登记与管理制度的比较——兼谈我国户籍制度改革的方向》，《廊坊师范学院学报》2002 年第 1 期。

［45］金群、陈婕、李幼平：《土地利用规划环境影响评价方法之国际比较分析》，载《生态文明中的土地问题研究》，2008。

［46］赖志杰：《论城乡一体化社会救助体系的构建》，《财政研究》2010 年第 3 期。

［47］李敬、张阳艳、熊德平：《制度创新与统筹城乡发展——来自重庆统筹城乡综合配套改革试验区的经验》，《农业经济问题》2012 年第 6 期。

［48］李春根、应丽：《透过全国社会保障审计报告看四大问题》，《审计与理财》2013 年第 2 期。

［49］李红兵、严蓉、赵静、杨从尧：《成都统筹城乡户籍制度改革研究》，《学理论》2012 年第 13 期。

［50］李烈：《德国小城镇户籍制度管理办法》，《福建改革》1998 年第 8 期。

［51］李铮：《论迁移自由与我国户籍制度改革》，河南大学硕士论文，2010。

［52］李巧莎、贾美枝：《日本农村社会保障制度的演变及其启示》，《日

本问题研究》2008 年第 2 期。

[53] 李茂：《美国土地利用规划特点及其对我国的借鉴意义》，《国土资源情报》2009 年第 3 期。

[54] 李光宗：《英国政府如何干预土地政策》，《学习时报》2009 年 9 月 8 日。

[55] 李波：《发达国家的土地利用规划制度及借鉴意义》，《中国城市经济》2011 年第 1 期。

[56] 李萍、胡雯：《统筹城乡发展中的政府与市场关系：成都例证》，《改革》2010 年第 1 期。

[57] 李丽辉：《技术进步对劳动力流动的效应分析》，西北大学博士学位论文，2007。

[58] 李静霞：《中国农村劳动力转移对农村经济的收入效应和分配效应》，上海财经大学博士学位论文，2002。

[59] 李学斌：《我国大城市现行户籍制度与突破的理性思考》，《上海城市管理》2010 年第 4 期。

[60] 李亚青、申曙光：《我国三大医保制度整合的现实基础分析》，《中国医疗保险》2010 年第 1 期。

[61] 李伟伟、张云华：《农民家庭土地承包经营权及其政策界定》，《改革》2012 年第 8 期。

[62] 林红玲：《西方制度变迁理论述评》，《社会科学辑刊》2001 年第 1 期。

[63] 林毓铭：《转型期中国特色社会保障体制问题探析》，《社会工作》1998 年第 4 期。

[64] 梁书民：《日本的土地制度与农业政策及启示》，《农业经济问题》2011 年第 9 期。

[65] 刘畅：《制度排斥与城市农民工的社会保障问题》，《社会福利》2003 年第 7 期。

[66] 刘灿、韩文龙：《农民的土地财产权利：性质、内涵和实现问题——基于经济学和法学的分析视角》，《当代经济研究》2012 年第 6 期。

［67］刘凡镇：《改革开放以来中国户籍法律制度改革评析》，《太原城市职业技术学院学报》2009 年第 12 期。

［68］刘书楷：《纵论近现代世界各国土地制度改革理论研究的趋向》，《中国农村经济》1992 年第 2 期。

［69］刘书楷、曲福田：《论发展中的土地经济学及其学科建设》，《中国土地科学》2003 年第 4 期。

［70］刘永湘、杨明洪：《中国农民集体所有土地发展权压抑与抗争》，《中国农村经济》2003 年第 6 期。

［71］刘国臻：《中国土地发展权论纲》，《学术研究》2005 年第 10 期。

［72］刘国臻：《论美国的土地发展权制度及其对我国的启示》，《法学评论》2007 年第 3 期。

［73］刘明明：《土地发展权的域外考察及其带来的启示》，《行政与法》2008 年第 10 期。

［74］黎娟娟：《对林毅夫比较优势战略的再思考——重读林毅夫〈中国的奇迹：发展战略与经济改革〉》，《改革与战略》2010 年第 1 期。

［75］龙丹：《美国土地管理制度及其对我国的启示》，载《生态文明中的土地问题研究》，2008。

［76］陆益龙：《1949 年后的中国户籍制度：结构与变迁》，《北京大学学报》（哲学社会科学版）2002 年第 2 期。

［77］陆文强：《中国农村家庭承包制的形成与发展》，《中国经济史研究》1994 年第 2 期。

［78］陆光顺、黄跃东：《借鉴德国经验探讨我国农村土地利用规划》，载福建省土地学会《"科学合理用地，推进海西建设"——福建省土地学会 2006 年学术年会论文集》，2007。

［79］陆冠尧、潘科：《国外及台湾地区土地用途管制制度研究比较》，《广东土地科学》2005 年第 2 期。

［80］罗必武：《联邦德国的土地管理》，《世界农业》1985 年第 10 期。

［81］马万里、陈玮：《城市化与耕地保护——对我国城乡建设用地合理流转机制的构想》，《经济社会体制比较》2009 年第 3 期。

［82］马瑞：《户籍制度改革的进程、现状及问题思考》，《中国集体经

济》2010 年第 7 期。

[83] 马福云：《当代中国户籍制度变迁研究》，中国社会科学院研究生博士学位论文，2001。

[84] 马福云：《中国户籍制度改革的困境及其求解——以成都户籍制度改革为例》，《北京科技大学学报》（社会科学版）2011 年第 3 期。

[85] 梅德平：《国家与制度变迁：新制度经济学的国家理论述评》，《高等函授学报》（哲学社会科学版）2003 年第 2 期。

[86] 牛振平、钟家玉：《美国的社会保障制度建设给我国的启示》，《重庆与世界》2011 年第 11 期。

[87] 戚如强、张云德：《试析"三农"问题的两大制度成因》，《中国地质大学学报》（社会科学版）2004 年第 1 期。

[88] 秦明周：《美国的土地利用规划与保护的特色》，《中国农业资源与区划》2001 年第 6 期。

[89] 邱鹏飞、雍国玮、郝思特·绍尔：《德国土地利用规划中的两阶段公众参与》，载中国土地学会《21 世纪中国土地科学与经济社会发展——中国土地学会 2003 年学术年会论文集》，2003。

[90] 阮建青：《中国农村土地制度的困境、实践与改革思路——"土地制度与发展"国际研讨会综述》，《中国农村经济》2011 年第 7 期。

[91] 任远：《中国户籍制度改革的路线图》，科学在线网，2012 年 7 月 24 日。

[92] 邵华：《我国农村土地承包经营权流转法律问题探析》，《经济法论坛》2012 年第 1 期。

[93] 邵彦敏：《中国农村土地制度研究》，吉林大学博士学位论文，2006。

[94] 师俊伟：《〈经济史上的结构和变革〉中诺思的制度变迁思想》，《中国证券期货》2012 年第 4 期。

[95] 苏志霞、王文录：《论户籍制度的功能定位》，《河北师范大学学报》（哲学社会科学版）2007 年第 2 期。

[96] 孙健夫、张士军：《英国社会保障制度对我国的启示：借鉴与创新》，《甘肃社会科学》2002 年第 5 期。

［97］孙顺：《日本户籍制度的今与昔》，《中国信息报》2010 年 9 月 8 日。

［98］孙强、蔡运龙：《日本耕地保护与土地管理的历史经验及其对中国的启示》，《北京大学学报》（自然科学版）2008 年第 2 期。

［99］史志强：《国外土地流转制度的比较和借鉴》，《东南学术》2009 年第 2 期。

［100］汤玉权：《论户籍制度改革与农村土地制度的变革——对四川省南充市马桥村的调查分析》，《东南学术》2006 年第 1 期。

［101］唐红波、唐红超：《中英土地利用规划比较》，《国土资源》2004 年第 2 期。

［102］唐亮：《统筹城乡背景下的重庆户籍制度改革研究》，重庆工商大学硕士学位论文，2012。

［103］唐红波、娄文龙：《美国土地利用规划研究及其对我国的启示》，《浙江国土资源》2005 年第 5 期。

［104］唐顺彦、杨忠学：《英国和日本土地用途管制》，《中国国土资源报》2001 年 1 月 19 日。

［105］陶然、史晨、汪晖、庄谷中：《"刘易斯转折点悖论"与中国户籍—土地—财税制度联动改革》，《国际经济评论》2011 年第 3 期。

［106］田波：《论城乡一体化背景下的社会保障制度》，《生产力研究》2011 年第 11 期。

［107］田夫：《英国社会保障制度纵览》，《国外社会科学情况》1995 年第 3 期。

［108］囤兴侠、戴媛媛：《日本农地制度的变迁对我国农地制度改革的启示》，《经济师》2010 年第 10 期。

［109］万谊娜：《基于齿轮机理的医保、医疗与医药改革联动机制》，《改革》2009 年第 9 期。

［110］王菊英：《二元户籍制度改革与农村土地集体所有之关系论析》，《贵州大学学报》（社会科学版）2009 年第 2 期。

［111］王旭辉：《关于农村土地流转问题的思考》，《领导萃文》2009 年

第 2 期。

[112] 王嘉、金超：《土地发展权：保障控规公平的新思路》，载中国城市规划学会《生态文明视角下的城乡规划——2008 中国城市规划年会论文集》，2008。

[113] 王善于：《论统筹欠发达地区城乡社会保障》，《发展》2009 年第 8 期。

[114] 王永莉：《国内土地发展权研究综述》，《中国土地科学》2007 年第 3 期。

[115] 王海光：《2000 年以来户籍制度改革的基本评估与政策分析——21 世纪以来中国城镇化进程中的户籍制度改革问题研究之一》，《理论学刊》2009 年第 5 期。

[116] 王慧娟：《试析统筹城乡发展战略的提出背景和实现途径》，《产业与科技论坛》2008 年第 3 期。

[117] 王雨濛：《土地用途管制与耕地保护及补偿机制研究》，华中农业大学博士学位论文，2010。

[118] 王德平、王健平：《城乡社保并轨的"全域成都"》，《中国人力资源社会保障》2011 年第 6 期。

[119] 王佩玲：《试析英国社会保障制度改革》，《世界经济情况》2006 年第 20 期。

[120] 王川、邢譓玲、陈涛：《德国社会保障制度现状以及对我国的启示》，《行政与法》2008 年第 1 期。

[121] 王宇洲：《英国：规划保护农地灵活多样》，《中国社会报》2007 年 4 月 23 日。

[122] 韦红：《德国农村社会保障政策的特点与启示》，《新视野》2007 年第 3 期。

[123] 魏莉华：《美国土地用途管制制度及其借鉴》，《中国土地科学》1998 年第 3 期。

[124] 魏清盛：《中国农村土地集体所有制问题分析》，四川大学硕士学位论文，2005。

[125] 翁仁木：《对我国户籍制度变迁的经济学思考》，《宁夏社会科学》

2005 年第 3 期。

[126] 吴玲、周思山、周冲：《发达国家农村土地流转制度对我国的启示》，《宿州学院学报》2012 年第 1 期。

[127] 吴殿廷、虞孝感、查良松等：《日本的国土规划与城乡建设》，《地理报》2006 年第 7 期。

[128] 吴玲、周思山、周冲：《发达国家农村土地流转制度对我国的启示》，《宿州学院学报》2012 年第 1 期。

[129] 吴萍：《农村土地流转：基于现代经济学范式的理论分析与实证研究》，重庆大学博士学位论文，2010。

[130] 乌裕尔：《英国的土地管制和耕地保护》，《经济日报》（农村版）2006 年 10 月 23 日。

[131] 肖轶、魏朝富、尹珂：《基于农户调查的土地流转困境分析——以重庆城乡统筹试验区为例》，《农机化研究》2010 年第 7 期。

[132] 寻兴秀：《城乡统筹视域下农村社会保障体系建设》，山东财经大学硕士学位论文，2012。

[133] 徐琴：《中国当代户籍制度的演变——项公共政策的功能变迁》，《学海》2000 年第 1 期。

[134] 徐嘉辉、郭翔宇：《德国农村社会保障制度及其借鉴》，《商业研究》2009 年第 6 期。

[135] 徐燕鹏：《城乡统筹发展与土地发展权转移动力及实现研究》，《河南师范大学学报》（哲学社会科学版）2011 年第 4 期。

[136] 杨瑞龙：《所有制·所有权·产权》，《人民日报》2004 年 11 月 9 日。

[137] 杨瑞龙：《我国制度变迁方式转换的三阶段论——兼论地方政府的制度创新行为》，《经济研究》1998 年第 1 期。

[138] 杨雪冬：《国家和制度创新：诺思的国家理论述评》，《经济社会体制比较》1996 年第 1 期。

[139] 杨德才：《我国农地制度变迁的历史考察及绩效分析》，《南京大学学报》（哲学、人文科学、社会科学版）2002 年第 4 期。

[140] 杨翠迎：《中国社会保障制度的城乡差异及统筹改革思路》，《浙江

大学学报》（人文社会科学版）2004 年第 3 期。

[141] 杨眉：《日本农村社会保障体系建立及启示》，《贵州师范大学学报》（社会科学版）2012 年第 5 期。

[142] 杨超：《土地使用权流转与农村市场启示》，《世界经济情况》2005 年第 5 期。

[143] 闫翠兰、张术环：《德国农村社会养老保障制度及其借鉴意义》，《世界农业》2010 年第 12 期。

[144] 殷守革、孙华、毛江东：《二元户籍条件下农民社会保障机制研究——基于重庆户籍改革的思考》，《中共山西省直机关党校学报》2012 年第 1 期。

[145] 喻保轩：《重庆市提前实现城乡居民社保制度全覆盖》，《重庆日报》2012 年 10 月 15 日。

[146] 尹功成：《日本国土的土地利用概述》，《地理学与国土研究》1989 年第 1 期。

[147] 余逢伯：《农村土地制度的非均衡及其变迁》，《改革》2010 年第 6 期。

[148] 袁庆明：《制度效率的决定与制度效率递减》，《湖南大学学报》（社会科学版）2003 年第 1 期。

[149] 张红宇：《中国农村土地制度变迁的政治经济学分析》，西南农业大学博士学位论文，2001。

[150] 张明龙：《论所有权与产权的区别》，《经济评论》2002 年第 3 期。

[151] 张蓉晖：《产权与所有权关系新解》，《财经科学》1995 年第 2 期。

[152] 张庆五、张云：《从国外民事登记看我国户籍制度改革》，《人口与计划生育》2002 年第 3 期。

[153] 张国平、刘明慧：《二元经济结构与内需政策调整》，《财政研究》2003 年第 11 期。

[154] 张丽艳、王洪涛、王国辉：《创建户籍改革、社保完善与土地流转的联动机制研究》，《经济纵横》2009 年第 9 期。

[155] 张占斌、倪羌莉：《统筹城乡发展背景下农村土地制度改革探讨》，《学习论坛》2012 年第 2 期。

［156］张安录：《美国农地保护的政策措施》，《世界农业》2000 年第 1
期。

［157］张敬思：《论德国农村社会保障法律制度及其对我国的启示》，《河
南社会科学》2010 年第 6 期。

［158］张楠：《美国社会保障制度对中国的启示》，《理论观察》2009 年
第 1 期。

［159］张林山：《户籍制度改革：争议、误区与下一步改革方向》，《中国
经贸导刊》2012 年第 6 期。

［160］张友安、陈莹：《土地发展权的配置与流转》，《中国土地科学》
2005 年第 5 期。

［161］臧俊梅、王万茂、陈茵茵：《农地发展权的价格涵义与价值分析》，
《经济体制改革》2009 年第 5 期。

［162］赵锦山：《农村居民土地流转的意愿与行为选择》，湖南师范大学
硕士学位论文，2005。

［163］赵晓芳：《中国城乡社会保障水平差异：危害与化解》，《石家庄经
济学院学报》2012 年第 5 期。

［164］赵语：《浅析日本农村社会保障制度及其借鉴意义》，《现代商业》
2009 年第 18 期。

［165］曾宪影：《公共财政视角下中国农村社会保障问题研究》，南京农
业大学博士学位论文，2011。

［166］臧忠生：《聚焦英国社会保障制度》（中），《中国劳动保障报》，
2002 年 2 月 7 日。

［167］周四丁：《基本农田发展权国家独享：弊端与化解策略》，《湖南农
业大学学报》（社会科学版）2011 年第 1 期。

［168］周其仁：《中国农村改革：国家和所有权关系的变化——一个经济
制度变迁史的回顾》，《管理世界》1995 年第 3 期。

［169］朱漪：《现代英国社会保障制度及其启示》，《商业文化》（学术
版）2008 年第 4 期。

［170］D. C. North, *Structure and Change in Economic History*, Yale University
Press, 1983.

[171] D. C. North, "Institutions," *Journal of Economic Perspective*, 1991, No. 1.

[172] Arthur W. Brian, 1988, "Self - reinforcing Mecha - nisms in Economics," In Philip W. Anderson, Kenneth J. Arrow. and David Pines (eds.), *The Economy as an Evolving Complex System.* Addison - Wesley Publish Company.

[173] V. Ruttan, "Social Science Knowledge and Institutional Change," *American Journal of Agricultual Economics*, Dec, 1984.

[174] H. Demsetz, "Towards a Theory of Property Righte," *American Economic Review*, May , 1967.

[175] Daniel P. Selmi , James A. Kushner, Edward H. Ziegler, *Land Use Regulation:Cases and Materials*, Aspen Law & Business, 1999.

后　记

　　呈现在读者面前的这本书，是我主持的国家社科基金项目（"统筹城乡发展的户籍、社会保障和土地管理制度联动机制研究"）的最终研究成果，其中凝聚了许多人的智慧、汗水和心血。

　　在本研究或者说课题的研究过程中，得到了课题组成员的大力支持。从研究项目提纲的拟定、研究项目的开题、资料的收集与调研、项目文稿的撰写及修改和最终定稿等都凝聚了他们辛勤的劳动。在此，我对参加本课题研究的江西财经大学的邹秀清教授、李春根教授、温锐教授、康静萍教授，以及华东交通大学的周才云副教授、成都信息工程学院的尹彦力老师等表示最真诚的感谢和崇高的敬意！是你们无私的学术奉献成就了这一成果。

　　感谢江西省南丰县和广昌县的部分乡镇工作人员，感谢重庆市和成都市部分区及街道办的工作人员，是你们的热心帮助和服务使本课题的调研工作取得了巨大成效，为本课题的研究添上了重重的一笔。

　　感谢江西财经大学的刘修礼教授、江西农业大学的朱红根教授等在本课题研究过程中所给予的指导和帮助，没有你们的宝贵建议，本课题的意义和价值将难以体现。

　　借此机会，我要感谢江西财经大学科研处的领导和相关工作人员、经济学院的领导和同事，如果没有你们的鼎力帮助和大力支持，本项研究很难顺利完成。

最后，我要特别感谢江西省社会科学界联合会设立的"江西省哲学社会科学成果资助出版项目"，其全额资助了我的研究成果的出版，以及将之列入"江西省哲学社会科学成果文库"。可以说，如果没有江西省社会科学界联合会设立的此项目以及高效率的工作和无私的资助，我的研究成果不可能在如此短的时间内与读者见面。最后，还要感谢社会科学文献出版社和出版社的编审老师，你们辛苦的工作是本书得以出版的最后保障。

路漫漫其修远，我将以感恩的心，回报关心我的朋友；以努力工作的状态，奉献社会。

彭新万

2014 年 6 月于江西财大枫林园

图书在版编目（CIP）数据

涉农制度联动机制构建：以统筹城乡发展为视角/彭新万著.
—北京：社会科学文献出版社，2014.10
（江西省哲学社会科学成果文库）
ISBN 978 - 7 - 5097 - 6373 - 5

Ⅰ.①涉…　Ⅱ.①彭…　Ⅲ.①农村 - 户籍制度 - 研究 - 中国
②农村 - 社会保障制度 - 研究 - 中国 ③农村 - 土地制度 - 研究 -
中国　Ⅳ.①D631.42 ②F323.89 ③F321.1

中国版本图书馆 CIP 数据核字（2014）第 187080 号

· 江西省哲学社会科学成果文库 ·

涉农制度联动机制构建
——以统筹城乡发展为视角

著　　者／彭新万

出 版 人／谢寿光
项目统筹／王　绯　周　琼
责任编辑／单远举　关晶焱

出　　版／社会科学文献出版社 · 社会政法分社（010）59367156
　　　　　地址：北京市北三环中路甲 29 号院华龙大厦　邮编：100029
　　　　　网址：www. ssap. com. cn
发　　行／市场营销中心（010）59367081　59367090
　　　　　读者服务中心（010）59367028
印　　装／三河市尚艺印装有限公司

规　　格／开 本：787mm × 1092mm　1/16
　　　　　印 张：19.5　字 数：306 千字
版　　次／2014 年 10 月第 1 版　2014 年 10 月第 1 次印刷
书　　号／ISBN 978 - 7 - 5097 - 6373 - 5
定　　价／78.00 元